JN436930

개정2판

형법총론

법학박사 이 규 호

청목출판사

머리말

본서는, 1990년 박사과정을 수료하고 대학과 고시학원 등에서 강의한 경험을 바탕으로 만든 1999년 경찰형법(박문각)과 유원대학교 경찰학부 및 경찰소방행정학부 영교시반 강의 및 방학특강 교재를 바탕으로 학생들이 더 쉽게 접근하여 이해할 수 있도록 최신 판례자료를 정리, 첨부하였다.

따라서 관련 조문과 개념을 대표적인 사례 중심으로 파악하게 하고 필요한 내용을 가능한 한 간단하게 정리, 서술하고자 하였다.

'기출문제 이상의 예상문제는 존재하기 어렵다'라고 보는 지론에 따라 대표적인 기출문제와 기출성향을 표시하였다.

그럼에도 불구하고 본서의 부족한 부분은 사랑과 열정적인 강의, 질의응답, 프린트물 등으로 채워 나가고자 한다.

부족한 제자를 형사법학자가 될 수 있도록 사랑의 지도를 해주신 정진연 교수님(숭실대), 백형구 변호사님(한국외대), 이형국 교수님(연세대), 임종률 교수님(성균관대), 김종원 교수님(성균관대), 차용석 교수님(한양대), 성시탁 교수님(한국외대), 이용식 교수님(서울대), 노용우 교수님(전남대), 김영훈 교수님(숭실대), 강구철 교수님(국민대), 최대권 교수님(서울대), 강경근 교수님(숭실대), 양건 교수님(한양대)께 머리 숙여 감사드린다.

더욱 학문에 정진하여 은사님들로부터 받은 사랑을, 그 이상으로 제자들에게 실천하고자 한다.

학문에 더욱 정진할 수 있고 제자들에게 자타불이의 자비를 실천할 수 있도록 해주신 故 김맹석 설립자님과 채훈관 총장님께 깊이 감사드리며, 또한 학교 발전을 위해 불철주야 노력하고 계시는 윤준호 부총장님(前 여주대 총장), 동료 교수님들께도 진심어린 감사를 드린다.

끝으로 짧은 기간 내에 부족한 원고를 세심하게 정리해 주신 청목출판사 사장님 이하 직원 여러분에게도 고마움을 표하며, 본서로 공부하는 모든 수험생들이 끊임없는 열정으로 임하여 원하는 시험에 합격하기를 소망하는 바이다.

특히 사랑하는 우리 유원대학교 제자들 전원에게 합격의 영광이 있기를 합장 발원하는 바이다.

저자 이 규 호

차 례

제2편 범죄론

제3편 형벌론

제 1 편

서 론

제 1 장 형법의 기본개념

제 1 절 형법의 의의

Ⅰ. 형법의 개념

형법이란 어떤 행위가 범죄이고 그 범죄에 대한 법률효과로 어떤 형벌 또는 보안처분을 과할 것인가를 규정하는 법규범의 총체를 말한다.[1)]

Ⅱ. 형법의 범위

1. 협의의 형법(형식적 의미의 형법)

형법이라는 이름이 붙여진 형법전(1953. 9. 18, 공포)만을 말한다. 일반적으

1) 형사사건과 관련있는 모든 형벌법규를 총칭하여 형사법이라고 한다. 따라서 형사법=형사실체법(예 형법) + 형사절차법(예 형사소송법) + 형집행법(예 행형법)이다. /형사소송법과 행형법은 형사법에는 포함되나, 형식적 의미의 형법도 실질적 의미의 형법도 아니다. /경찰관직무집행법은 (실질적 의미의 형법에 속하지 않고) 행정법 분야에 속한다.

로 형법이라고 말할 때는 협의의 형법을 의미한다.

형법전 속에는, 실질적 의미의 형법에 속하지 않는 사항도 있다(예 친고죄에 있어서의 고소, 양형의 조건, 형의 실효 등).

2. 광의의 형법(실질적 의미의 형법)

범죄와 형벌을 규정한 모든 법규범을 말한다. 여기에는 협의의 형법을 비롯하여 특별형법(예 폭력행위 등 처벌에 관한 법률) 및 각종 법률의 형사처벌규정(예 상법 제628조의 납입가장죄) 등을 포함한다.

"법률 없으면 범죄도 형벌도 없다"고 하는 경우의 법률은, 실질적 의미의 형법을 지칭한다. (경사승진)

제2절 형법의 성격

Ⅰ. 형법의 법체계적 지위(공법 · 사법법 · 실체법)

1) 공 법

형법은 국가와 범죄자 사이의 관계를 규율하는 공법에 속한다(사법은 개인 대 개인 사이의 관계를 규율하는 범규범이다).

2) 사법법

형법은 재판에 적용되는 법이다.

3) 실체법

형법은 범죄의 요건과 그 법률효과를 규정한 실체법이다. /이 점에서 형법의 실현절차에 관한 절차법인 형사소송법과 구별된다.

Ⅱ. 형법의 규범적 성격

형법은 규범의 하나로서 가설적 규범, 행위규범 및 재판규범, 의사결정규범 및 평가규범으로서의 성격을 갖는다. (9급 검찰, 경위승진)

1. 가설적 규범

형법은 범죄를 조건으로 하여 이에 대한 법적 효과로서 형벌을 과할 것을 규정한 가설적 규범이다[예 사람을 살해하면(if), 사형·무기 또는 5년 이상의 징역에 처한다(then)].

형법이 가설적 규범이라는 점에서 /명령적·단언적인 형식(예 타인을 살해하지 말라)을 취하는 도덕규범·종교규범과 구별된다.

2. 행위규범 및 재판규범

형법은 일반 국민에게 일정한 행위를 명령 또는 금지함으로써 행위의 준칙으로 삼게 하는 행위규범이다. 또한 형법은 법관의 재판준칙이 되어 재판규범으로서도 작용한다.

3. 평가규범 및 의사결정규범

형법은 '일정한 행위를 범죄로 하고 형벌을 부과함으로써, 그러한 범죄행위가 무가치하고 위법하다'는 평가를 하는 평가규범이다.[2]

또한 형법은 (일반 국민에게 무가치하고 위법한 행위를 결의해서는 안 된다는 의무를 부과하여) 의사결정에서의 기준을 제시하는 의사결정규범이다.[3]

---

2) 예링의 (위법은 객관적 평가규범위반이란) 객관적 위법성론과 연결된다.
3) 메르켈의 (위법은 주관적 의사결정규범위반이라는) 주관적 위법성론과 연결된다.

제3절 형법의 기능

Ⅰ. 보호적 기능

보호적 기능이란 사회질서의 근본적 가치, 즉 법익(결과측면)과 사회윤리적으로 중시되는 행위도 가치가 있는 것(행위측면)으로 보호하는 형법의 기능을 말한다. (7급 검찰)

1. 법익보호(결과반가치론 입장)

형법은 일정한 행위를 범죄로 하고 이에 대하여 형벌을 과할 것을 규정하여 범죄로부터 개인적·사회적·국가적 등 법익[4]을 보호하는 기능을 한다.

형법의 보충성원칙이란 형법은 형벌이라는 강력한 제재에 의하여 법익을 보호하므로 다른 사회적·법적 수단에 의해서는 법익보호가 불가능한 경우에 최후 수단으로써 보충적으로 적용되어야 한다(=보충성)는 원칙을 말한다.

이러한 의미에서 볼 때 형법의 탈윤리화와 비범죄화(예 성풍속에 관한 범죄, 피해자 없는 범죄, 경미한 범죄)가 요구된다. (7급 검찰)

2. 사회윤리적 행위가치의 보호(행위반가치론 입장)

형법은 사회공동체의 일원으로서 개인이 실천해야 하는 사회윤리적 행위가치를 보호하는 기능도 갖는다.

---

4) 법패러다임의 변화로 보호법익이 변화되기도 한다. 예컨대 주거침입죄의 경우 부재 남편의 반대의사를 무시하고 들어가면 거주자 지배관리사실 훼손으로 주거침입죄가 성립(대판 2019도13818)했으나, 이후 주거권이 사실상 누리고 있는 주거의 평온으로 전환된 바 있다(대판 2020도12630).

Ⅱ. 보장적 기능

형법은 국가형벌권의 발동한계를 명확히 하여 국가형벌권의 자의적인 행사로부터 국민의 자유와 권리를 보장하는 인권보장적 기능을 갖는다. (7급 검찰)

이는 자유민주주의 사회에서 가장 강조되는 기능이자, 죄형법정주의의 근본원리가 된다. (경위승진, 7급 검찰)

형법의 보장적 기능은, 일반 국민은 물론 범죄인에게도 미친다. 따라서 형법은 일반 국민의 마그나 카르타(모든 국민은 형법에 규정된 범죄 이외에는 어떤 행위를 하더라도 범죄자로서 처벌받지 않아 행동의 자유를 보장받는다)이자, 범죄인의 마그나 카르타(비록 범죄인이라도 형법에 정해진 형벌 이외의 부당한 처벌을 받지 않는다)이기도 하다. (7급 검찰)

Ⅲ. 규제적 기능(규범적 기능)

형법은 행위규범 내지 재판규범으로서 일반 국민과 사법관계자들을 규제하는 기능을 갖는다.

Ⅳ. 사회보호적 기능

형법은 형벌수단을 통하여 범죄행위를 방지함으로써 범죄자로부터 사회공동질서를 유지·보호하는 기능을 갖는다. 이는 전체주의[5] 국가에서 강조되는 기능이다.

5) '개인은 (국가나 민족과 같은) 전체의 존립과 발전을 위해서만 존재하는 것이다'라고 하는 이념을 바탕으로, 개인의 자유와 권리를 억압하고 지도자나 정부의 권위만을 절대시하는 정치사상 체제를 말한다.

제2장 죄형법정주의

Ⅰ. 죄형법정주의 의의

1. 개념

"법률 없으면 범죄 없고 형벌도 없다."는 근대형법의 기본원리를 말한다. 즉 어떤 행위가 범죄로 되고 그 범죄에 대하여 어떤 처벌을 부과할 것인가를 미리 성문법률 규정에 있어야 한다는 원칙이다.

2. 기능

죄형법정주의는 국가형벌권의 확장과 자의적 행사로부터 국민의 자유와 권리를 보장하기 위한 형법의 최고원리이다.

형법의 보장적 기능도 이에 의하여 비로소 그 효과를 발휘할 수 있게 된다. (7급 검찰)

3. 법적 근거

헌법 제12조 제1항(누구든지 법률과 적법한 절차에 의하지 아니하고는 처벌, 보안처분 또는 강제노역을 받지 아니한다), 헌법 제13조 제1항(모든 국민은 행위시의 법률에 의하여 범죄를 구성하지 아니하는 행위로 소추되지 아니한다), 형법 제1조 제1항(범죄의 성립과 처벌은 행위시의 법률에 의한다) 등이 있다. (경사승진, 9급 검찰, 법원서기보)

Ⅱ. 죄형법정주의의 연혁 및 사상적 배경

1. 연 혁

1215년 영국의 대헌장(마그나 카르타 Megna charta : 사상적 기원) ⇨ 권리청원(1628), 권리장전(1689) ⇨ 버지니아 권리선언(1776) ⇨ 미국 헌법[최초로 헌법상의 원칙으로 규정(1787)] ⇨ 프랑스 인권선언(1789) ⇨ 나폴레옹 형법[처음으로 형법상의 기본원칙으로 규정(1810)] (경장승진, 9급 검찰)

2. 사상적 배경

죄형법정주의는 영국의 마그나카르타에서 유래, 미국 헌법과 프랑스 인권선언에 의하여 확립되었으며, 그 사상적 기초는 계몽주의의 대표적 학자인 몽테스키외의 삼권분립론과 포이에르바흐의 심리강제설에 있다.[6] (경위승진)

1) 계몽주의

죄형법정주의는 자의적인 국가형벌권의 행사로부터 시민의 자유와 권리를 보장하기 위한 근대 시민의 저항·혁명의 산물이고, 그것은 철학적·정신사적 기초는 17·18세기의 계몽주의이다.

2) 삼권분립론[몽테스키외(Montesquieu)]

권력남용을 방지하기 위하여 3권을 분립하고, 사법권은 입법기관이 제정한 법률을 기계적으로 적용하는데 불과하므로 범죄와 형벌의 관계가 미리 법률에 규정되어야 한다.

---

6) 실증주의, 특별예방주의, 롬브로조의 생래적 범죄인론 등은 신파사상으로 죄형법정주의의 사상적 배경이 아니다.

3) 심리강제설[포이에르바흐(Feuerbach)]

일반 국민에게 범죄로부터 얻어지는 쾌락보다는 범죄에 대하여 과하여지는 형벌의 고통이 더욱 크다는 것을 알게 하는 심리적 강제로써만 범죄를 방지할 수 있으며, 이러한 심리적 강제는 형벌을 법전에 규정하여 두고 이를 집행함으로써 효과적으로 이루어질 수 있다(=일반예방사상).

4) 죄형법정론 · 죄형균형론[베까리아(Beccaria)]

형벌의 목적은 불법으로부터 범죄인을 격리하는 것이고 이러한 형벌집행에 의해 일반인은 위하를 받음으로써 범죄로부터 멀어진다(일반예방주의). 이는 범죄와 형벌이 미리 법률에 규정되어 있음을 전제로 한다.

Ⅲ. 죄형법정주의의 현대적 의의

1. 죄형법정주의의 문제점

3권 분립론은 성문법의 완전무결성을 전제로 하지만, 이는 현실적으로 불가능하다.

심리강제설은 인간을 합리적 · 이상적 존재로만 보고 충동에 의하여 행동할 수 있다는 점을 보지 못하여 충동적 · 상습적 범죄인에게는 무력하다.

한편 19세기 말부터 범죄가 격증하자 실증주의와 특별예방을 강조하는 사회방위의 필요성을 주장하는 신파사상이 대두되고 죄형법정주의를 부정하는 전체주의 국가가 등장하였다.

2. 죄형법정주의의 현대적 의의

죄형법정주의는 국가형벌권의 자의적인 행사로부터 국민의 자유와 권리를 보장하는 최후의 보루로서, 오늘날에도 여전히 형법해석의 지도원리로 기능한다.

현대적 의미의 죄형법정주의는 단순히 "법률 없으면 범죄 없고 형벌 없다"는 원칙(=형식적 죄형법정주의)에 그치는 것이 아니라, 그 내용이 실질적 정의에 합치하는 "적정한 법률 없으면 범죄 없고 형벌 없다."는 원칙(=실질적 죄형법정주의)을 의미하게 된다.

이러한 의미에서 현대적 의미의 죄형법정주의는, 법관의 자의로부터 국민의 자유를 보호할 뿐 아니라 입법권의 자의로부터도 국민의 자유를 보호하는 기능을 가진다.

Ⅳ. 죄형법정주의의 파생원칙 (=내용)

죄형법정주의는 ① 관습형법금지의 원칙(법률주의, 성문법주의), ② 소급효금지의 원칙, ③ 명확성의 원칙(절대적 부정기형 금지의 원칙), ④ 유추해석금지의 원칙, ⑤ 적정성의 원칙을 그 내용으로 한다.[7] (7급 검찰, 9급 검찰)

1. 관습형법금지의 원칙(법률주의, 성문법주의)

범죄와 형벌은 성문의 법률에 규정되어야 하고, 관습법에 의하여 가벌성 인정 또는 형 가중을 해서는 안 된다는 원칙을 말한다. 즉 관습법은 형법의 법원이 될 수 없다는 원칙이다.

다만 피고인(행위자)에게 유리한 경우(예 구성요건을 폐지하거나 형을 감경하는 관습법)에는 허용된다. 즉 관습법은 (형법의 법원이 될 수는 없으나) 형법의 해석[예 수리방해죄(제184조)에 있어서 수리권의 근거]에 있어서는 그 근거가 될 수는 있다(=보충적 관습법) (법원서기보)

2. 소급효금지의 원칙

형벌법규는 그 시행 이후 행위에 대해만 적용되고, 시행 전의 행위까지 소급하여 적용될 수 없다는 원칙이다(=소급입법 금지[8] 및 소급적용 금지).

---

7) 다만 앞의 내용 중 ① 관습형법금지 ② 소급효금지 그리고 ④ 유추해석금지의 원칙은 피고인에게 유리한 경우에는 허용한다.

8) 진정소급입법은 개인신뢰보호와 법적 안정 내용의 법치국가원리에 의거 특단사정이 없는 한 헌법상 불허가 원칙이다. 다만 일반적으로 국민이 소급입법 예상 가능했거나 법적 상태가 불확실 혼란하여 보호할만한 신뢰이익이 적은 경우, 소급입법에 의한 당사자손실이 없거나 아주 경미한 경우, 신뢰보호요청에 우선하는 심히 중대 공익사유가 소급입법을 정당화할 경우에는, 예외적으로 진정소급입법이 허용된다(헌재결정 1999.7.22., 97헌바76).

형법 제1조 제1항(범죄의 성립과 처벌은 행위 시의 법률에 의한다)은 형법의 시간적 적용범위(=행위시법주의)뿐만 아니라 소급효금지의 원칙을 규정한 것이다. (경사승진, 9급 검찰, 법원서기보)

그러나 소급효도 행위자에게 유리한 경우에는 허용된다. 그러므로 소급효금지의 원칙은 행위자에게 불리한 사후법의 소급을 금지하는 것이 된다.

소급효는 보안처분에도 금지된다고 하나(다수설), 판례는 (형법개정 전의 범죄에 관해 집행유예를 선고하면서 보호관찰을 명하는 것은 소급효금지의 원칙에 반하지 않는다고 하여) 보안처분은 형벌이 아니라고 하여 보안처분[9]에 소급효를 허용한다.[10]

한편 절차법인 형사소송법에는[11] 소급효금지는 적용되지 않는 것이 원칙이다.

문제. 소급효금지원칙과 관련된 설명으로 가장 부적절한 것은 (다툼이 있으면 판례)?

① 대법원양형위원회가 정한 양형기준이 발효되기 전에 공소제기된 범죄에 대해 위 양형기준을 참고하여 형을 양정한 경우 피고인에게 불리한 법률을 소급해서 적용한 위법이 없다.[12]

② 가정폭력범죄처벌특례법상 사회봉사명령을 부과하면서 행위시법상 사회봉사명령 부과시간의 상한인 100시간을 초과하여 상한을 200시간으로 올린 신법을 적용한 것은 위법이다.[13]

③ 게임산업진흥법령 개정으로 게임머니의 환전 환전알선 재매입의 영업행위를 처벌하였던 바 그 시행일이전에 행해졌던 환전 환전알선 재매입의 영업행위를 처벌하는 것은 형벌법규의 소급효금지에 위배된다.[14]

④ 행위당시의 판례에 의하면 불벌대상인 행위를 판례변경에 따라 처벌하면 소급효금지에 반한다.[15] (경찰 1차)

---

9) 예 위치추적전자장치부착법에 의한 전자감시제도.

10) 다만 가정폭력범에게 사회봉사명령을 부과하면서 너무 많은 시간을 부과하도록 되어 있는 신법의 적용은 위법이라는 2008년 대법원 결정이 있다.

11) 공소시효 등.

12) 대판 2009.12.10, 2009도11448.

13) 대결 2008.7.24, 2008어4.

14) 대판 2009.4.23, 2008도11017.

15) 반하지 않는다(대판).

3. 명확성의 원칙(절대적 부정기형 금지의 원칙)

형벌권의 자의적 행사로부터 국민의 자유·권리를 보장하려면 '범죄구성요건과 형벌을 명확히 규정해야 한다'는 원칙이다(=구성요건[16] 및 형벌의 명확성).

예를 들어 "반사회적 행위를 한 자는 징역 5년 이하에 처한다"는 법 규정을 만들면, 이는 구성요건의 명확성원칙에 반하여 죄형법정주의에 위반되는 것이다.

형벌의 장기와 단기가 전혀 특정되지 않은 절대적 부정기형(예 ~한 자는 징역에 처한다)은 금지되나, 장기와 단기 또는 장기만 특정되어 있는 상대적 부정기형(예 ~한 자는 단기1년, 장기 3년에 처한다)은 허용된다(소년법 제60조).

4. 유추해석금지의 원칙

법률에 규정이 없는 사항에 대하여, 그와 유사한 성질을 가지는 사항에 관한 법률을 적용하는 것(=유추해석)을 금지하는 원칙이다.[17] 다만 피고인에게 유리한 유추해석은 허용된다.[18] (법원서기보)

확장해석(=구성요건상 언어의 가능한 의미 내에서 하는 해석. 예 강도죄의 폭행에 마취약을 먹게 한 경우를 포함한 것으로 해석한 경우)은 허용되나, 유추해석(=구성요건상 언어의 가능한 의미의 범위를 벗어나는 해석. 예 변호사 아닌 변호인도 업무상 비밀누설죄에 변호사에 포함되는 것으로 해석한 경우, 공직선거 및 선거부정방지법 제262조의 자수를 범행 발각 전에 자수한 경우로 한정하여 해석한 경우[19])은 허용되지 않는다.[20] (9급 검찰)

다른 사람의 신체 이미지가 담김 영상은 성폭법상 카메라이용촬영죄에서 다

---

16) 과실범은 "과실로 인하여"라고 명문으로 명확히 해야지, "기타 방법으로"라고 되어 있으면 명확성 위반이다. 예, 전기통신법 제110조 제1항. 대판 1983.12.13., 83도2467 참조.

17) 대판 2011.8.15, 2011도7725(도로교통법상 자동차 무면허운전으로 운전면허를 받았으나 면허정지중 운전을 명문으로 포함시킴. 다만 원동기장치자전거 무면허운전에 대해서는 규정이 없어 면허정지중 운전에 대해 무면허운전죄가 되지 않는다)

18) 따라서 위법성 및 책임의 조각사유, 소추조건이나 처벌조각사유인 형면제사유에 관해 그 범위를 제한적으로 유추적용하는 것은, 유추해석금지원칙에 반한다. (전의경 특채)

19) 이는 自首(자수)의 범위를 문언보다 제한함으로써 처벌범위를 실정법이상으로 확대한 것이 되어, 유추해석금지 원칙에 위반된다(대판).

20) 대판 2011.3.10, 2010도14394(집행관 아닌 집행관사무소직원은 수뢰죄의 주체인 공무원에 해당하지 않는다).

른 사람의 신체에 포함된다고 해석할 수 없다.[21] (경찰간부)

5. 적정성의 원칙

범죄와 형벌을 규정하는 법률의 내용은 기본적 인권을 실질적으로 보장할 수 있도록 적정해야 한다는 원칙이다(=실질적 의미의 죄형법정주의). 이는 죄형법정주의 현대원칙으로서, 형벌법규의 필요성과 죄형균형을 내용으로 한다.

예 교통사고 피해자를 유기 후 도주한 운전사를, 살인죄보다 무거운 형으로 처벌하는 것은 /지나치게 과중하고 가혹한 법정형을 정한 것으로, 적정성의 원칙에 위반한다.

상관을 살해한 자는 사형에 처한다라는 군형법 제53조 제1항은 죄질과 그에 따른 행위자의 책임 사이에 비례관계가 준수되지 않아 실질적 법치주의 국가이념에 어긋나고 형벌체계상 정당성을 상실한 것이다.[22]

문제. 다음 중 판례의 입장과 다른 것은? (경찰 1차)

① 도시 및 주거환경정비법 제84조가 주택재건축조합의 임원을 뇌물죄적용에서 공무원으로 의제하는 것이 평등의 원칙·과잉금지의 원칙에 위반된다고 할 수 없다.[23]

② 피고인이 처의 명의로 허가를 받아서 액화석유가스충전사업을 운영할 경우 피고인은 액화석유가스충전사업자가 아니므로 그 피고인을 구 액화석유가스의 안전관리 및 사업법 제45조 제3호 위반죄로 처벌할 수 없다.[24]

③ 성폭력범죄처벌 및 피해자보호법 제5조 2항에 정하는 특수강도강제추행죄의 주체는 규정상 형법(제334조[25])의 특수강도범 및 특수강도미수범의 신분을 가진 자에 한정되는 것으로 보아야 한다. 형법(제335조[26])의 준강도범 내지 준강도미수범을 이에 포함시켜 해석하는 것은 유추해석 또는 확장해석

---

21) 대판 2013.6.27., 2013도4279.
22) 헌재결정 2007.11.29., 2006헌가13.
23) 대판 2007.4.27, 2007도694.
24) 즉 타인명의로 허가받아 사업을 운영하는 자는 사업자가 아니므로 본법 소정위반사범으로 처벌이 불가하다(대판 2008.5.8, 2008도533).
25) 야간, 흉기휴대, 2인 이상 (강도).
26) 준강도(절도가 재물탈환항거하거나 체포면탈목적 또는 죄적인멸목적으로 폭행협박을 가한 경우)

에 해당한다.[27]

④ 보건범죄단속에 관한 특별조치법 제3조 1항 2호·제2항에 정한 소매가격이란[28] 그 의약품에 대응하는 허가된 의약품 또는 위변조대상이 된 제품(진품 비아그라 시알리스)의 소매가격을 의미하는 것이다.

27) 대판 2006.8.25, 2006도2621.

28) 위 법규정에 해당하는 의약품 그 자체의 소매가격을 가리키는 것으로 보아야 한다. (따라서 죄형법정주의의 엄격해석 원칙상 그 의약품에 대응하는 허가된 의약품 또는 위변조대상이 된 제품의 소매가격을 의미하는 것으로 볼 것은 아니다)

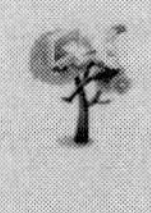

제3장 형법의 적용범위

제1절 시간적 적용범위

Ⅰ. 의 의

형법은 그 시행시부터 폐지 또는 실효될 때까지 효력을 갖고 이 기간 내에 발생한 범죄에 대하여 적용된다.

그러나 행위시와 재판시 사이에 형벌법규의 변경이 있는 경우에 어느 시점의 법을 적용할 것인가가 문제된다. 이것이 형법의 시간적 적용범위의 문제이다.

우리 형법은 행위시법주의를 원칙으로 하고, 그 예외를 인정하고 있다.[29]

29) 형법 제1조 참조.

법률 변경 시기	변 경 내 용	형법의 적용
범죄 후 재판확정 전에 변경된 경우	범죄 구성하지 아니한 경우	신법(재판시법) 적용(제1조②)
	형이 경하게 변경된 경우	
	형이 중하게 변경된 경우	구법(행위시법) 적용(제1조①)
재판확정 후 변경 경우	범죄 구성하지 아니한 경우	형의 집행을 면제(제1조③)
	형이 경하게 변경된 경우	규정되지 않음 ⇨ 남은 형기 그대로 집행

Ⅱ. 원칙(행위시법주의)

제1조[범죄의 성립과 처벌] ① 범죄의 성립과 처벌은 행위 시의 법률에 의한다.

형법 제1조 제1항은 형법의 시간적 적용범위(행위시법주의)뿐만 아니라, 형벌법규는 그 시행 이후에 이루어진 행위에 대하여만 적용되고 시행 이전의 행위에까지 적용할 수 없다는 소급효금지의 원칙도 규정한 것이다. (경사승진, 9급 검찰, 법원서기보) 여기서 행위시란 범죄행위의 종료시를 의미한다.

Ⅲ. 예외(재판시법주의)

1. 형법 제1조 제2항

제1조[범죄의 성립과 처벌] ② 범죄 후 법률의 변경에 의하여[30] (그 행위가 범죄를 구성하지 아니하거나) 형이 구법보다 경한 때에는 신법에 의한다.[31]

범죄 후란 범행종료 후를 의미하며, 결과 발생까지 포함하는 것은 아니다. 범죄 실행행위의 중에 법률의 변경이 있어 실행행위가 구법과 신법에 걸쳐 행해진 경우에는[32] 신법이 적용된다(통설・판례).

범죄를 구성하지 아니하는 경우(면소판결)에는 신법에 의한다.

또한 형이 구법보다 경한 경우 역시 신법에 의한다.[33] 다만 ① 중한 형으로

30) 법률의 변경은 총체적 법상태의 변경, 즉 전체로서의 법률(실질적 의미의 형법)의 변경을 의미한다.

31) 공소시효 기준을 포함한다(대판). 개정 근로기준법 제112조 ②항에 의하면 종전에는 피해자의사에 상관없이 처벌할 수 있었던 제112조 ①항, 제36조 위반죄가 반의사불벌죄로 개정됐고, 부칙에는 적용관련 경과규정 없지만 개정법률이 피고인에게 더 유리할 것이므로 형법 제1조 ②항에 의해 피고인에 대해서는 개정법률이 적용돼야 할 것이다(대판 2005.10.28., 2005도4462). 다만 외국환관리규정 개정으로 거주자가 허가받지 않고 유대 출국가능 해외경비가 증액됐더라도, 이는 범죄 후 법률변경으로 범죄 불구성하거나 형이 가볍게 된 경우가 아니어서 형법 제1조 ②항이 적용될 여지가 없다(대판). (경간부)

32) 포괄일죄도 신구법에 걸친 경우 (刑경중 비교없이) 신법에 의한다(대판). (경사승진)

33) '5년 이하 징역'인 것이 '5년 이하 징역 또는 1천만 원 이하 벌금'으로 변경된 경우는

변경되거나 형의 경중에 변화가 없는 때에는 (행위시법의 원칙상) 구법을 적용한다. (7급 검찰, 경위승진) ② 형의 경중 비교는 법정형을 표준으로 제50조에 의해서 결정한다. ③ 행위시와 재판시 사이에 수차례 법률변경이 있을 때에는 (그 전부를 비교하여) 직권으로 가장 형이 가벼운[34] 법률을 적용한다(통설·판례).[35] (9급 검찰) 예 행위시법에는 1년 이상의 징역, 중간시법에는 3년 이하의 징역, 2년 이하의 징역, 재판시법에서는 5년 이하의 징역으로 변경된 경우 적용될 법정형은 2년 이하의 징역이 된다.

대법원은, 범죄 후 법률변경으로 형이 구법보다 경한 경우라도 신법에 경과규정 두어 신법을 적용배제하는 것은 가능하다고 판시하고 있다. (경찰 1차)

2. 형법 제1조 제3항

제1조[범죄의 성립과 처벌] ③ 재판확정 후 법률의 변경에 의하여, 그 행위가 범죄를 구성하지 아니하는 때에는 형의 집행을 면제한다.

재판확정 후 법률의 변경으로 범죄를 구성하지 않는 경우에는 (범죄 자체는 성립하고 유죄이지만) 형의 집행은 면제[36]된다. (9급 검찰, 경사승진)

Ⅳ. 한시법

1. 의 의

한시법이란 미리 유효기간이 명시되어 있는 법률(예 본법은 2013년 12월 31

경한 방향으로 변경이므로 신법에 의한다(대판). (경간부)

34) 가장 최신의 법을 적용한다(X). (경찰 2차)

35) 또한 납세의무자가 정당사유없이 1회계년도에 3회 이상 체납하는 경우를 벌하는 과거 조세범처벌법 제10조 삭제는 사회경제적 여건변화를 반영한 정책조치에 따른 것으로 (보일뿐 법률이념 변천에 따른 반성적 고려에 연유한 것이라 보기 어려우므로) 이 규정 삭제 전에 범한 위반행위 가벌성은 소멸되는 것이 아니다(대판 2011.7.14., 2011도1303). 따라서 구법에 의해 처벌된다. (경찰 1차)

36) 형집행면제 사례로는, 재판확정 후 법률변경으로 범죄 불구성할 경우(형법 제1조 ③), 형선고 재판확정 후 집행없이 일정기간 경과해 형시효 완성된 경우(형법 제77조), 형 확정선고 후 사면을 받은 경우(사면법 제5조) 등이 있다.

일까지 그 효력이 있다)인 협의의 한시법을 의미한다는 다수설과, /협의의 한시법이외에도 임시법(법률의 내용과 목적이 일시적 사정에 대처하기 위하여 제정된 법률)도 포함되는 광의의 한시법을 의미한다는 소수설이 대립한다.

2. 한시법의 추급효

한시법이 실효·폐지된 후에도 그 유효기간중의 범죄를 추급하여 처벌할 수 있느냐가 한시법의 추급효 인정여부의 문제이다.

한시법 자체에 추급효를 인정하는 명문규정(예 본법은 폐지 후에도 유효기간중의 위반행위를 처벌한다)을 둔 경우에는 당연히 추급효가 인정되므로, 부칙에 이러한 명문규정이 없는 경우에 추급효를 인정할 것인가? 이에 대해 견해의 대립이 있다.

추급효 부정설(다수설)은 추급효를 인정하는 명문규정이 없는 한, 형법 제1조 제2항에 따라 처벌하지 않는 것이 죄형법정주의 원칙에 합치된다는 견해이다.

추급효 긍정설(소수설)은 유효기간중의 범죄행위를 처벌할 수 없다면 유효기간 말기에 이르러 위반행위가 속출하고 법의 실효성을 유지할 수 없기 때문에 명문규정이 없더라도 추급효를 인정해야 한다는 견해이다.

동기설(판례)은 법령개폐의 동기가 ① 법적 견해의 변경에 기인한 경우(예 폐차업자는 폐차시 원동기를 압축 파쇄 절단하지 않고 원동기 기능성장치를 재사용하도록 변경된 경우, 청소년보호법개정으로 청소년의 숙박업소출입행위가 처벌대상에서 제외된 것, 협회 비등록법인의 미공개정보를 이용한 내부자거래를 처벌에서 제외한 것[37])에는 가벌성이 없으므로 처벌할 수 없어 추급효를 부정하고[38] (경간부) ② 단순한 사실관계의 (정책)변화에 기인한 경우(예 단란주점 등 일반음식점의 영업시간규제 폐지, 부동산중개업자의 중개보조원 고용인원 제한 폐지)에는 추급효를 인정해서 처벌해야[39] 한다는 견해이다.

---

37) 대판 1999.6.11., 98도3097.

38) 법률이념의 변천에 따라 과거에 범죄로 보던 행위에 대해 그 평가가 바뀌어 범죄로 보고 처벌하는 것 자체가 부당하여 (또는 형이 과중했다는 반성적 고려에서) 법령을 개폐한 경우, 추급효를 부정한다(대판 2003.10.10., 2003도2770).

39) 다른 사정의 변화로 그때그때의 특수한 필요에 대처하기 위해 법령을 개폐하는 경우에는, 이미 그전에 성립한 위법행위에 대해 현재의 측면에서 보더라도 행위 당시로서는 가

3. 백지형법

백지형법이란 일정한 형벌만을 규정하고 구성요건의 전부·일부를 다른 법률이나 명령[40] 등으로 보충해야 할 공백을 가진 형벌법규를 말한다[例 중립명령위반죄 : 외국간의 교전에 있어서 중립에 관한 명령에 위반한 자는 3년 이하의 금고 또는 500만원 이하의 벌금에 처한다(제112조)].

여기에서 보충규범이란 백지형법의 공백을 보충하는 규범(例 중립에 관한 명령)을 말한다.

백지형법은 대부분 한시법이나, 백지형법이 모두 한시법인 것은 아니다. (경감승진)

범죄 후 보충규범이 변경·폐지된 경우, 행위자의 처벌여부는 한시법이론에 따라 좌우된다.

제2절 장소적 적용범위

Ⅰ. 의 의

어떤 장소에서 발생한 범죄에 대하여 어느 형법이 적용되는가의 문제를 형법의 장소적 적용범위라고 한다.

형법의 장소적 적용범위에 관해서는 ① 속지주의 ② 속인주의 ③ 보호주의 ④ 세계주의 등의 입법주의가 있다.

우리 형법은 속지주의(제2조, 제4조)를 원칙으로 하고 /속인주의(제3조)와 보호주의(제5조, 제6조)를 가미하고 있다.[41] (9급 검찰)

벌성이 있는 것이어서 (그 법령이 개폐되었다고 해도) (그에 대한 형이 폐지된 것이라고 할 수 없으므로) 추급효는 긍정된다(대판 2003.10.10, 2003도2770). (법원행정고시)

40) 최근의 환경 경제 분야의 법령에 등장하고 있다.

41) 형법의 장소적 적용범위.

Ⅱ. 우리 형법의 태도

1. 속지주의 원칙

자국의 영역 안에서 발생한 모든 범죄에 대하여 범죄인의 국적 불문하고 자국 형법을 적용하는 주의로서, 기국주의도 이에 포함된다. 속지주의는 타국 내에서 자국인이 범한 범죄에 대해 자국 형법을 적용할 수 없다는 단점이 있으므로, 우리는 속인주의·보호주의를 가미하여 보충하고 있다. (경감승진)

제2조[국내범] 본법은 대한민국 영역 내에서 죄를 범한 내국인과 외국인에게 적용된다.

여기에서 대한민국 영역은 영토·영해·영공을 말하며,[42] 북한 포함된다(판례). '죄를 범한'이란 범죄의 행위와 결과 중 어느 것이라도 대한민국 영역 안에서 발생하면 된다(예 우리나라에서 기망 하고 일본 가서 재물 교부를 받은 경우도 우리 형법 적용[43]).

입법주의	내 용
속지주의	자국의 영역 안에서 발생한 모든 범죄에 대하여 범죄인의 국적을 불문하고 자국 형법을 적용하는 주의로서, 기국주의도 이에 포함된다.
속인주의	자국민의 범죄에 대하여는 범죄지의 여하를 불문하고 자국 형법을 적용하는 주의
보호주의	자국 또는 자국민의 법익을 침해하는 범죄에 대하여는 누구에 의하여 어느 곳에서 발생하였는가에 관계없이 자국 형법을 적용하는 주의
세계주의	누가·어디에서·누구에게 범한 범죄인가를 불문하고, 문명국가에서 인정되는 공통된 법익을 침해하는 범죄에 대하여는 자국 형법을 적용하는 주의
형법의 태도	형법은 속지주의 원칙으로 하면서(제2조, 제4조) 속인주의(제3조)와 보호주의(제5조, 제6조)를 가미하고 있다.

42) 공모공동정범은 공모지도 범죄지로 본다(대판). (법원행정고시) 다만 외국에 있는 대한민국 영사관은 우리의 영토가 아니다(대판). (9급 검찰)

43) 외국인이 한국공무원에게 알선한다는 명목으로 금품수수행위가 한국영역에서 이루어진 이상 알선행위장소가 해외라 하더라도 우리영역 내에서 죄를 범한 것이라 할 것이므로,

제4조[국외에 있는 내국 선박 등에서 외국인이 범한 죄] 본법은 대한민국 영역 외에 있는 대한민국의 선박 또는 항공기 내에서 죄를 범한 외국인에게 적용한다.

국외 운항 중인 자국 선박·항공기내 발생 범죄에 대해서도, 자국 형법을 적용한다는 원칙으로 속지주의 하나(=기국주의, 선적주의)이다. (7급 검찰)

[예] 미국 샌프란시스코에 정박 중인 우리 선박 내에서 하역작업을 하던 미국인 노무자 A가 중국인 선원 B와 싸우다가 칼로 B를 살해한 경우, 우리 형법을 적용하여 처벌할 수 있다.

2. 속인주의 가미

자국민의 범죄에 대하여는 (범죄지의 여하를 불문하고) 자국 형법을 적용하는 주의이다.

제3조[내국인의 국외범] 본법은 대한민국 영역 외에서 죄를 범한 내국인(범행당시)에게 적용한다.

속인주의에 의하여 속지주의가 보충되며, 여기서의 내국인은 범행 당시에 대한민국의 국적을 가진 자를 말한다.

3. 보호주의의 가미

자국 또는 자국민의 법익을 침해하는 범죄에 대하여는 (누구에 의하여 어느 곳에서 발생하였는가에 관계 없이) 자국 형법을 적용하는 주의이다.

제5조[외국인의 국외범] 본법은 대한민국 영역 외에서 다음에 기재한 죄(=1. 내란의 죄 2. 외환의 죄 3. 국기에 관한 죄 4. 통화에 관한 죄 5. 유가증권, 우표와 인지에 관한 죄 6. 문서에 관한 죄 중 제225조 내지 제230조[44] 7. 인장에 관한 죄 중 제238조)를 범한 외국인에게 적용한다.[45]

우리 형벌법규인 구 변호사법 제90조 제1호 적용돼야 한다(대판 2000.4.21., 99도3403).

44) 여권발급 신청서는 사문서이다(대판). (9급 검찰)

45) 형법 제5조에는 (형법 제6조와 같은) 단서 규정이 없다. (7급 검찰)

제6조[대한민국과 대한민국 국민에 대한 국외범] 본법은 대한민국 영역 외에서 대한민국 또는 대한민국 국민에 대하여 전조에 기재한 이외의 죄를 범한 외국인에게 적용한다. 단, 행위지의 법률에 의하여 범죄를 구성하지 아니하거나 소추 또는 형의 집행을 면제하는 경우에는 예외로 한다. 예 도박을 벌하지 아니하는 미국에서 미국인 A가 우리나라 B와 도박을 했을 경우, A의 형사책임은 제6조 단서에 의해 우리 형법이 적용되지 않아 A는 처벌되지 않는다. (9급 검찰, 법원서기보, 경위승진)

국교에 관한 죄, 사문서에 관한 죄 등은, 제5조(=외국인의 국외범)가 적용되지 않는다. (9급 검찰)

4. 세계주의

범죄지나 행위자의 국적여하를 불문하고 문명국가에서 인정되는 공통된 법익을 침해하는 범죄에 대하여 자국 형법을 적용한다는 원칙이다. 예 항공기 납치, 해적, 국제테러, 민족학살, 통화위조, 마약밀매, 인신매매 등

우리 **일반형법**이 세계주의를 채택하고 있는가에 대하여는 "행사할 목적으로 외국에서 통용하는 외국의 화폐, 지폐 또는 은행권을 위조 또는 변조한 자는 10년 이하의 징역에 처한다"는 제207조 제3항을 두고 견해의 대립이 있다. 한편 제296조의2(세계주의)에서 인신매매죄(제289조)·미성년자 약취유인죄(제287조)·추행 간음 결혼 영리 등 목적으로 약취유인죄 · 노동력착취 성매매 성착취 장기적출 등 목적으로 국외이송 목적 약취유인된 자를 국외이송한 자(제288조) · 약취 유인 매매 이송된 자를 상해치상(제290조) · 약취 유인 매매 이송된 자를 살인 치사(제291조) · 약취 유인 매매 이송된 자를 수수 은닉한 자(제292조) · 제287조에서 제289조를 범할 목적으로 사람을 모집 전달 운송한 자 처벌 등에 대해 세계주의(국외에서 범한 외국인처벌)를 2013년 신설하였다.[46)]

특별형법인 국제형사재판소관할범죄처벌법 제3조, 항공안전보안법 제40조에도 세계주의 규정이 있다.

46) 세계주의에 따라 우리 형법의 적용은 제287조-제292조, 제294조(미수범)이다. 다만 예비음모를 규정한 제296조는 제외된다. (경사승진)

5. 외국에서 받은 형 집행의 효력

제7조(외국에서 집행된 형 산입) 죄를 지어 외국에서 형의 전부·일부가 집행된 사람에 대해는 그 집행된 전부·일부를 선고하는 형에 산입한다. (경찰승진)

대한민국 국민이 외국에서 범죄를 범하고 그 외국에서 형의 전부 또는 일부의 집행을 받은 경우, 우리 형법으로 거듭 처벌할 수 있다.[47] (9급 검찰) 다만 이 경우 형을 선고하는 형에 산입해야 한다.

제3절 인적 적용범위

Ⅰ. 의 의

형법의 인적 적용범위란 형법이 어떤 사람에게 적용되는가의 문제이다(= 형법의 인적효력).

Ⅱ. 원 칙

형법은 시간적·장소적 효력이 미치는 범위에서, 모든 사람에게 적용된다는 것이 원칙이다.

47) 즉, 국내에서 다시 재판하여 형 선고해도 일사부재리의 원칙에 반하지 않아 위법은 아니다는 것이 대법원의 입장이었으나, 법 개정으로 외국에서 형집행을 받은 경우에는 그 집행된 부분을 인정하여야 한다.

Ⅲ. 예 외

1. 국내법상의 예외

1) 대통령의 재직중 형사소추 장애사유

대통령은 내란 또는 외환의 죄를 범한 경우를 제외하고는, 재직중 (수사는 가능하나) 형사상의 소추를 받지 아니한다(헌법 제84조).

2) 국회의원의 면책특권(인적 처벌조각사유)

국회의원은 국회에서 직무상 행한 발언과 표결에 관하여 국회 외에서 책임을 지지 아니한다(헌법 제45조).[48]

2. 국제법상의 예외

1) 치외법권자

(외교관계비엔나 협약에 의하여)국제법상 치외법권을 가진 외국의 원수와 외교관, 그 가족 및 내국인이 아닌 종자(從者)에 대하여는 우리 형법이 적용되지 않는다. (법원서기보)

2) 외국의 군대

한미 간의 군대지위협정(SOFA)에 의하여 공무집행 중인 미군범죄에 대하여는 우리 형법의 적용이 배제된다. 따라서 공무집행 중이 아닌 경우에는 우리 형법의 적용이 이루어질 수 있다.

48) 상임위 개의 당일 의원회관에서 기자에게 보도자료 배포를 포함한다(대판 2011.5.13., 2009도14442).

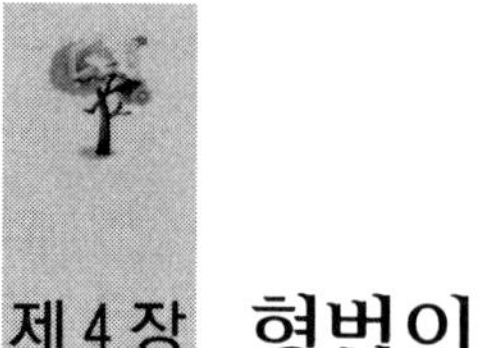

제 4 장 형법의 발전

제 1 절 형벌제도의 변천

형벌제도가 진화되어 온 과정은 복수시대 ⇨ 위하시대 ⇨ 박애시대 ⇨과학시대의 4단계로 구분된다.

구 분	특 징	시 기	주 요 내 용
복수시대	사형	원시시대~고대국가 형성이전	① 사적 복수 ② 원시종교적·미신적 사회규범[Taboo] ③ 동해보복[Talio : 눈에는 눈, 이에는 이로] ④ 속죄형 제도
위하시대	형벌의 국가화	고대국가~17세기	① 형벌의 국가화[公刑罰] ② 준엄·잔혹한 형벌제도[일반예방주의 강조]
박애시대	형벌의 법률화	18세기~19세기 중엽	① 계몽주의·합리주의·민주주의·법치주의 사상 ② 개인의 자유와 인권의 중시 ③ 죄형법정주의 확립 ④ 인도적인 형벌제도 ⑤ 베까리아(Beccaria), 포이에르바흐(Feuerbach), 칸트(Kant), 헤겔(Hegel)

과학시대	형벌의 개별화	19세기 후반~현대	① 범죄격증, 상습범·소년범 문제 ② 범죄인의 재사회화[특별예방주의] ③ 범죄인과 범죄원인에 관한 실증과학적 연구 ④ 롬브로조(Lombroso), 리스트(Liszt)

제 2 절 형법이론

형법이론이란 형법의 기본관념에 대한 법철학적 이론을 말하며 형벌이론과 범죄이론을 내용으로 한다. 형벌이론은 형벌의 본질과 목적이 무엇인가에 관한 이론임에 대하여, 범죄이론은 범죄의 본질을 어떻게 이해할 것인가에 대한 이론이다.

Ⅰ. 형벌이론

1. 응보형 주의

응보형주의는 형벌의 본질을 범죄에 대한 응보로 이해하는 사상으로서, 형벌은 범죄에 대한 보복적 반동으로서의 고통을 의미한다는 견해이다(절대주의).

칸트(정의설, 절대적 응보론), 헤겔(변증법적 응보론, 이성적 응보론), 빈딩(법률적 응보론) 등이 대표적이다.

2. 목적형주의

목적형주의는 형벌은 그 자체가 목적이 아니라, 장래의 범죄를 예방하기 위하여 형벌이 필요하다고 한다(상대주의). 이는 다시 일반예방주의와 특별예방주의로 나누어진다.

일반예방주의는 범죄예방의 대상을 일반인에 두고, 형벌의 목적은 일반인을 위하하여(겁을 주어) 장차 범죄를 범하지 않도록 예방함에 있다고 보는 견해이다.[49] Beccaria(죄형균형론, 죄형법정론), Feuerbach(심리강제설) 등이 대표적이다.

특별예방주의는 범죄예방의 대상을 범죄인에게 두고, 형벌의 목적은 범죄인을 개선·교화하여 다시는 범죄를 범하지 않도록 재사회화하는데 있다고 보는 견해이다. (9급 검찰) 이탈리아 실증주의학파(Lombroso, Ferri,[50] Garoflao), 목적형 사상(Liszt), 교육형 사상(Liepmann, Lanza, Saldana), 사회방위이론(Gramatica, Ancel) 등이 있다.

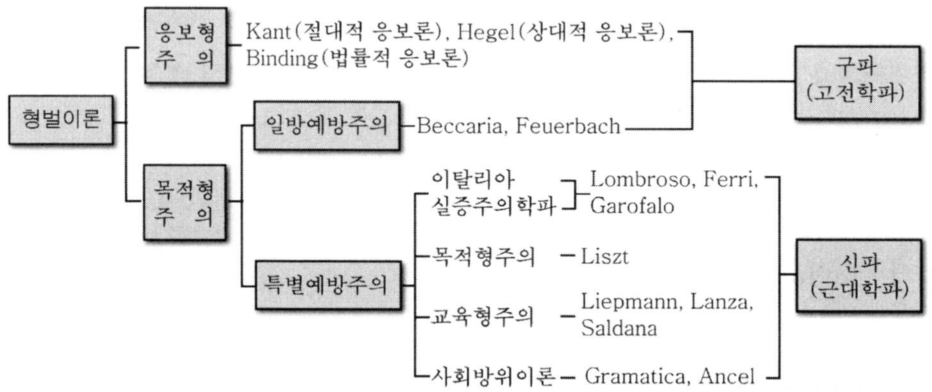

Ⅱ. 범죄이론

범죄이론이란 형벌의 기초가 되는 범죄의 본질이 무엇인가에 대한 이론으로서 객관주의와 주관주의가 대립되고 있다.

49) 적극적 일반예방주의(법과 재판을 통해서 사회에서 불승인하는 행위를 알게 해서 사회일반인의 규범의식 강화효과를 기대)와 소극적 일반예방주의(중형주의로 기운다)가 있다.
50) 페리의 범죄포화의 법칙(범죄는 사회현상에 수반되는 필연의 산물). /가로팔로가 아니다.

	객 관 주 의	주 관 주 의
의 의	범죄의 본질을 객관적 측면인 행위와 결과에서 찾는 이론으로 범죄주의 · (객관적인)사실주의라고도 한다.	범죄의 본질을 주관적 측면인 행위자의 반사회적 성격에서 찾는 이론으로 범인주의, 성격주의라고도 한다.
학 파	객관주의는 응보형주의 및 일반예방주의와 결합하여 구파[고전학파]에서 주장하는 이론이다.	주관주의는 특별예방주의와 결합하여 신파[근대학파]에서 주장하는 이론이다.
배 경	인간의 자유의사[비결정론]를 전제로 한 자유주의 · 개인주의 · 계몽주의에서 출발하였다.	인간의 자유의사를 부정하는 의사결정론을 전제로 한 실증주의에서 출발하였다.
공 헌	형사책임의 기초를 외부적인 범죄사실에 둠으로써 국가형벌권을 제한하여 개인의 자유와 권리를 보장하는데 기여하였다.	형사책임의 기초를 범죄인의 반사회적 성격에 두고 형벌의 개별화를 통한 범죄인의 개선 · 교화 및 사회방위에 기여하였다.
비 판	개인의 자유보장을 중시한 나머지, 사회방위에 무력할 위험이 있다.	법관의 자의가 개입하여, 개인의 자유보장을 위협할 염려가 있다.

주관주의와 객관주의의 대립은 범죄의 주관적 요소와 객관적 요소가 동시에 나타나는 분야(책임론 · 미수론 · 공범론 · 죄수론 등)에서만 가능하다. 따라서 순수한 주관적 요소(예 고의, 목적)나 순수한 객관적 요소(예 인과관계) 또는 위법성이론 등에서는 주관주의와 객관주의의 대립이 나타나지 않는다. (경정승진)

우리 형법은 원칙적으로 객관주의에 입각하고 있으면서, 주관주의를 고려한 절충적 태도를 취하고 있다.

Ⅲ. 형법학파의 대립

분 야	구 파(고전학파)	신 파(근대학파)
시 기	18세기 후반 ~ 19세기 초	19세기말 ~ 현대
배 경	개인주의, 자유주의, 계몽주의, 합리주의, 법치국가사상	• 범죄의 격증, 소년범 · 누범 · 상습범 증가 • 자연과학사상 · 실증주의
학 자	• 선구자 : Beccaria(죄형균형론) • 체계화 : Kant(절대적 응보형론) Hegel(변증법적 응보형론) Feuerbach(심리강제설, 일반예방론) • 계승 : Binding	• 선구자 : Lombroso(생래적 범죄인설) Ferri(사회적 책임론, 보안처분) Garofalo(자연범 · 법정범 구분) • 체계화 :Liszt(목적형[51]),범죄징표설) • 계승 : Liepmann, Lanza, Saldana ⇨ (교육형주의) Gramatica, Ancel ⇨(사회방위론)
인간상	의사자유론(의사 비결정론)	의사 결정론(자유의사 부정)
범죄론	객관주의(침해적 **결과** 중시)	주관주의(침해적 **인격** 중시[52]))
책임근거	도의적 책임론(의사책임 · **행위**책임)	사회적 책임론(성격책임)
형벌론	응보형주의 일반예방주의	목적형주의 ·교육형주의 ·사회방위론 특별예방주의
형벌과 보안처분[53])	(독일의) **이원론**[54])	(영국의) **일원론** (논거:형벌도 광의로는 보안처분이라고 봄)

51) 형벌의 개별화 주장(=**우발범**에게는 위하, **개선가능 상태범**에게는 개선조치, **개선불능 상태범**에게는 사회에서 퇴출 제거할 것 등 주장).

52) 행위자.

53) 또한 이원론, 일원론 이외에도 **대체주의**(형벌은 이원론에 따라 책임에 의거 선고되지만, 형집행단계에서 일원론에 따라 형벌 대신 보안처분으로 대체할 수 있게 하자는 주장)가 있다. 한편 우리 법은 절충주의(치료감호법 제18조)를 취하고 있다.

54) 형벌은 과거 비난(책임) 목적이나, 보안처분은 미래 범죄예방 목적이라 한다. 문제는, 형벌 후 보안처분을 부과하면 이중제재가 되어 가혹한 것이 아닌가 하는 비판이 있다.

제 2 편

범 죄 론

제 1 장 범죄의 기본개념

제 1 절 범죄의 의의와 종류

Ⅰ. 범죄의 의의

범죄에 대한 형식적 분석과 체계화를 가능하게 하는 것이 형식적 범죄개념이며 /범죄의 실질적 내용을 보충해 주는 것이 실질적 범죄개념이므로 /범죄의 개념은 형식적·실질적 범죄개념의 양면에서 보완적으로 검토하여야 한다.

1. 형식적 범죄개념

형식적 의미의 범죄란 구성요건에 해당하는 위법하고 책임 있는 행위를 의미한다. 따라서 어떤 행위가 형법상의 범죄로 되기 위해서는 구성요건해당성·위법성·책임(유책성)의 범죄성립요건을 모두 갖추어야 하며, 어느 하나라도 결여되면 범죄는 성립하지 않는다. (경위승진)

2. 실질적 범죄개념

실질적 의미의 범죄란 사회에 유해하거나 법익을 침해하는 반사회적 행위를 의미한다. 이는 어떤 행위를 범죄로 할 것인가에 대한 입법의 기준과 한계를 제시한다는 점에서, 범죄의 형사정책적 의의라고도 한다. /실질적 범죄개념도 해당 국가의 헌법의 구속을 받으며 시간과 장소에 따라 변천할 수 있다는 점에서, 절대적 범죄개념[1](=시간과 공간 및 실정법체계를 초월하여 타당할 수 있는 자연적 범죄개념)과는 구별된다.

형식적 범죄는 반사회적 행위 중 형벌법규에 규정된 것에 한정되므로(=죄형법정주의) 범죄는 모두 반사회적 행위에 해당하나, 반사회적 행위가 모두 (형식적) 범죄인 것은 아니다. (경위승진)

Ⅱ. 범죄의 성립요건 · 처벌조건 · 소추조건

1. 범죄의 성립요건

형법상 범죄가 성립되기 위해서는 구성요건에 해당하는 위법한 행위를 한 자에게 책임이 있어야 한다. 즉 구성요건해당성 · 위법성 · 책임성이 범죄의 성립요건이다.

이들 3요소 중 어느 하나라도 결여되면, 범죄는 성립하지 않는다. 구성요건에 해당하고 위법한 행위일지라도 책임능력이 없는 자의 행위는 범죄가 되지 아니하므로(경위승진) /위법행위가 모두 범죄인 것은 아니다. (경위승진)

2. 범죄의 처벌조건(=가벌조건)

1) 의 의

처벌조건이란 이미 성립된 범죄에 대하여 국가형벌권의 발생을 위하여 필요한 조건을 말한다. 이에는 객관식 처벌조건과 인적 처벌조각사유가 있다.

---

1) 이에 대해 상대적 범죄개념이란 일정한 국가의 법질서가 범죄로 규정한 예 것이 범죄가 된다는 범죄개념이다. 시대 사회의 변화에 따라 법 Paradigm도 변한다 (회복적 정의).

2) 종 류

(1) 객관적 처벌조건

이미 성립한 범죄에 대한 형벌권의 발생을 좌우하는 외부적·객관적 사유[예 사전수뢰죄에 있어서 공무원 또는 중재인이 된 사실(형법 제129조 ②), 파산범죄에 있어서 파산선고가 확정된 때(파산법 제366조, 제367조)]를 말한다. (경사승진)

(2) 인적 처벌조각사유

이미 성립한 범죄에 대하여 행위자의 특수한 신분관계로 형벌권이 발생하지 않는 사유[예 친족상도례에 있어서 친족의 신분(형법 제344조, 제328조),[2] 국회의원의 면책특권(헌법 제45조 등)]을 말한다.

3) 특 징(9급 검찰)

처벌조건이 결여되어 벌할 수 없는 경우에도, 이에 대한 정당방위는 위법은 하니까 가능하다.

처벌조건에 대한 착오는 범죄성립(고의)에 영향이 없다.[3]

처벌조건이 없는 경우에도 공범성립은 가능하다.

범죄 성립요건을 결여하면 **무죄판결**을 하지만, 처벌조건이 없으면 **형면제의 판결**을 해야 한다. 한편 소추조건을 결여하면 **공소기각판결**을 한다.

3. 범죄의 소추조건

범죄가 성립하고 형벌권이 발생한 경우라도 그 범죄에 대해서 형사소송법상 소추를 하기 위하여 필요한 조건(=소송조건)을 말한다. 여기에는 다시 친고죄와 반의사불벌죄가 있다.

친고죄(=정지조건부 범죄)란 피해자 기타 고소권자의 고소가 있어야 공소제

---

2) 장물범과 피해자간 직계혈족·배우자·동거친족이면 장물범의 형이 면제된다. 그 이외 신분관계는 상대적 친고죄 대상이다. (경찰 2차) 장물범과 본범간 직계혈족·배우자·동거친족이면 필요적 감면대상이다.
친족상도례는 범인과 피해물의 **소유자 및 점유자** 모두와 친족 관계가 있어야만 적용된다. 다만 강도죄와 손괴죄에는 친족상도례가 적용되지 않는다.

3) 처벌조건의 인식은, 고의의 내용이 아니다.

기가 가능한 범죄이고, 반의사불벌죄(=해제조건부 범죄)란 피해자의 의사와 관계없이 공소를 제기할 수 있으나 피해자의 명시한 의사에 반하여 공소를 제기할 수 없는 범죄이다.

형법상 친고죄와 반의사불벌죄는 다음과 같다.[4] (경찰간부, 9급 검찰)

구 분	해 당 범 죄
친고죄	① **사자** 명예훼손죄(제308조) ③ 친족상도례 중 상대적 친고죄(제328조 제2항)[5] ② 모욕죄(제311조) ④ 업무상 비밀누설죄(제317조) ⑤ 비밀침해죄(제316조)
반의사불벌죄	① 폭행·존속폭행죄(제260조) ② 협박·존속협박죄(제283조)[6] ③ 명예훼손죄(제307조) ④ 출판물 등에 의한 명예훼손죄(제309조) ⑤ 과실치상죄(제266조)[7] ⑥ 외국국기·국장모독죄(제109조) ⑦ **외국원수·외국사절에** 대한 폭행·협박·**모욕죄**(제108조)

Ⅲ. 범죄의 종류

1. 결과범(=실질범)과 거동범(=형식범)[8]

결과범이란 구성요건이 결과의 발생을 필요로 하는 (예 살인죄 사망, 상해죄 상해, 강도죄 재물이나 재산상의 이익 취득) 대부분 범죄와 과실범 및 결과적 가중범[9]을 말한다.

형식범이란 (구성요건의 내용이 결과 발생을 필요로 하지 않고) 법에 규정된 행위를 함으로써 성립되는 범죄(예 무고죄, 위증죄, 모욕죄, 명예훼손죄, 폭행죄, 주거침입죄, 공연음란죄 등)이다.

4) 강간죄는, 친고죄도 반의사불벌죄도 아니다. (법원서기보)

5) **장물범과 피해자**자간 친족관계시에는, 동거친족 등은 형의 면제(제328조 제1항 적용), 별거친족은 상대적 친고죄(제328조 제2항 적용) 대상이다. /한편 **장물범과 본범**간 제328조 제1항의 동거친족 관계시는 필요적 감면대상이 된다 (즉 제328조 제2항의 별거친족 관계시는 그대로 처벌 대상이다).

6) 학대·존속학대죄, 특수폭행죄, 특수협박죄 등은 반의사불벌죄가 아니다.

7) **과실치사죄**는, 친고죄도 반의사불벌죄도 아니다. (법원서기보)

8) 기수성립에 결과발생 필요 여부에 따른 구별.

9) 연소죄(자기소유 건조물 물건에 방화해 예상 넘어 현주건물·공용건조물·타인소유 일반건조물 등에 옮겨붙어 전소한 경우). cf. 자기소유가 아닌 건조물에 방화해 자기소유물에 옮겨 붙은 경우는 일반건조물방화죄.

결과범만이 인과관계를 필요로 한다는 점에서, 양자 구별의 실익이 있다.

2. 침해범과 위험범[10]

침해범이란 보호법익의 현실적 침해가 있어야 기수가 되는 범죄(예 살인죄, 상해죄, 강도죄 등 대부분의 결과범)이다.

위험범(=위태범)이란 보호법익에 대한 위험상태의 야기만으로 기수가 되는 범죄를 말한다. 이 위험범에는 위험이 구체적·현실적으로 발생할 것을 요하는 구체적 위험범(=결과범 성격)과 추상적·일반적 위험만으로 기수가 되는 추상적 위험범(=거동범 성격)이 있다.[11]

구 분	구체적 위험범	추상적 위험범
위험의 정도	현실적 위험을 요한다.	추상적 위험으로 충분하다.
위험의 발생	구성요건요소이다. ('위험을 발생시킨 자' 라고 규정)	구성요건요소가 아니다.
고의의 내용	공공위험의 인식을 요한다.	공공위험의 인식을 요하지 않는다.

형법상의 위험범 규정은 다음과 같다. (경감승진)

구체적 위험범		추상적 위험범
사회적 법익에 관한 죄	• **자기소유** 일반건조물방화죄[12] (제166조 ②) • (자기소유·타인소유) 일반물건방화죄[13] (제167조) • 자기소유 일반건조물·일반물건 실화죄 (제170조 ②)	• 현주건조물방화죄[14] (제164조) • 공용건조물방화죄[15] (제165조) • **타인소유** 일반건조물방화죄[16] (제166조 ①) • 현주·공용건조물·타인소유일반건조물 실화죄(제107조 ①)
	• **자기소유**일반건조물일수죄[17] (제179조 ②) • 과실일수죄(제181조)	• 현주건조물 및 공용건조물에 대한 일수죄(제177조, 제178조) • 수리방해죄(제184조) • **타인소유**일반건조물일수죄(제179조 ①) • 방수방해죄(제180조)
	• 폭발성물건파열죄(제172조) • 가스·전기 등 방류죄(제172조의 2) • 가스·전기 등 공급방해죄(제173조 ①)	• 일반교통방해죄(제185조) • 유가증권위조죄(제214조)

10) 보호법익의 침해정도에 따른 구별.
11) 국가적 법익 죄는 대부분 위험범이며, 위증죄·공무집행방해죄 등은 추상적 위험범이다.
12) 자기소유 일반건조물방화죄는, 구체적 위험범이지만 예비음모 및 미수는 벌하지 않는다.

개인적 법익에 관한 죄	• 중유기죄(사람의 생명 위험) • 중상해죄(사람의 생명 위험)[18]	• 유기죄(제271조) • 명예훼손죄(제307조) • 업무방해죄(제314조) • 비밀침해죄(제316조) • 강제집행면탈죄(제327조)

3. 즉시범 · 상태범 · 계속범[19]

즉시범은 결과의 발생과 동시에 곧 범죄가 기수에 이르고 종료되는 범죄(예 살인죄, 상해죄 등 대부분 범죄)이다.[20]

상태범이란 구성요건적 행위의 완성과 동시에 범죄는 완성되지만 그 위법상태가 범죄종료 후에도 계속되는 범죄(예 절도죄, 강도죄, 장물죄, 횡령죄 등 주로 재산범죄)이다. 이러한 범죄완성 후의 위법상태는 (새로운 법익침해가 없는 한) 별도의 죄를 구성하지 않는 **불가벌적 사후행위**가 된다. 예컨대 타인의 재물을 절취한 후 그 재물은 손괴 · 소비한 경우, 절도죄 이외에 별도의 범죄(예 손괴죄 · 횡령죄)를 구성하지 않는다.

계속범이란 구성요건적 행위가 다소의 시간적 계속을 요하므로 법익침해가 계속되는 동안은 범죄사실은 계속되고 종료되지 않는 범죄(예 체포 · 감금죄, 다중불해산죄, 주거침입죄[21], 퇴거불응죄, 약취 · 유인죄 등)이다. 계속범은 (기수시가 아니라) 범죄종료 이후부터 공소시효가 시작된다.

---

13) 물건을 불태워 공공위험을 발생해야 일반물건방화죄가 성립한다.
14) 현주건조물방화죄는 방화해서 사람이 주거로 사용하는 건조물 등을 소훼한 경우이다. 다만 자기 혼자서 사는 집에 방화한 경우는 (현주건조물이 아닌) 일반건조물방화죄가 된다.
15) 방화해서 공용·공익에 쓰이는 건조물 등을 소훼한 경우이다.
16) 타인소유 일반건조물방화죄는, 추상적 위험범이지만 예비음모 및 미수를 처벌한다. (일반건조물은 '현주 · 공용 · 공익을 제외한 것'을 의미)
17) 구체적 위험범이지만, 예비음모는 처벌규정이 없다.
18) 한편 중체포죄는 (구체적 위험범이 아니고) 침해범이다.
19) 범죄행위의 시간적 계속성을 기준으로 구별.
20) 즉시범과 상태범을 동의어로 파악하는 견해도 있다.
21) 주거침입죄에 대하여는 계속범설(다수설)과 상태범설의 대립이 있다. (경감승진)

4. 일반범 · 신분범 · 자수범[22]

일반범은 누구나 행위자(정범)가 될 수 있는 범죄(예 구성요건에 단순히 '~한 자'라고 규정되어 있는 모든 범죄)를 말한다.

신분범이란 행위자의 일정한 신분이 구성요건요소로 되어 있는 범죄를 말한다. 여기에는 진정신분범과 부진정신분범이 있다.

구 분	진정 신분범	부진정 신분범
의 의	일정한 신분 있는 자에 의해서만 성립하는 범죄를 말하며, 신분이 없으면 범죄가 성립하지 않는다.	일정한 신분이 형의 가중 또는 감경 사유로 되는 범죄를 말하며, 신분이 없으면 보통의 범죄가 성립한다.
예	• 수뢰죄(공무원 또는 중재인)[23] • 위증죄(법률에 의해 선서한 증인) • 횡령죄(타인 재물을 보관하는 자) • 배임죄(타인 사무를 처리하는 자) • 유기죄(보호할 법률상 · 계약상 의무 있는 자) • 직무유기죄, 허위진단서작성죄, **업무상** 비밀누설죄[24], 도주죄	• 존속에 대한 범죄(존속살해, 존속상해, 존속폭행, 존속유기) • 영아살해죄, 영아유기죄 • **업무상** 범죄(업무상 횡령죄, 업무상 배임죄, 업무상 과실치사죄) • 상습도박죄[25]

자수범이란 (타인을 이용하는 간접정범의 형태로는 범할 수 없고) 행위자 자신이 직접 실행하여야만 범할 수 있는 범죄(예 위증죄, 수뢰죄, 허위진단서작성죄)이다. (경사승진, 법원서기보). 직접 실행행위를 하지 않는 자는 (정범이 될 수 없으나) 공범(교사범 · 종범)은 가능하다.

5. 목적범 · 경향범 · 표현범[26]

목적범이란 주관적 구성요건요소로서 고의 외에 일정한 목적을 필요로 하는 범죄(예 내란죄의 국토 참절 또는 국헌문란의 목적, 각종 위조죄의 행사할 목적 등)를 말한다. 여기에는[27] 진정목적범과 부진정목적범이 있다.

---

22) 정범이 될 수 있는 행위자의 범위에 따른 분류.

23) 다만 공무집행방해죄는 누구나 범할 수 있으므로 일반범이다.

24) (업무상의 범죄는 부진정신분범이지만) **업무상 비밀누설죄**는 진정신분범이다. /한편 비밀침해죄는 신분범이 아니다.

25) 한편 도박죄는 (일반범으로) 신분범이 아니다.

26) 특수한 주관적 불법요소에 따른 분류.

구 분	진정 목적범	부진정 목적범
의 의	목적의 존재가 범죄의 성립요건이 되는 범죄를 진정 목적범이라 한다. 즉 목적이 없으면 범죄가 성립하지 않는다.	목적이 없어도 범죄는 성립하나, 목적이 있으면 형이 가중·감경되는 경우이다.
예	• 내란죄(국토참절 또는 국헌문란의 목적) • 통화·유가증권위조죄(행사할 목적) • 무고죄(타인으로 하여금 형사처분 또는 징계처분을 받게 할 목적) • 음행매개죄·영리약취유인죄(영리의 목적) • 예비·음모죄(~의 죄를 범할 목적) • 범죄단체조직죄, 강제집행면탈죄[28], 도박개장죄, 허위공문서작성죄[29], 문서위조죄, 다중불해산죄, 사문서위조죄	• 내란목적살인죄 • 모해위증죄, 모해증거인멸죄[30] • 아편판매목적소지죄 • 결혼목적약취유인죄 • 출판물 등에 의한 명예훼손죄(사람을 비방할 목적)[31] • 준강도죄(절도가 재물탈환에 항거하거나 체포를 면탈하거나 죄적을 인멸할 목적)

경향범이란 범인의 일정한 주관적 경향의 발현으로 행해지는 범죄(예 공연음란죄의 성욕을 자극시키는 행위자의 경향, 학대죄의 학대행위, 가혹행위죄의 가혹행위)를 말한다.

표현범이란 행위자의 내심적 상태가 행위로 표현되었을 때 성립하는 범죄(예 위증죄의 선서한 증인이 자신이 알고 있는 것과 다르게 표현하려는 내심의 의사)를 말한다.

문제. 다음 중 타당하지 않은 것은? (경찰 1차)

① 범죄단체조직죄는 (범죄목적, 병역 납세의무를 거부할 목적) 목적범[32]

27) 참고로 다음과 같이 나누는 경우도 있다. ① 단절된 결과범이란 목적실현이 행위자의 구성요건적 행위자체에 의하여 실현되고, 목적실현을 위한 다른 별개의 행위를 필요로 하지 않는 목적범(예 내란죄, 출판물 등에 의한 명예훼손죄, 준강도죄 등)이다. ② 단축된 2행위범이란 목적실현이 행위자의 구성요건적 행위만으로 실현될 수 없고, 행위자나 제3자의 별개의 행위를 통해서만 야기될 수 있는 목적범(예 각종 위조죄, 무고죄, 음행매개죄, 영리목적 약취유인죄 등)이다.

28) 부동산강제집행효용침해죄는 목적범이 아니다.

29) 허위진단서작성죄는 목적범이 아니다.

30) 한편 위증죄, 증거인멸죄는 목적범이 아니다. (경사승진, 법원서기보)

31) 명예훼손죄, 신용훼손죄는 목적범이 아니다. (법원서기보)

② 도박개장죄는 (영리)목적범
③ 연소죄[33]는 결과적 가중범
④ 외국사절모욕죄는 친고죄[34]

6. 기 타

결합범이란 개별적으로 독립된 범죄의 구성요건에 해당하는 수개의 행위가 결합하여 1개의 범죄를 구성하는 범죄(예 폭행죄 또는 협박죄+절도죄=강도죄, 강도죄+강도죄=강도강간죄, 강도죄+살인죄=강도살인죄 등)를 말한다.

자연범과 법정범에서, 자연범(=형사범)이란 실정법상 범죄로 규정하기 이전에 윤리적·도덕적으로 범죄인 경우이고(예 내란죄, 강도죄, 살인죄 등의 대부분 범죄), 법정범(=행정범)이란 행위가 사회윤리적·도덕적으로 비난된 경우가 아니라 국가가 범죄로 규정함으로써 범죄가 되는 경우이다(예 조세범).

제 2 절 행위론

Ⅰ. 의의 및 기능

1. 의 의

범죄는 구성요건에 해당하는 위법하고 책임 있는 '행위'이므로 범죄가 되기 위해서는 형법상 가치 있는 인간의 행위가 무엇인가에 대한 판단이 선행되어야 하는데 이러한 행위개념에 대한 논의를 행위론이라 하며, 구성요건해당성 이전에 살펴보아야 하기 때문에 범죄론의 출발점이 된다.

---

32) 허위진단서작성죄, 공정증서원본부실기재죄는 목적범이 아니다. (경찰 1차)

33) 자기소유건조물 또는 자기물건에 방화가 확대되어 현주건조물이나 공용건조물 등을 소훼함으로 성립하는 진정결과적 가중범이다.

34) 반의사불벌죄(외국원수 및 외국사절에 대한 폭행협박, 외국원수 및 외국사절에 대한 모욕, 외국원수 및 외국사절에 대한 명예훼손. 외국을 모욕목적으로 국기 국장을 손상 제거 오욕) (경찰 1차)

행위를 구성요건해당성의 문제로 보아 독립된 행위론을 부정하는 행위론 부정설(=소극적 행위론)도 있다. 그러나 형법상 의미 있는 '행위'와 무의미한 '비행위'는 구성요건 해당성의 전단계에서 판단되어야 한다는 행위론 긍정설(=적극적 행위론)이 통설이며, 긍정론에는 다시 행위개념을 존재론적으로 파악해야 하는가 또는 규범론적으로 파악해야 하는가에 따라서 인과적 행위론, 목적적 행위론, 사회적 행위론, 인격적 행위론 등이 있다.

2. 행위개념의 기능

1) 한계기능(=한계요소로서의 기능)

형법상의 행위개념은 형법적으로 의미 없는 행위를 처음부터 형법적 판단의 대상에서 배제시키는 기능을 한다.

범죄는 구성요건에 해당하는 위법하고 책임 있는 행위이다. 형법상 행위에는 고의행위, 과실행위, 작위, 부작위를 모두 포함한다. (경위승진) 그러나 생리적 반사작용 · 수면 중의 동작 · 저항이 불가능한 물리적 강제 하의 동작 · 혼수상태에 빠진 자의 동작 등은 형법상 의미 없는 행위 즉 非行爲(비행위)로서, 형법상의 행위로 볼 수 없다. (9급 검찰)

2) 분류기능(=근본요소로서의 기능)

행위개념은 형법상 의미있는 모든 행위인 고의 · 과실 · 작위 · 부작위를 하나의 통일개념으로 파악할 수 있는 상위개념으로 기능한다.

3) 결합기능(=연결요소로서의 기능)

행위개념은 구성요건해당성 · 위법성 · 책임성을 체계적으로 연결시켜 주는 결합기능을 한다.

Ⅱ. 인과적 행위론

행위란 인간의 의사에 기한 신체의 활동(행위 = 유의성 + 거동성)이라고 본다.

이 인과적 행위론에 의하면,[35] 의사의 내용(예 고의, 과실 등)은 행위론에서 문제되지 않고 책임의 단계에서[36] 구별될 뿐이라고 한다(=심리적 책임론).

이에 대해서는 의사의 내용을 행위개념에서 고려하지 않음으로써 미수의 개념규정이 곤란하다는 점,[37] 거동성(신체의 활동)을 요건으로 하기 때문에 부작위의 설명이 곤란하다는 점에서 비판이 있다.

Ⅲ. 목적적 행위론

독일의 벨첼(Welzel)이 주장한 것으로, 행위란 목적에 의하여 지배・조정된 인간의 목적활동성의 작용(행위=목적성+거동성)이라고 한다.

위 목적성은 행위자의 실현의사인 고의를 의미하므로 고의는 (책임요소가 아니라) 주관적 구성요건요소(=주관적 불법요소)라고 보았다.[38] 즉 고의・과실을 일반적・주관적 구성요건요소로 보았다.

이에 대해서는 과실행위는 목적성이 있다고 할 수 없으므로 과실의 개념규정이 곤란한 점, 부작위는 기대되는 행위를 하지 않는 것에 불과하므로 목적적 행위라고 할 수 없다는 점 등의 비판이 있다.

Ⅳ. 사회적 행위론

행위란 사회적으로 중요한(의미 있는) 인간의 형태(사회적 중요성)라고 한다.

사회적 행위론은 행위의 본질을 사회적 중요성에서 찾으려는 규범적 행위론으로, 고의[39]・과실・작위・부작위・미수 등의 모든 행위를 무리 없이 설명할 수 있어서 오늘날 다수설이다.

---

35) 인과적 행위론은 다시 고전적 범죄체계와 신고전적 범죄체계로 분류된다.

36) 고의의 체계적 지위에서, 고의를 책임요소라고 주장한다.

37) 예 갑이 총을 발사해서 을이 맞았는데 생명에는 전혀 지장이 없는 경우, 살인미수인지 또는 상해미수인지(?)를 알 수가 없다.

38) 목적적 행위론은 목적적 범죄체계를 구성한다.

39) 고의를 구성요건요소(행위방향설정으로의 고의)인 동시에 **책임요소**(심정반가치로서의 고의)로 본다. /**사회적 행위론**은 신고전적·목적적 범죄체계를 구성한다.

이에 대해서는 사회적(사회적 의미)이라는 말이 매우 포괄적인 개념이어서 행위론의 한계 기능을 다하지 못한다는 비판이 있다.

Ⅴ. 인격적 행위론

행위란 인격의 발현을 의미한다는 견해이다(Roxin).

이에 대해서는 의사지배가 불가한 무의식적 상태는 인격의 발현이 아니라는 점, 법인은 인격이 구비되지 못해 행위능력 부정문제가 발생한다는 점 등에서 비판이 있다.

제 3 절 행위의 주체와 객체

Ⅰ. 행위의 주체

1. 의 의

행위의 주체(=범죄의 주체)란 누가 범죄를 범할 수 있는가의 문제로, 자연인은 연령·정신상태 여하에 관계없이 행위의 주체가 되나, 법인이 범죄행위의 주체가 될 수 있느냐에 대해서는 견해의 대립이 있다.

2. 법인의 범죄능력

범죄의 주체가 될 수 있는 능력을 범죄능력이라고 하는데, 주로 법인의 범죄능력에서 문제가 된다. (경사승진)

법인의 범죄능력에 대해 범죄의 주체를 윤리적 인격자로 파악하는 대륙법계(**법인실재설**)는 이를 부정하지만 /법인단속의 사회적 필요성을 중시한 영미법계(**법인의제설**)는 이를 긍정하고 있다.[40] 즉 법인의 범죄능력문제는 사법(私法)상

40) 예 영국의 기업살인법.

의 법인본질론과는 형사정책적 고려이지 논리필연적인 관계가 없으므로 법인실재설을 취한다고 하여 반드시 법인의 범죄능력을 인정하게 되는 것은 아니다. (법원서기보)

법인의 범죄능력 인정여부에 대하여, 학설의 논거를 보면 다음과 같다.

부 정 설 (통설 · 판례)	긍 정 설
• 법인에게는 의사와 육체가 없으므로 행위의 주체가 될 수 없다. • 사형, 자유형은 법인에게 집행할 수 없다. • 법인을 처벌하면 범죄와 관계없는 법인의 구성원까지 처벌받는 결과가 되어 자기책임의 원칙에 반한다.	• 법인도 기관(대표이사)을 통하여 행위할 수 있다. • 생명형(사형)과 자유형에 해당하는 형벌로서 법인의 해산과 업무정지를 과할 수 있다. • 법인기관의 행위는 그 기관의 구성원인 개인의 행위임과 동시에 법인의 행위라는 양면성을 가지므로, 법인을 처벌해도 이중처벌이 아니다.

3. 법인의 처벌

1) 법인을 처벌하는 경우에 있어서 입법형식

① 양벌규정

실제의 위법행위자(종업원)와 그를 선임·감독한 자(법인, 사용자)의 양자를 처벌하는 규정을 말한다. (경장승진, 법원서기보)

② 전가벌규정(=대벌규정)

종업원의 행위에 대하여 종업원 대신 그 사용자나 법인만을 처벌하는 규정을 말한다.

2) 법인의 형벌능력 인정여부

법인의 범죄능력 긍정설은, 당연히 형벌능력도 긍정하게 되어 법인의 형사책임을 인정하게 된다. 반면에 법인의 범죄능력 부정설은 형벌능력을 부정하는 것이 논리적이나, 다수설은 (범죄능력은 부정하지만) 형벌능력은 긍정한다.

3) 양벌규정에 의한 법인처벌의 근거

① 무과실책임설

양벌규정을 (범죄 및 수형 주체 일치를 요구하는) 책임 원칙의 예외로 보아, 자연인인 종업원이나 법인기관의 행위에 의한 법인의 대위책임을 인정하는 견해이다. (법원서기보)

② 과실책임설

양벌규정에 있어서 법인의 형사책임은 종업원의 선임·감독상의 주의의무위반에 대한 과실책임이라는 판례의 견해로, /과실의제설·과실추정설·과실필요설 등으로 나누어진다.

Ⅱ. 행위객체와 보호객체

1. 행위의 객체

범죄의 객체란 범죄행위의 대상(예 살인죄의 '사람', 절도죄의 '타인의 재물', 방화죄의 '건조물', 공무집행방해죄의 '공무원' 등)을 말한다. (경위승진) 범죄의 객체는 객관적 구성요건요소로서, 고의의 인식 대상이다.

범죄의 객체(범죄행위의 객체)가 없는 범죄(예 다중불해산죄, 단순도주죄, 퇴거불응죄, 위증죄, 무고죄 등)도 있다. (경사승진, 7급 검찰)

2. 보호의 객체

보호의 객체(=보호법익)란 구성요건에 의하여 보호되는 가치적·관념적 대상, 즉 보호법익(예 살인죄의 '사람의 생명', 절도죄의 '타인의 소유권', 방화죄의 '공공의 안전과 평온', 공무집행방해죄의 '공무' 등)을 말한다.

보호의 객체는 (구성요건요소가 아니므로) 고의의 인식대상이 아니지만, 범죄의 본질을 규명하고 구성요건해석의 기준이 된다.

(행위객체 없는 범죄는 있어도) 보호객체(=보호법익) 없는 범죄는 없다. (7급 검찰)

제2-1장 구성요건(Ⅰ)

제1절 구성요건의 일반이론

구성요건이란 형법상 금지 또는 요구되는 행위가 무엇인가를 추상적·일반적으로 기술해 놓은 것을 말한다. 구성요건은 죄형법정주의 실현[41]을 통한 법적 안정성과 인권보장을 확보하는 기능을 갖는다.

구성요건 **해당성**이란 구체적인 개개의 행위가 구성요건에 **합치**(合致) 또는 해당하는 것을 말한다.

구성요건의 **충족**이란 어떤 행위가 구성요건에 포함된 모든 요소를 충족(充足)하는 것을 말한다. (미수·기수는 모두 구성요건에 해당하므로) 구성요건에 해당한다고 해서, 모든 범죄가 기수로 되는 것은 아니다. 구성요건을 충족해야 **기수**가 된다.

41) 구성요건의 명확성 등.

Ⅰ. 구성요건이론의 발전

1. 벨링(Beling)의 객관적 · 몰가치적 기술로서의 구성요건

벨링은 범죄는 구성요건에 해당하는 위법하고 유책한 행위라고 하여, 구성요건을 위법성 · 책임의 판단에 앞서는 독립된 범죄성립요소로 본 최초의 학자이다(=3단계 범죄체계의 기초 확립).

벨링은 (위법성[42]이 가치적임에 반하여) 구성요건은 몰가치적인 것[43]이며, (책임[44]성이 주관적임에 반하여) 구성요건은 객관적인 것이라고 하였다.

2. 신요소의 발견

1) 규범적 구성요건요소의 발견(M. E. Mayer)

구성요건은 원칙적으로 몰가치적이나, 예외적으로 어떤 가치판단에 의하여 의미와 내용을 이해할 수 있는 규범적 구성요건요소(예 절도죄에서 재물의 타인성)가 있음을 발견하였다.

2) 주관적 구성요건요소의 발견(Nagler, Hegler)

벨링의 구성요건의 객관성은, 나글러에 의해 주관적 구성요건요소(예 목적, 경향, 표현, 불법영득의사)의 발견으로 수정되기에 이르렀다.

---

42) 위법은 순수한 객관적 가치판단 문제.
43) 구성요건은 (가치판단을 하는 것이 아닌) 평가대상을 기술해 놓은 것일 뿐이라고 한다.
44) 책임은 주관적 가치판단 문제.

Ⅱ. 구성요건의 위법성·책임성과의 관계

1. 위법성과의 관계

1) 위법성 인식·존재근거설

(1) 위법성의 인식(추정)근거설(M. E. Mayer)

구성요건과 위법성은 '연기(구성요건)와 불(위법성)의 관계'로 비유하면서, 구성요건은 위법성의 인식근거(위법성 징표)라고 한다. 즉 '연기(구성요건)를 보면 불(위법성)이 났음을 인식할 수 있다'는 것이다.

(2) 위법성의 존재(간주) 근거설(Mezger)

목적, 경향, 불법영득의사 등 특수한 주관적 구성요건요소의 존재를 인정한다.

구성요건에 해당하는 행위는 (위법성조각사유가 존재하지 않는 한) 위법한 것으로 간주되므로, 구성요건을 위법성의 존재근거라고 한다.[45]

2) 소극적 구성요건표지(위법성조각사유) 이론(Herzberg)

(형법 각 본조의 구성요건은 적극적 구성요건표지이고) 위법성조각사유를 소극적 구성요건표지로 보아, 위법성조각사유가 존재하면 (위법성이 조각되는 것이 아니라) 처음부터 구성요건에도 해당되지 않는다는 이론이다. 따라서 이 이론에 의하면, '구성요건 해당 행위는 언제나 위법'한 경우가 된다. (7급 검찰)

이 견해는 구성요건해당성과 위법성을 '총체적 불법구성요건'으로 보아, 최종적으로는 **2단계 범죄체계**(=총체적 불법구성요건+책임)를 주장하게 된다.

그러나 이 이론은 (위법성조각사유의 독자적 기능을 간과하여) 처음부터 구성요건에 해당하지 않는 행위와, 구성요건에 해당하나 위법성이 조각되는 행위 간의 '차이를 무시했다'는 비판을 받는다.

---

45) 이 이론은 소극적 구성요건표지이론의 배경이 되었다.

2. 책임과의 관계

(구성요건은 위법행위의 유형으로서 위법성을 징표하고, 책임은 행위자에 대한 비난가능성을 의미하므로) 구성요건과 책임 간에는 직접적인 관련은 없다.

Ⅲ. 구성요건요소

1. 객관적 요소와 주관적 요소

1) 객관적 구성요건요소(=객관적 불법요소)[46]

행위의 외부적 현상을 기술한 것으로, 행위자의 주관적 요소(예 고의, 목적, 불법영득의사)와 독립하여 외부적으로 그 존재를 인식할 수 있는 것(예 행위의 주체와 객체, 행위의 수단과 결과, 인과관계, 행위 상황)을 말한다.

2) 주관적 구성요소(=주관적 불법요소)

행위자의 내심적·주관적 상황에 속하는 구성요건요소를 말하며, 여기에는 일반적 불법요소(예 고의, 과실)와 특별한 주관적 불법요소(예 목적범 목적, 경향범 경향, 표현범 표현, 영득죄의 불법영득의사)가 있다. (7급 검찰, 경위승진)

다만 범죄 동기(예 절도의 동기, 원수를 갚을 목적 등)는 구성요건요소가 아니다. (7급 검찰) 그러나 **영아살해죄**에서 '특히 참작할 만한 **동기**[47]로' 인해 … 에서의 동기는 (조문에 나와 있으므로) 주관적 구성요건요소이다.

2. 기술적 요소와 규범적 요소

1) 기술적 구성요건요소(=서술적 요소)

(가치판단의 필요 없이) 단순한 사실의 인식만으로 그 의미를 알 수 있는 구성요건요소(예 살인죄의 사람, 방화죄의 불·건조물, 절도죄의 재물, 인신매매죄의 사람 등)를 말한다.

---

46) 고의에서, 인식 대상이다.
47) 예 치욕 은폐, 양육 불가 예상, 기형아 등.

2) 규범적 구성요건요소

규범적 평가, 즉 가치판단에 의하지 않으면 그 의미내용을 확정할 수 없는 구성요건요소를 말한다. 이에는 법률적 평가를 요하는 것과 사회·경제적 평가를 요하는 것이 있다.

법률적 평가를 요하는 규범적 구성요건요소	사회·경계적 평가를 요하는 규범적 구성요건요소
• 존속살해죄의 '직계존속' • 수뢰죄의 '공무원 또는 중재인' • 친족상도례의 '친족' • 절도죄의 '재물의 타인성'[48] • 유가증권위조죄의 '유가증권' 등	• 강제추행죄의 '추행' • 공연음란죄의 '음란' • 명예훼손죄의 '외적 명예' • 업무방해죄의 '업무' • 신용훼손죄의 '신용' 등

3. 기술된 구성요건요소와 기술되지 않은 구성요건요소

1) 기술된 구성요건요소

구성요건에 명문으로 서술되어 있는 구성요건요소로, 거의 모든 구성요건요소가 여기에 해당한다.

2) 기술되지 않은 구성요건요소

구성요건에 명시적으로 규정되어 있지 않지만 형법이론상 인정된 구성요건요소(예 불법영득의사, 객관적 귀속 등)이다.

Ⅳ. 결과반가치와 행위반가치(=불법의 본질[49] 문제)

1. 의 의

결과반가치란 결과에 대한 부정적 가치판단을 의미하며, 행위반가치란 행위에 대한 부정적 가치판단을 의미한다.

문제는, (위법성의 실체에 관한 문제가 아닌) 불법의 본질에 관한 문제로 이

48) 절도죄에 있어서 재물은 기술적 구성요건요소이고, 타인의 재물(재물의 타인성)은 규범적 구성요건요소이다. (9급 검찰)

49) 위법성의 실체 문제가 아니다.

해하는 견해가 다수설이라는 점이다.

2. 불법의 본질

1) 결과반가치론

범죄의 객관적 측면은 구성요건해당성과 위법성에 속하고, 주관적 측면은 책임에 해당한다는 고전적 범죄개념에 의해 불법의 본질은 결과반가치에 있다는 견해이다.[50]

2) 행위반가치론

① 인적 불법론(Welzel)은, 행위반가치가 불법의 제1차적 구성요소가 되고, 결과반가치는 부차적 요소로서 불법을 제한할 뿐이라는 견해이다.

② 일원적·주관적 불법론은, 불법의 구성요소는 오직 행위반가치뿐이라는 견해이다.[51]

3) 이원적 인적 불법론

불법은 결과반가치와 행위반가치를 고려하여 판단해야 하며, 결과반가치와 행위반가치를 동일한 서열에서 병존하는 불법요소로 보자는 견해(다수설)이다.

3. 결과반가치와 행위반가치의 내용

1) 결과반가치의 내용

통설은 법익침해(기수범의 결과반가치)와 법익침해의 위험(미수범의 결과반가치)을 결과반가치의 내용으로 해석한다. (경감승진)

2) 행위반가치의 내용

행위반가치의 내용에는 주관적 행위요소(예 고의, 과실)와 주관적 행위자적 요소(예 목적, 경향, 표현 등 특별한 주관적 불법요소), 객관적 행위요소(예 실행행위의 종류·방법, 범행수단, 행위의 태양 등)와 객관적 행위자적 요소(예

50) 불법이란 객관적 평가규범에 위반하는 것을 의미하며, 의사결정규범은 책임에 관련되는 것으로 본다.

51) 즉 결과반가치는 (불법과 무관한) 객관적 처벌조건에 불과하다는 견해이다.

신분범의 신분, 부진정 부작위범의 보증인 등)가 있다.

4. 결과반가치론과 행위반가치론의 차이점

구 분	결 과 반 가 치	행 위 반 가 치
형법의 기능	법익보호	사회윤리적 행위가치보호
형법의 성격	평가규범성 강조	의사결정규범성 강조
불법의 본질	법익침해(기수)와 그 위험(미수)	사회상당성의 일탈
고의 · 과실	책임요소(인과적 행위론)	주관적 불법요소(목적적 행위론)
과실범의 불법	(법익침해에 차이가 없으므로) 불법의 경중에서 고의범과 차이가 없음.	(행위 측면에서 고의범과 차이가 있으므로) 불법의 경중에서 고의범과 차이가 있음.
위법성조각사유의 일반원리	법익형량설, 우월적 이익설	사회상당성설, 목적설
실행의 착수시기	실질적 객관설(밀접행위설)	주관설[52]
불능범과 불능미수	주관적 객관설[53](판례, 다수설)	주관설

제 2 절 인과관계와 객관적 귀속

제17조 [인과관계] 어떤 행위라도 죄의 요소되는 위험발생에 연결되지 아니한 때에는, 그 결과로 인하여 벌하지 아니한다.

Ⅰ. 인과관계의 의의 및 적용

1. 인과관계의 의의

결과범에 있어서 결과가 발생해야만 기수가 되는데, 이러한 발생결과에 대해

52) 주관설은 범의가 확정적으로 행위에 의해 나타난 때(예 금고를 털려고 집에 들어간 때), 실행착수를 인정한다. *cf.* 밀접행위설은 금고문을 연때 실행착수를 인정한다.

53) 주관적 객관설은, 행위 당시 행위자가 인식한 사정을 기초로 (즉 판단기초는 행위자 주관), 일반인 관점에서 (즉 판단의 기준은 객관적인 것) 위법성을 판단한다. 예 가벌적 불능미수 (시체를 산 자로 오인하고 살해하려 한 경우, 소화제를 독약으로 오인하고 먹여 살해하려 한 경우).

행위자에게 책임을 과하기 위해서 요구되는 행위와 결과 사이의 연관관계를 인과관계라고 한다. /이는 객관적 구성요건요소에 해당한다.

2. 인과관계의 적용 및 기능

거동범인 형식범((예) 위증죄, 무고죄, 폭행죄, 명예훼손죄, 공연음란죄, 진정부작위범 등)은 구성요건상의 행위만 있으면 바로 기수가 되므로, 기수가 되기 위해서 인과관계가 필요 없다. (경사승진) /반면에 실질범인 결과범((예) 살인죄, 사기죄, 상해죄, 횡령죄, 공갈죄, 과실범, 결과적 가중범, 부진정부작위범 등)은 일정한 결과발생이 있어야 기수가 되므로 인과관계가 필요하다. (7급 검찰, 경사승진) 결과범에서 인과관계가 없다면 결과의 발생이 있더라도 미수범으로 처벌될 뿐이므로, 인과관계(**기능**)는 (결과범에 있어서) 미수와 기수를 **한계**를 지우는 기능을 한다.

Ⅱ. 인과관계의 유형

1. 기본적 인과관계

행위가 다른 원인의 개입 없이 직접 구성요건적 결과를 야기한 경우이다((예) 甲이 乙을 고의로 살해한 경우, 乙의 사망이 甲의 행위로 인한 것임을 인식하는데 다른 장애요소가 전혀 없는 경우).

2. 중첩적(=누적적) 인과관계

각각 독자적으로는 결과를 발생시킬 수 없는 수개의 조건들이 공동으로 작용하여 결과를 발생시킨 경우이다((예) 甲과 乙이 각각 단독으로 치사량이 되지 못하는 독약을 丙에게 먹인 바, 전체량(누적)이 치사량에 미쳐 丙이 독살된 경우).

3. 이중적(=택일적) 인과관계

단독으로 동일한 결과를 야기하기에 충분한 수개의 조건들이, 결합하여 일정한 결과를 발생시킨 경우이다(예 甲과 乙이 각각 치사량을 독약을 丙에게 먹여, 丙이 독살된 경우).

4. 가설적 인과관계

발생한 결과에 대한 원인행위가 없었더라도 가설적 원인에 의해서 같은 결과가 발생했을 고도의 개연성이 있는 경우이다. 여기에는 추월적 인과관계와 경합적 인과관계가 있다.

1) 추월적 인과관계(병을 중심으로 한 개념)

나중의 조건이 기존의 조건을 추월하여 결과를 야기시킨 경우, 뒤의 조건과 결과 사이의 인과관계를 말한다(예 甲이 乙에게 치사량의 독약을 먹였으나, 약효가 일어나기 전에 丙이 乙을 사살한 경우).

2) 경합적 인과관계

어느 조건에 의하더라도 동시에 결과가 발생했을 것으로 생각되는 경우를 말한다(예 甲과 乙이 야구방망이로 丙을 때려, 甲이 때린 몽둥이에 맞아 丙이 상해를 입었으나, 甲에게 맞지 않았더라도 乙에게 맞아 상해를 입었을 것이라고 인정된 경우).

5. 단절적 인과관계(갑을 중심으로 한 개념)[54]

제3의 독립행위가 개입하여 제1의 원인행위의 효력이 나타나기 전에 제1행위의 효력을 제거하고 독립적으로 결과발생을 시킨 경우이다(예 甲이 乙에게 독약을 먹였으나, 약효가 일어나기 전에 丙이 乙을 사살한 경우).

합법측적 조건설에 의하면 甲과 乙 사망간 인과관계는 부정되고 丙의 발사와 乙 사망간 인과관계는 긍정된다.

6. 비유형적 인과관계

일정한 행위가 결과에 대하여 원인이 되지만, 그 결과에 이르는 과정에 다른

54) 추월적 인과관계와는 동전의 양면과도 같다.

원인이 기여하였거나, 피해자의 잘못 또는 특이체질이 결합한 경우를 말한다(예 甲이 乙을 살해하려고 권총을 발사하였으나 가벼운 상처만 입었는데 ① 乙이 혈우병 환자였기 때문에 사망한 경우, ② 병원으로 가는 도중에 교통사고로 사망한 경우, ③ 병원에서 의사의 과실로 사망한 경우).

Ⅲ. 인과관계에 관한 학설

1. 조건설

"만일 어떤 행위가 없었더라면 그러한 결과도 발생하지 않았을 것"이라는 논리적 조건관계(conditio sine qua non 공식, 절대적 제약공식)만 있으면, 그 결과는 그 행위로 인하여 초래된 것이라고 하여 인과관계를 인정하는 견해이다.

절대적 제약공식에 해당하는 모든 조건을, 결과에 대한 원인으로 보아, 같은 가치를 인정하기 때문에 등가설 (=동등설)이라고도 한다.

이에 대해서는 법관의 자의적 판단배제의 장점도 있으나, 인과관계를 긍정하는 범위가 지나치게 확대되어 그 한계가 명확하지 못하다는 비판이 있다.

2. 원인설

조건설에 의한 인과관계의 확장을 제한하려는 견해로서, 결과에 대한 여러 조건 중에서 원인이 되는 조건과 단순한 조건을 구분하여,[55] 원인이 되는 조건에만 인과관계를 인정하려는 견해이다 (=개별화설 또는 원인·조건 구별설).

이 견해는 원인이 되는 조건이 무엇이냐에 따라서, 필연조건설 · 최유력조건설 (결정적 조건설) · 최종조건설 등으로 나누어진다.

예 치사량이 10g인 독약을 甲 · 乙 · 丙 세 사람이 각각 치사량 미달의 독약인 3g · 5g · 2g을 순차로 A에게 먹여 A가 사망한 경우, ① 최종조건설에 의하면 丙은 살인기수, 甲 · 乙은 살인미수 ② 최유력조건설 내지 결정적 조건설에 의하면 乙은 살인기수, 甲 · 丙은 살인미수가 된다.

55) 구분기준이 모호하다는 비판을 받는다.

3. 인과관계 중단설

인과관계 진행 중에 타인의 행위나 예기치 못한 우연한 사실이 개입된 경우, 이에 선행했던 행위와 발생된 결과 사이의 인과관계가 중단되어, 기수의 책임을 물을 수 없다는 견해이다. 이는 조건설의 결함을 시정하기 위해 나타난 견해이다.

4. 상당인과관계설 (판례)

사회생활상의 일반적인 경험에 비추어 그런 행위로부터 그러한 결과가 발생하는 것이 상당하다[56]고 인정될 때 인과관계를 긍정하는 판례의 입장이다. (법원주사보, 경위승진)

1) 주관적 상당인과관계설

행위 당시에 행위자가 인식·인식할 수 있었던 사정을 기초로 하여, 상당성을 판단한다는 견해이다.

2) 객관적 상당인과관계설

행위 당시에 존재했던 모든 사정과 행위 후의 사정이라도 일반적으로 예견가능한 사정을 기초로, 객관적이며 종합적으로 상당성을 판단한다는 견해(객관적 사후예측설)이다.

3) 절충적 상당인과관계설

행위 당시에 일반인이 인식할 수 있었던 사정과 (일반인이 인식할 수 없었던 사정이라도) 행위자가 특히 인식하고 있었던 사정을 기초로 하여, 상당성을 판단해야 한다는 견해이다.

예 甲남이 乙녀를 강간하였는데 乙은 수치심으로 자살한 경우 ① 조건설에 의하면 인과관계가 인정되어 甲은 강간치사죄가 되나 ② 상당인과관계설(판례)에 의하면 인과관계 부정되어 甲은 (강간치사가 아닌) 강간죄가 된다. (9급 검

56) 사회통념상 예견가능 범위에 있다는 의미이다.

찰)

5. 합법칙적 조건설(Engisch)

조건설의 결함을 이성적 경험칙으로서의 합법칙성을 통해 시정하려는 견해로, 행위와 결과 사이에 경험칙상 합법칙적으로 연결이 있을 때에 인과관계가 인정된다[57]는 다수의 견해이다.

합법칙적 조건설(과학적 수정된 조건설)에 의할 때, 구체적인 경우 인과관계의 유무는 다음과 같다.

인과관계의 유형	합법칙적 조건설에 의한 인과관계 인정 여부
택일적 인과관계	각 행위의 결과에 대한 인과관계 : 인정
누적적 인과관계	각 행위의 결과에 대한 인과관계 : 인정 (다만 객관적 귀속이 부정되어 미수 책임부담).
가설적 인과관계	• 가설적 인과과정의 인과관계 : 부정 • 현실적 인과과정의 인과관계 : 인정
추월적 인과관계	추월한 행위와 결과 간의 인과관계 : 인정
단절적 인과관계	• 제1행위와 결과 간의 인과관계 : 부정 • 제2행위와 결과 간의 인과관계 : 인정
비유형적 인과관계	인과관계 : 인정

6. 기 타

중요설,[58] 목적설,[59] 인과관계 무용론 등이 있다.

문제. 다음의 인과관계 설명으로 틀린 것은?(판례) (경찰 2차)

① 피해자머리를 경찰봉으로 때린 피고인의 구타와 피해자 사망시까지 사이에 약 20분 경과되었어도 그 사이 다른 원인을 발견할 수 없다면 인과관계를 인정할 수 있다.

---

57) 규범적 결과귀속은 (객관적 귀속문제로) 별도로 심사하자고 하는 입장이다.

58) (중요설은) 인과적 관련성 문제는 조건설을 적용한 후, 구체적 결과 발생의 법적 중요성이라는 규범적 문제는 범죄구성요건 및 규범보호목적을 고려해서, 결정해야 한다는 견해이다. 이에 대해서는 인과적 관련성과 중요성을 혼동하였다는 비판이 있다.

59) 유기천 교수님의 목적설은 미수를 기수보다 책임 감경시키려는 것이므로 인과관계를 부정할 수 있는 책임감경기준은 (심층심리학 관점상) 결과 발생이 우연적인 경우라고 주장한다. 이에 대해서는 인과관계 존부가 자의적으로 판단될 우려가 있다고 비판한다.

② 4일간 물조차 못 마시고 잠도 못자 탈진상패 피해자의 손과 발을 17시간 이상 묶어 두고 좁은 차량에 감금한 것과 묶인 부위 혈액순환장애가 발생하여 혈전이 형성되고 그 혈전이 폐동맥을 막아 사망하게 된 결과시에는 인과관계가 있다.

③ 폭행·협박으로 타인재물을 강취한 행위와 이에 극도의 흥분을 느끼고 공포심에 사로잡혀 이를 피하려다 상해에 이른 사실과는 상당인과관계가 있다.

④ 선행치량에 이어 피고인운전차가 피해자를 연속해서 역과하는 과정에서 피해자가 사망한 경우 피고인운전차의 역과와 피해자 사망사이 인과관계는 부정된다.[60]

Ⅳ. 객관적 귀속이론

1. 의 의

객관적 귀속이론은 (합법칙적 조건설에 의할 때)인과관계가 존재한다는 것만으로는 결과에 대한 형사책임이 있다고 할 수 없고 결과를 행위자에게 객관적으로 귀속시킬 수[61] 있어야 한다고 보는 이론이다.

인과관계의 문제와 결과에 대한 형사책임의 귀속문제를 구분하여 인과관계는 (합법칙적 조건설에 따라) 자연과학적 관점에서 존재론적으로 파악하고, 그 결과가 정당한 처벌이라는 관점에서 행위자에게 객관적으로 귀속시킬 수 있느냐는 객관적 귀속이론에 따라 규범론적으로 파악되어야 한다는 입장이다.

객관적 귀속의 기준에 대해는, 회피가능성이론과 위험증대이론이 있다. (7급 검찰)

2. 법적 성질

객관적 귀속은 (인과관계에 더불어) 결과범의 '기술되지 아니한 구성요건요소'로서, 인과관계를 먼저 검토한 후 객관적 귀속관계를 검토함으로써, 결과범의 객관적 구성요건해당성이 결정된다.

---

60) 아니다. 안전거리유지의무가 있다(대판 2001.12.11, 2001도5005).

61) 객관적으로 예견가능하고 지배가능한 것이어야 객관적 귀속이 인정된다. (경찰 2차)

인과관계와 객관적 귀속 (중에 어느 하나가 부정되면, 미수범으로 처벌될 뿐이고) 둘 다 인정되어야만 기수가 된다.

3. 객관적 귀속의 기준

1) 회피가능성의 이론(=지배가능성의 이론)

행위자가 회피할 수 있었음에도 불구하고 회피하지 아니한 결과를 행위자에게 귀속시킬 수 있고, 회피가능한 결과는 지배 가능하다고 보는 견해(행위반가치 중심사고)이다.

참고로 지배불가능하여 **객관적 귀속이 부정**되는 경우에는, 주인이 일꾼을 번개치는 벌판에 나가 일하게 하여 번개를 맞고 사망한 경우, 나중에 살인자가 된 아이를 출산한 경우, 피해자에게 경상을 입혔으나 의사 실수로 사망한 경우[62] 등이 있다.

2) 위험창출 · 위험증대의 이론(=위험실현이론)

보호법익에 대한 위험을 만들어 내거나 증대시키는 경우가 아니면, 결과를 객관적으로 귀속시킬 수 없다는 이론(결과반가치 중심사고)이다.

따라서 위험을 감소시킨 경우(예 피해자의 머리에 치명적인 타격이 가해지는 순간 그를 밀어 어깨만 부상을 입게 한 경우), 허용된 위험만을 야기할 경우(예 운전자가 교통규칙을 잘 지켰으나 갑자기 보행자가 뛰어나와 충돌하여 사망한 경우)에는, 결과를 객관적으로 귀속시킬 수 없다.

3) 규범의 보호목적관계이론

규범의 '보호 목적과 관계있는 의무위반만이, 결과 발생에 연결될 수 있다'는 기준을 말한다. 따라서 행위자가 어떤 규범을 위반하여 결과가 발생됐어도 **'발생결과가 행위자가 위반한 규범이 보호하려는 범위 밖에 위치하는 것이라면 발생결과의 객관적 귀속이 부정된다'**는 것이다. 예 서로 모르는 갑과 을이 밤에 전조등을 켜지 않고 나란히 자전거를 타고 가는데 갑이 어두워서 행인을 미처 발견하지 못해서 행인을 치어 상해를 입힌 경우 갑은 과실치상죄가 된다. 여기에서 문제

---

62) 다만 특이체질로 일반적 예견이 가능한 정도라면 객관적 귀속의 부정은 곤란하다.

는, 을이라도 전조등을 켰다면 행인발견이 가능했다는 것을 이유로 과연을 역시 과실치상죄로 벌할 수 있는가 하는 문제이다. 이에 대해 객관적 귀속론은 (규범의 보호목적을 근거로) 부정한다. 즉 전조등을 켜라고 하는 것은 (타인의 사고방지 목적이 아닌) 자신의 사고를 방지할 목적이라는 점이다. 따라서 행인의 상해결과는 을이 위반한 전조등 점등의무 규범보호목적 범위 밖에 있기 때문에 객관적 귀속이 부정되는 것이다.

고의에 의한 자손행위(예 강간당한 자가 수치심으로 자살한 때, 경찰관이 탄환 장전된 권총을 장롱에 놓고 나온 사이에 신병을 비관한 아내가 권총을 꺼내 자살한 때), **피해자가 자초한 위험**(예 甲이 A의 집에 방화하자 A가 현금을 가지고 나오려고 집에 들어갔다 사망), **타인의 책임영역에 속하는 행위**(예 甲이 교통사고로 乙에게 부상을 입혔는데, 乙은 병원 의사의 과실로 인해 패혈증으로 사망한 때)에서도, **객관적 귀속이 부정된다.**[63] (경감승진)

문제. 객관적 귀속이론으로 틀린 설명은? (경찰 2차)

① 이는 존재론적 문제가 아니라 법적 규범적 문제이다.

② 허용되지 않는 위험을 야기시킨 경우라도 발생결과가 규범보호범위에 속하지 않는 경우에는 그 결과는 행위자에게 객관적으로 귀속되지 않는다.

③ 객관적 귀속을 위해서는 위험창출이 있어야 하는데 행위자가 이미 진행되고 있는 인과과정 속에서 자신의 행위를 통해 결과발생을 지연시킨 경우에는 객관적 귀속이 부정된다.

④ 행위자가 야기시킨 위험이 예견하기 어려운 비유형적 인과진행으로 결과에 이른 경우에도 행위자가 위험을 야기시킨 이상 그 결과는 행위자에게 객관적으로 귀속된다.[64]

---

63) 그러나 대법원은, 자가용 운전자가 주의의무 해태로 열차건널목 건너는 바람에 차가 튕겨 나갔고 자전거에서 내려 열차가 지나가기를 기다리던 자가 놀라 넘어져 상해를 입은 경우에는 상당인과관계를 인정하고 있다(대판 1989.9.12., 89도866).

64) 비유형적 경우에는 객관적 귀속이 부정된다. 객관적으로 예견가능하고 지배가능한 경우여야 객관적 귀속이 인정된다. (경찰 2차)

제3절 고 의(=구성요건적 고의)

제13조[범의] 죄의 성립요소인 사실을 인식하지 못한 행위는, 벌하지 아니 한다. 단 법률에 특별한 규정이 있는 경우에는 예외로 (과실범 처벌을) 한다.

Ⅰ. 고의의 의의와 본질

1. 고의의 의의

고의란 자기의 행위가 불법구성요건을 실현함을 인식·인용하는 행위자의 심적 태도이다. 즉 고의의 핵심은 (구성요건의 인식·인용이 아니라) 구성요건에 해당하는 객관적 사실 즉 구성요건적 범죄사실에 대한 인식·인용인 것이다. (경위승진)

고의의 개념요소를 보면, 고의는 '인식(지적 요소) + 의사(의지적 요소)'이다.

구 분	지적 요소	의지적 요소
내 용	행위자가 객관적 구성요건요소가 되는 사실을 인식하는 것을 말한다.	구성요건의 실현을 목표로 하는 의사를 말한다.
형법규정	제13조 '죄의 성립요소인 사실의 인식'이 바로 지적 요소를 말하는 것이다.	제13조에 명시하지 않고 있으나, 해석상 당연히 전제되는 것으로 본다.
결여효과	구성요건적 착오의 문제가 발생한다.	인식 있는 과실(범)문제가 발생한다.

2. 고의의 본질

고의의 본질에 관한 학설은 다음과 같다.

학 설	내 용
인식설	• 구성요건에 해당하는 객관적 사실에 대한 인식만 있으면, 고의를 인정(지적 요소 강조)하는 견해이다. • 인식있는 과실이 고의에 포함되어, 고의의 범위가 부당하게 확대된다.(비판)
의사설	• 고의는 범죄사실에 대한 인식만으로는 부족하고, 그 실현을 희망·의욕하는 의사(의지적 요소강조)가 있어야 한다는 견해 • 결과 발생을 의욕하지 않은 미필적 고의를 고의의 범위에서 제외하게 되어, 고의의 범위가 부당하게 축소된다.(비판)
절충설 (인용설)	지적 요소로서 불법을 형성하는 요소를 인식할 것을 요하고 의지적 요소로서(구성요건적) 불법을 실현하는 의사결정을 있어야 하는 것이라고 하여, 고의의 지적 요소와 의지적 요소의 통합으로 이해하는 다수설과 판례의 입장이다.

Ⅱ. 고의의 체계적 지위

범죄체계론상(구성요건 ⇨ 위법성 ⇨ 책임) 어디에 속하는가에 대해서, 견해의 대립이 있다.

학 설	내 용
책임요소설	• 인과적 행위론(고전적 범죄체계, 신고전적 범죄체계)에서 주장하는 견해 • 고의는 (행위 주관적 측면이므로) 책임요소(책임형식)이라고 봄.
구성요건요소설	• 목적적 행위론(목적적 범죄체계)에서 주장하는 견해 • 고의를 (책임요소 아닌) 주관적 구성요건요소로 봄. (경사승진)
구성요건요소 및 책임요소설 (다수설)	• 사회적 행위론(신고전적·목적적 범죄체계)에서 주장하는 견해 • 고의는 구성요건요소이자 책임요소 (즉 **행위방향설정으로서의 고의**는 구성요건요소, **심정반가치로서의 고의**는 책임요소).

Ⅲ. 고의의 내용

(고의는 범죄사실의 인식과 의사를 말하므로) 고의가 성립하기 위해서는 지적 요소로서의 인식과 의지적 요소로서의 의사가 있어야 한다.

1. 고의의 지적 요소

고의가 성립하기 위해서는 행위자가 객관적 구성요건에 해당하는 사실(범죄사실)의 전부를 행위시[65] 인식해야 한다. 즉 고의의 인식대상이 되는 것은, 모든 객관적 구성요건요소이다.

고의의 성립에 필요한 인식 대상	고의성립에 필요한 인식 대상이 아닌 것
• 행위의 주체(신분범의 신분, 수뢰죄의 공무원) • 행위의 객체(살인죄의 사람, 절도죄의 타인의 재물) • 행위의 방법(사기죄 기망, 공갈죄 공갈) • 행위의 상황(소요죄에서 다중의 집합) • 결과범에 있어서의 결과(살인죄의 사망, 상해죄의 상해)와 **인과관계** • 구체적 위험범의 **공공위험**의 발생[66] • 가중적[67] · 감경적 구성요건요소(존속살해죄의 **존속**, 영아살해죄의 영아)[68]	• 주관적 구성요건요소(고의, 목적범의 목적) • 책임의 요소(책임능력, 기대가능성) • (객관적) 처벌조건-인적 처벌조각사유(친족상도례의 친족)[69] • 소추조건(친고죄에서의 고소, 반의사불벌죄의 피해자의 의사) • 결과적 가중범의 **중한 결과**[70] • 추상적 위험범에 있어서 위험 • 상습도박죄의 **상습**성[71] • 위법성의 인식(즉 책임성)

객관적 구성요건요소 중 기술적 구성요건요소는 사실의 인식을 요하고, 규범적 구성요건요소는 (보통사람의 일반적인 정도의) 의미의 인식[72]을 요한다.

2. 고의의 의지적 요소

고의가 성립되기 위해서는 구성요건의 객관적 사실에 대한 인식뿐만 아니라 인식한 사실을 실현하려는 의사를 요한다. 따라서 단순한 소원 · 희망 · 공상 등은 (실현의사가 있다고 볼 수 없으므로) 고의가 성립하지 않는다.

---

65) 인식 시기는 (사전이나 사후가 아닌) 행위 시이다.

66) 구체적 위험범의 '위험'이 고의의 인식대상임에 반하여, 추상적 위험범의 '위험'은 고의의 인식대상이 아니다. (경감승진)

67) 가중적 구성요건요소 예 위험한 물건의 휴대 · 2인 이상 합동사실 (특수상해, 특수폭행, 특수협박, 특수체포감금), 야간 주거침입 사실 (야간주거침입절도, 특수절도, 특수강도).

68) 고의의 성립에는 가중적 구성요건요소(존속살해죄의 존속) · 감경적 구성요건요소(영아살해죄의 영아)의 인식을 요한다. (경감승진)

69) 주관적 구성요건요소(고의, 목적범의 목적) · 위법성의 인식, 책임능력, 기대가능성, 처벌조건, 소추조건 등의 인식은 필요하지 않다. (경감승진, 9급 검찰)

70) 결과적 가중범에 있어서는 중한 결과에 대한 (인식까지는 필요 없고) 예견가능성만 있으면 된다. (경감승진)

71) 상습도박죄의 상습성은 (행위자가 갖추고 있으면 충분하고) 인식할 필요는 없다.

72) 의미의 인식정도는 **보통인**의 일반적인 의미의 인식으로 충분하고, 전문가 수준의 정확한 법적 평가를 요하지 않는다.

Ⅳ. 고의의 종류

1. 확정적 고의(=직접고의)

확정적 고의란 구성요건적 결과를 확정적으로 인식·인용한 경우(예 甲을 살해할 의사로 甲에게 총을 발사하여 사살한 경우)를 말한다.

2. 불확정적 고의

불확정적 고의란 구성요건적 결과에 대한 인식·인용이 불확정적인 것으로, 여기에는 ① 미필적 고의 ② 택일적 고의 ③ 개괄적 고의가 포함된다.

1) 미필적 고의

이는 행위자가 구성요건적 결과의 발생을 확실하게 인식한 것이 아니라, 그 가능성을 예견하고 행위한 경우이다.

여관업자는 혼숙하려는 자의 외모 등에서 청소년의심 사정이 있으면 신분증 등으로 확인해야 하는데 소지 안 했다는 말만을 믿고 구두로만 연령을 확인 후 혼숙을 허용했다면 청소년혼숙의 미필적 고의가 인정된다.[73] (경찰승진)

미필적 고의와 인식 있는 과실은 모두 구성요건적 결과발생의 가능성을 인식[지적 요소]한다는 점에 차이가 없으나, 미필적 고의에는 의지적 요소가 존재함에 반해 인식 있는 과실은 의지적 요소가 없다는 점에서 구별된다. (9급 검찰)

미필적 고의에 의지적 요소의 구체적 내용이 무엇이냐에 관해서는 다음과 같은 학설의 대립이 있다. ① 용인설은, 행위자가 가능하다고 생각한 결과발생을 내심으로 용인·승인·양해한 때("~해도 할 수 없다", "~해도 좋다")에는 미필적 고의가 성립하고, 결과발생을 내적으로 거부[부정]하거나 그 불발생을 희망한 때("~하지 않겠지", "~하지 않을 것이다")에는 인식 있는 과실이 된다는 다수설과 판례의 견해이다.[74] ② 감수설(=묵인설)은, 행위자가 결과발생의

73) 대판 2001.8.21., 2001도3295.

74) 산에서 사슴을 쏘려고 총을 겨누었을 때 부근에 사람이 있는 것을 발견하고 사람이 맞을 수도 있다고 생각한 경우, 용인설(통설·판례)에 의하면 ① "맞아도 별 수 없다"고

가능성을 인식하면서 구성요건실현의 위험을 감수한 때에는 미필적 고의를 인정할 수 있고, 결과가 발생하지 않는다고 신뢰한 때에는 인식 있는 과실이 된다고 하여, 감수의사를 미필적 고의의 본질적 요소로 파악하는 견해이다. (9급 검찰) ③ 이 외에도 가능성설, 개연성설, 무관심설, 회피설, 결단설 등이 있다.

2) 택일적 고의

이는 결과발생은 확정적이지만 행위자가 2개 이상의 구성요건 또는 결과 중에서 어느 하나만 실현하기를 원하지만 그 중 어느 것에서 그 결과가 발생해도 좋다고 생각하고 행위를 하는 경우이다.[75]

여기에는 두 개의 행위객체에 대한 (양자)택일적 고의(예 甲·乙 두 사람 중 어느 누가 맞아도 좋다고 생각하고 총을 쏘는 경우), 수많은 행위객체에 대한 (다자)택일적 고의[76](예 군중을 향해 총을 쏘면서 어느 누가 죽어도 좋다고 생각하는 경우)가 있다.

3) 개괄적 고의

개괄적 고의란 행위자가 이미 첫 번째 행위에 의하여 결과가 발생했다고 믿었으나 사실은 두 번째 행위에 의해 비로소 결과가 발생한 경우(예 살해의 의도로 목을 졸라 실신하자, 사망한 것으로 믿고 물에 던진 결과 사실은 익사한 경우)이다. 다수설은 이를 인과관계의 착오로 한 형태로 보아(인과관계착오설), 인식한 인과관계와 현실적인 인과의 진행과의 차이가 비본질적이기 때문에 발생결과의 고의·기수범이 성립된다고 한다. (9급 검찰) 우리 대법원(처 희롱, 웅덩이 질식사 사건.[77])은 개괄적 고의설을 취한 바 있다

생각하고 총을 발사해 사람이 맞아 사망 ⇨ 미필적 고의(살인죄) ② "설마 맞지 않겠지" 하고 발사해서 사람이 맞아 사망 ⇨ 인식 있는 과실(과실치사죄). (법원서기보)
과도로 복부를 찔러 과다출혈로 사망시 살인의 미필적 고의가 인정되나, 운전실력을 신뢰하고 과속으로 달리다가 사람을 치어 사망한 경우는 인식 있는 과실이 된다. (9급 검찰)

75) 처리는 발생결과 기수와 불발생 미수의 상상적 경합이 된다. 만일 모두 불발생한 경우라면 모두에 대한 미수의 상상적 경합이 성립할 것이다.

76) 택다적 고의라고도 한다.

77) 갑은 정신지체인 자신의 처에게 친구 을이 젖을 달라고 희롱하자 순간 살인고의로 쿠타하면서 을의 머리를 돌로 쳤다. 을이 정신을 잃고 늘어지자 죽은 것으로 오인하고 증거인멸 목적으로 개울가로 가서 웅덩이를 판 후 매장한 결과로 을이 질식사한 경우, (살인의 개괄적 고의를 인정하여) 살인죄의 기수를 인정하였다(대판 1988.6.28., 88도650).

3. 사전고의와 사후고의

고의는 행위 시에 있어야 한다. 따라서 사전고의와 사후고의는 (형법상의 고의가 아니며) 과실범의 문제가 된다.

1) 사전고의

행위자가 행위 이전에는 구성요건실현 의사가 있었으나 행위시에는 없는 경우(예 사냥에 가서 처를 살해하려고 총을 구입한 남편이 전날 밤에 그 총을 소제하다가 부주의로 발사되어 처가 사망한 경우 ⇨ 살인예비죄와 과실치사죄의 상상적 경합범)이다.

2) 사후고의

결과발생 이후에 비로소 고의가 생긴 경우(예 빌려 온 도자기를 실수로 깨뜨렸는데, 도자기 주인이 욕을 하자 잘 깼다고 생각한 경우 ⇨ 과실손괴로 무죄)이다.

제4절 사실의 착오

제15조[사실의 착오] ① 특별히 중한 죄가 되는 사실을 인식하지 못한 행위는 중한 죄로 벌하지 아니한다.

Ⅰ. 의 의

형법상 착오에는 적극적 착오[78]와 소극적 착오[79]가 있고, 소극적 착오에는 다시 법률의 착오(형법 제16조)와 사실의 착오(형법 제15조)가 있다.

사실의 착오(=구성요건적 착오)란 행위자가 주관적으로 인식하고 실현하려

78) 현실적으로 부존재하는데 존재하는 것으로 잘못 인식한 경우이다.
79) 현실적으로 존재하는데 부존재하는 것으로 잘못 인식한 경우이다.

는 범죄사실(=구성요건적 사실)과 실제로 발생한 범죄사실이 일치하지 않는 경우(예 손괴 하려 했으나 사람에게 상처를 입힌 경우)이다.[80]

고의의 지적 요소의 대상이 되는 모든 객관적 구성요건요소(예 행위·객체·인과관계)의 착오가 사실의 착오이다. 따라서 객관적 구성요건요소가 아닌 것(예 범행동기·책임능력·형벌의 종류·처벌조건·소추조건)에 대한 착오는, 사실의 착오에 해당하지 않는다. (7급 검찰, 경감승진)

사실의 착오는 주관적으로 인식한 사실과 객관적으로 발생한 사실이 모두 범죄사실에 해당하지만 양자가 서로 일치하지 않는 경우(예 甲을 저격하였으나 乙이 사망한 경우)이므로 ① 인식사실은 범죄사실이 아니지만 발생사실은 범죄사실인 경우(예 타인의 물건을 자기의 물건으로 오인하고 가져온 경우)에는 고의가 없었으므로 (사실의 착오가 아닌) 발생결과에 대한 과실범의 문제이다. (7급 검찰, 법원서기보, 경위승진) ② 인식사실은 범죄사실이지만 발생사실은 범죄사실이 아닌 경우(예 자기물건을 타인물건으로 오인하고 절취한 경우)에는 고의는 존재하나 결과가 발생하지 않았으므로 미수범 또는 불능범 문제가 된다.

Ⅱ. 사실착오의 종류

1. 구체적 사실의 착오

인식한 범죄사실과 발생한 범죄사실이 동일한 구성요건에 해당하는 경우의 착오로, 여기에는 객체의 착오와 방법의 착오가 있다.

1) 객체의 착오(=목적·대상의 착오)

행위객체의 성질 특히 동일성을 착오한 경우(예 甲인 줄 알고 총을 쏘았는데 사실은 甲이 아니라 乙이었던 경우)이다. (법원서기보)

2) 방법의 착오(=타격의 착오)

빗나가는 등 행위의 방법이 잘못되어 의도한 객체가 아닌 다른 객체에 대해

---

80) 반전된 구성요건적 착오란 (형법상 착오가 행위자에게 불리하게 적용된 유일한 경우로) 불능미수를 말한다.

서 결과가 발생한 경우(예 甲을 향해 총을 쏘았는데 옆에 있던 乙이 맞은 경우)이다.

2. 추상적 사실의 착오

인식한 사실과 발생한 사실이 서로 다른 구성요건에 해당하는 경우(예, 경한 사실을 인식하고 중한 결과를 발생시킨 경우, 중한 사실을 인식하고 경한 결과를 발생시킨 경우)의 착오로, 여기에도 객체의 착오와 방법의 착오가 있다.

1) 경한 사실을 인식하고 중한 결과를 발생시킨 경우

① 객체의 착오

예 개라 생각하고 총발사했는데 **잘못 봐서** 사람 명중시킨 경우. (법원서기보)

② 방법의 착오

예 개를 향해 발포했으나 **빗나가서** 옆에 있는 사람을 명중시킨 경우.

2) 중한 사실을 인식하고 경한 결과를 발생시킨 경우

① 객체의 착오

예 사람이라 생각하고 총을 발사했는데 **잘못 봐서** 개에게 명중한 경우.

② 방법의 착오

예 사람을 향해 발포하였으나 **빗나가서** 옆에 있던 개를 명중시킨 경우.

Ⅲ. 사실착오와 고의의 성립여부

1. 사실착오와 고의

사실의 착오는 인식사실과 발생사실이 불일치한 경우로, 현실적으로 발생한 사실에 대한 인식이 없으므로 원칙적으로 고의를 조각한다. 다만 실제에 있어서 행위자가 인식한 사실과 현실적으로 발생한 사실이 완전히 일치하는 것은 도리어 예외적이므로, 인식사실의 고의와 발생사실이 어느 정도 일치해야 고의를 인정할 수 있느냐 하는 문제를 해결하기 위해 사실의 착오문제가 논의되는 것이다. 즉 이는 고의·기수범의 인정범위에 관한 문제인 것이다.

2. 형법 제15조 제1항의 적용범위

형법 제15조 제1항은 "특별히 중한 죄가 되는 사실을 인식하지 못한 행위는 중한 죄로 벌하지 않는다"라고 규정하고 있다.

이것은 추상적 사실의 착오 중 경한 범죄사실을 인식하고 중한 결과를 발생시킨 경우만을 규정한 것이다. 따라서 그 밖의 사실착오 유형에 대한 해결은 학설·판례에 일임하고 있는 실정이다.

가감적 사실의 착오에는 다음의 경우가 있다.

① 가중적 구성요건의 착오(=가중적 사실의 착오)

가중적 구성요건에 있어서 형을 가중하는 사유를 인식하지 못한 때에는 (가중적 구성요건에 의하여 벌할 수 없고) 기본적 구성요건에 의해 처벌된다.

따라서 甲이 자기의 부친을 원수로 오인하고 살해한 경우 (甲의 행위는 특별히 중한 죄가 되는 사실 즉, 자기의 존속이라는 사실을 인식하지 못한 행위이므로) 제15조 제1항에 의한 중한 죄인 존속살해죄로 벌하지 않고 보통살인죄로 처벌된다. (경위승진)

② 감경적 구성요건의 착오(=감경적 사실의 착오)

감경적 구성요건에 있어서 행위자가 형을 감경하는 사유가 있는 것으로 오인한 때에도, 감경적 구성요건에 의하여 처벌될 뿐이다(예 피해자의 촉탁·승낙이 있는 줄로 오인하고 살해한 경우 보통살인죄가 아닌 촉탁·승낙 살인죄).

3. 사실의 착오에 관한 학설[81]과 판례

1) 구체적 부합설

행위자가 인식한 사실과 현실적으로 발생한 사실이 구체적으로 부합하는 경우에만 발생사실에 대해 고의·기수범이 성립하고, 그 외의 경우에는 고의가 조각된다는 견해이다.

---

81) (그물코의 넓고 좁음의 문제이다.) 구체적 부합설은 너무 좁고, 추상적 부합설은 너무 넓다.

이 설은 사실의 착오문제를 다음과 같이 해결한다.

구 분	객체의 착오	방법의 착오
구체적 사실의 착오	발생사실에 대한 '고의·기수'	인식사실에 대한 '미수'와 발생사실에 대한 '과실'의 상상적 경합
추상적 사실의 착오	인식사실에 대한 '미수'와 발생사실에 대한 '과실'의 상상적 경합	

문제. 갑은 을을 살해하려고 총을 발사했으나 빗나가서 병이 사망했다. 구체적 부합설에 의하면 갑의 죄는?

① 병에 대한 살인기수

② 을에 대한 살인기수

③ 을에 대한 살인미수와 병에 대한 살인기수의 상상적 경합

④ 을에 대한 살인미수와 병에 대한 과실치사의 상상적 경합

2) 법정적 부합설(다수설 · 판례)

행위자가 인식한 사실과 현실적으로 발생한 사실이 구성요건적으로 부합(즉 동일한 **구성요건** 또는 **죄질**에 속한 경우)하면, 발생사실에 대한 고의·기수범이 성립하고, 그 외의 경우에는 고의가 조각된다는 견해이다.[82]

이 설은 사실의 착오문제를 다음과 같이 해결한다.

구 분	객체의 착오	방법의 착오
구체적 사실의 착오	발생사실에 대한 '고의·기수'[83]	
추상적 사실의 착오	인식사실에 대한 '미수'와 발생사실에 대한 '과실'의 상상적 경합	

82) 법정적 사실의 범위를 어떻게 이해하느냐에 따라 ① **구성요건적 부합설**(=법정의 범위를 구성요건이 정하는 범위로 보는 견해. /인식사실과 발생사실이 동일구성요건에 속하는 구체적 사실의 착오인 경우에만 발생사실의 고의기수를 인정. /즉 추상적 사실착오는 구성요건적 부합이 없으므로, 인식사실의 미수와 발생사실의 과실의 상상적 경합이 됨) ② **죄질부합설**(=법정의 범위를 죄질이 동일한 범위로 보는 견해. 인식사실과 발생사실이 서로 다른 구성요건에 걸쳐 착오가 일어난 경우에도 두 구성요건사이에 죄질의 동일성이 있으면 죄질이 부합하는 범위에서 고의기수 인정. 즉 고의기수 책임인정 범위가 넓어짐)로 분류된다. 예 **행위자가 공원벤치에 있는 가방을 점유이탈물로 알고 가져갔으나 사실은 화장실에서 용변을 보는 중에 절도를 당하는 결과가 발생한 경우?** ① 구성요건부합설은 (점유이탈물횡령 미수와 과실절도의 상상적 경합으로) 무죄. ② 죄질부합설은 죄질동일성을 인정하고 점유이탈물횡령죄의 고의·기수 처벌.

83) 구체적 사실착오 중 방법착오가 가장 중요하다. 例 갑은 을을 살해고의로 발사했는데 을에게는 상해를 입히고 옆의 병이 사망한 경우(=병에 대한 살인기수). 例 갑은 을을 향

문제. 갑은 을을 다치게 할 생각으로 돌을 던졌으나 빗나가서 근처 병의 유리창을 파손한 경우, 갑의 죄책은?(법정적 부합설)

① 손괴죄

② 손괴기수와 상해미수의 상상적 경합범

③ 상해기수죄

④ 상해미수죄

3) 추상적 부합설[84)]

행위자의 범죄의사에 기하여[85)] 범죄가 발생한 이상 인식사실과 발생사실이 추상적으로 일치하는 범위 내에서 고의·기수범을 인정한다(다만 인식사실보다 발생사실이 중한 경우에는, 형법 제15조 제1항에 의하여 중한 죄의 고의기수로 논할 수 없다).

이 설은 사실의 착오문제를 다음과 같이 해결한다.

구 분	객체의 착오	방법의 착오
구체적 사실의 착오	발생사실에 대한 '고의·기수'	
추상적 사실의 착오	① 경한 인식으로 중한 결과 발생의 경우? 인식사실 '고의·기수(경죄 기수)'와 발생사실 '과실중죄 과실범)'의 상상적 경합 ② 중한 인식으로 경한 결과 발생의 경우? 중죄 미수(=인식사실 '미수'와 발생사실 '고의·기수'의 상상적 경합)	

문제. 갑은 을을 살해하려고 총을 발사했는데 적중하지 않고 을이 키우는 개가 맞아 죽었다. 이 때 개에 대해서는 아무 고의가 없었으나 을의 뒷면 유리를 부수지 않을까 하는 미필적 고의는 있었다. 갑의 죄책은? (추상적 부합설 기준)

① 무죄

② 살인미수와 과실손괴(상상적 경합)[86)]

③ 손괴의 고의기수[87)]

해 돌을 던졌는데 옆을 지나던 행인 병이 맞아 머리에 상처를 입은 경우.

84) 추상적 부합설은, 미수범 처벌이 적은 일본에서 발달한 이론이다.

85) 주관주의(론)의 입장이다.

86) 구체적 부합설 기준~

④ 살인미수와 손괴기수(상상적 경합)

4) 학설별 사례검토

① 구체적 사실착오의 해결

객체의 착오는 어느 설에 의하더라고 발생사실에 대한 고의·기수가 성립한다. 예 A를 B로 잘못 알고 A를 살해했을 경우 (어느 설에 의하더라도) ⇨ A에 대한 살인기수. (9급 검찰, 경사승진)

방법의 착오는, 구체적 부합설에 의하면 인식사실의 미수와 발생사실의 과실의 상상적 경합이나, 법정적 부합설과 추상적 부합설에 의하면 발생사실에 대한 고의·기수가 성립한다. 예 甲을 향하여 총을 쏘았으나 빗맞아 乙이 명중해 사망한 경우 ⇨ **구체적 부합설**에 의하면 甲에 대한 살인미수와 乙에 대한 과실치사죄의 상상적 경합 (9급 검찰), **법정적 부합설과 추상적 부합설**은 乙에 대한 살인기수. (법원서기보, 경사승진, 7급 검찰)

② 추상적 사실착오의 해결

구체적 부합설과 법정적 부합설에 의하면 인식사실의 미수와 발생사실에 대한 과실의 상상적 경합이 성립하고, **추상적 부합설**에 의하면 경한 쪽의 고의·기수와 중한 쪽의 미수 또는 과실의 상상적 경합이 성립한다.

객체의 착오(개를 사람으로 오인하여 사살한 경우)는, 구체적 부합설·법정적 부합설에 의하면 (살인미수죄와 과실손괴죄의 상상적 경합이 되나 과실손괴죄의 처벌규정이 없으므로) 살인미수죄만 성립하고, 추상적 부합설에 의하면 (중한 인식으로 경한 결과가 발생한 경우이므로) 살인미수와 재물손괴기수의 상상적 경합이 된다. (경사승진, 9급 검찰)

방법의 착오는, 유리창을 깨뜨리려고 돌을 던졌는데 그 옆에 있던 사람에 맞아 상처를 입힌 경우, 구체적 부합설·법정적 부합설에 의하면 손괴미수죄와 과실치상죄의 상상적 경합(9급 검찰), 추상적 부합설에 의하면 (경한 인식으로 중한 결과가 발생한 경우이므로) 손괴기수와 과실치상죄의 상상적 경합이 된다.

87) 법정적 부합설 기준~

(9급 검찰)

<table>
<tr><th colspan="2">종 류</th><th>구체적 부합설</th><th>법정적 부합설</th><th colspan="2">추상적 부합설</th></tr>
<tr><td rowspan="2">구체적 사실 착오</td><td>객체 착오</td><td colspan="4">발생사실의 고의·기수</td></tr>
<tr><td>방법 착오</td><td>인식사실의 미수와 발생사실의 과실의 상상적 경합</td><td colspan="3">발생사실의 고의·기수</td></tr>
<tr><td rowspan="2">추상적 사실 착오</td><td>객체 착오</td><td colspan="2" rowspan="2">인식사실의 미수와 발생사실의 과실의 상상적 경합</td><td>경한 고의로 중한 결과가 발생한 때?</td><td>중한 고의로 경한 결과가 발생한 때?</td></tr>
<tr><td>방법 착오</td><td>경한 사실 기수와 중한 사실 과실의 상상적 경합</td><td>중한 사실 미수와 경한 사실 기수의 상상적 경합</td></tr>
</table>

Ⅳ. 인과과정의 착오

인과관계의 착오란 행위자가 인식한 사실과 현실로 발생한 사실이 일치하나, 결과에 이르는 인과과정이 행위자가 인식한 인과과정과 서로 다른 경우(예 물에 빠뜨려 살해하려고 다리 위에서 밀었는데 사실은 떨어지면서 교각에 머리를 부딪쳐서 사망한 경우)를 말한다.

인과과정의 착오설에 의하면 행위자가 예견한 인과과정과 현실적인 인과과정 사이의 차이(착오)가 ① 본질적인 경우에는 발생한 결과에 대하여 고의·기수를 **부정**하고[88] ② 비본질적인 경우에는 발생결과에 대한 고의·기수를 **인정**한다(예 목을 졸라 죽은 줄 알고 사체를 은닉하기 위해 땅에 묻었는데, 사실은 목을 졸려 죽은 게 아니고 땅 속에 묻혀 질식사한 경우 ⇨ 살인죄의 기수범[89]).

---

88) 낙산비취호텔사건(대판 1994.11.4., 94도2361)에서 (상해는 고의를 인정하고 사망으로 가는 것은 과실을 인정하여 진정결과적 가중범인) 상해치사죄를 인정한 바 있다.

89) 갑은 정신지체인 자신의 처에게 친구 을이 젖을 달라고 희롱하자 순간 살인의 고의로 쿠타하면서 을의 머리를 돌로 내리쳤다. 을이 정신을 잃고 늘어지자 죽은 것으로 오인하고 증거인멸 목적으로 개울가로 가서 웅덩이를 파고 이후 매장한 결과로 을이 질식사한 경우, 살인죄의 기수를 인정한 웅덩이 질식사 사건(대판 1988.6.28., 88도650).

문제. 함께 호텔에 투숙한 피해자에게 상해를 가하고 이로써 피해자가 정신을 잃고 빈사상태에 빠지자 사망으로 오인하고 자살로 위장하기 위하여 베란다 아래로 떨어뜨려 두개골 골절로 사망하게 된 경우, 이 사안에서 문제될 법적 쟁점과 행위자 죄책은? (판례)(경찰승진, 사법시험)

① 방법착오 - 포괄해서 상해치사

② 방법착오 - 상해와 상해치사의 경합범

③ 인과관계 착오 - 포괄해서 살인죄[90)]

④ 인과관계 착오- 포괄해서 상해치사

90) 본 문제에서는, 인과과정의 착오가 본질적인 부분으로 발생결과에 대한 고의·기수 부정.

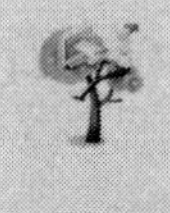

제2-2장 구성요건(II)

제 1 절 과실범

제14조[과실] 정상의 주의를 태만함으로 인하여 죄의 성립요소인 사실을 인식하지 못한 행위는, 법률에 특별한 규정이 있는 경우에 한하여 처벌한다.

Ⅰ. 의 의

1. 과실의 의의

과실이란 정상의 주의를 태만함으로 인하여 죄의 성립요소인 사실을 인식하지 못한 것을 말한다. /과실범이란 행위자가 정상의 주의태만으로 자기의 행위가 구성요건을 실현하는 것을 인식·예견하지 못하고 구성요건적 결과를 발생하게 하는 범죄를 말한다.

2. 과실의 본질

과실의 본질은 주의의무[91] 위반[92] (=부주의)에 있다. (법원주사보). /주의의무위반이란 구성요건적 결과발생을 예견하고 그에 따라 결과발생을 회피할 수 있었음에도 불구하고 그렇게 하지 않았다는 것에 대한 법적 평가이다.

(범죄사실을 인식·인용하는 고의와는 달리) 과실은 범죄사실의 인식·인용이 없는 경우이므로 고의와는 그 성질을 달리한다.[93]

3. 과실범의 처벌

형법상 범죄는 고의범을 원칙으로 하고 /과실범은 예외적으로 법률에 특별한 규정이 있는 경우에 한하여 처벌한다. (법원주사보). 과실범으로 처벌되는 경우, 고의범보다 법정형이 가볍다. /형법상 과실범의 처벌규정을 보면 다음과 같다.

일반과실범	업무상 과실	중과실
실화죄(제170조)	업무상 실화죄(제171조)	중실화죄(제171조)
과실일수죄(제181조)	무	무
과실폭발성물건파열죄(제173조의 2)	업무상 과실폭발성물건파열죄(제173조의 2)	중과실 폭발성물건파열죄(제173조의 2)
과실가스·전기 등 방류죄(제173조의 2)	업무상 과실 가스·전기 등 방류죄(제173조의 2)	중과실 가스·전기 등 방류죄(제173조의 2)
과실가스·전기 등 공급방해죄(제173조의 2)	업무상 과실 가스·전기 등 공급방해죄(제173조의 2)	중과실 가스·전기 등 공급방해죄(제173조의 2)
과실교통방해죄(제189조 ①)	업무상 과실교통방해죄(제189조 ②)	중과실 교통방해죄(제189조 ②)
과실치상죄(제266조)	업무상 과실치상죄(제268조)	중과실 치상죄(제268조)
과실치사죄(제267조)	업무상 과실치사죄(제268조)	중과실 치사죄(제268조)
무	업무상 과실 장물죄(제364조)	중과실 장물죄(제364조)

개인적 법익에 관한 죄 중에서 과실범 처벌규정이 있는 것은 살인죄·상해죄·장물죄이다. /재산범죄 중에서 과실범 처벌규정은 장물죄에만 있다. 손괴죄에는 과실범 처벌규정이 없다. (경감승진, 7급 검찰) / 장물죄는 (일반과실의 처벌규정이 없으므로 일반과실장물죄는 처벌되지 않고) 업무상 과실과 중과실만을 처벌하고 있다. /과실일수죄는 (일반)과실범만을 처벌하고, 업무상 과실과

91) 주의의무에는 결과예견의무, 결과회피의무 등이 있다.

92) 주의의무위반에는, 객관적 주의의무위반(=구성요건요소)과 주관적 주의의무위반(=책임요소)이 있다.

93) 고의의 감경된 형태가 아니다.

중과실범은 처벌하지 않는다.

문제. 형법상 처벌규정을 두고 있는 죄는? (경찰 2차)

① 중과실낙태죄 ② 과실장물취득죄
③ 업무상 과실일수죄 ④ 과실교통방해죄

Ⅱ. 과실의 종류

1. 인식 없는 과실과 인식 있는 과실

인식 없는 과실이란 행위자가 주의의무의 위반으로 인하여 구성요건이 실현될 수 있는 가능성(=결과 발생의 가능성)을 인식하지 못한 경우의 과실(예 사냥꾼이 야생의 토끼를 조준하여 쏜 총탄에 지나가던 나뭇꾼이 맞아 다친 경우)을 말한다. (법원서기보)

인식 있는 과실이란 행위자가 구성요건의 실현가능성을 인식하였으나 주의의무위반으로 자기의 경우에 구성요건이 실현되지 아니할 것으로 신뢰한 경우이다.

형법상 양자는 동일하게 취급되나, 인식 있는 과실과 미필적 고의를 구별함으로써 고의와 과실의 한계를 명확하게 할 수 있다(=구별실익). 예 甲이 창 밑에 있는 길가에 乙이 있는 것을 알기 때문에 물건을 던지면 乙이 맞아 죽을지도 모른다고 생각한 경우 ① 설마 맞지 않겠지 하고 던졌던 바, 乙이 맞아 죽은 경우에는 인식 있는 과실치사죄 (법원서기보) ② 맞아 죽어도 할 수 없지 하고 던졌던 바, 乙이 맞아 죽은 경우에는 미필적 고의에 의한 살인죄가 된다.

2. 업무상 과실과 중과실

업무상 과실이란 일정한 업무에 종사하는 자가 그 업무상 일반적으로 요구되는 주의의무를 태만히 한 경우이다(예 자동차 운전사가 어젯밤의 수면부족으로 피로한 상태임을 자각하면서, 졸면서 운전하다가 인명을 해친 사고를 낸 경우 ⇨ 업무상 과실치사죄). (7급 검찰)

형법상 업무상 과실은, 일반과실(=보통과실)에 비해 결과발생에 대한 예견가능성이 크기 때문에, 책임이 가중되어 중하게 처벌된다.

통상의 주의의무를 태만히 한 경우가 경과실이고, 현저하게 주의의무를 태만히 한 경우가 중과실이다. 따라서 중과실이란 약간의 주의만 하였더라면 결과발생을 예견할 수 있었음에도 부주의로 이를 예견하지 못한 경우를 말한다.

업무상 과실과 중과실은, 함께 규정되어 있으며 법정형이 동일하고 /보통과실·경과실에 비해 형이 가중되고 있다.

Ⅲ. 과실의 체계적 지위

과실은 범죄체계상 어디에 속하는가? 고의와 마찬가지로 견해의 대립이 있다.

책임요소설	**인과적 행위론**에서 주장하는 견해로/ 과실도 (고의와 마찬가지로) 책임의 요소로 본다.
구성요건요소설	**목적적 행위론**에서 주장하는 견해로/ 과실은 구성요건요소라고 한다.
구성요건 및 책임요소설 (이중적 지위설)	**사회적 행위론**에서 주장하는 견해로/ 과실은 주관적 구성요건요소이면서 책임요소라고 한다(통설). 즉 객관적 주의의무위반⇨ 구성요건요소이고 /주관적 주의의무위반 ⇨ 책임요소라는 것이다.[94]

Ⅳ. 과실범의 구성요건

과실범의 구성요건해당성도 고의범과 마찬가지로 행위반가치와 결과반가치에 의하여 결정된다. 과실범의 **행위반가치**는 주의의무위반 (즉 부주의)이며, 과실범의 **결과반가치**는 결과발생과 (결과에 대한) 인과관계이다.

따라서 과실범의 구성요건에서는 주의의무위반, 구성요건적 결과발생, 주의의무위반과 결과발생 사이의 인과관계를 요한다.

94) 고의 이중 기능을 보면, **행위반가치로서의 고의**는 구성요건요소이고, **심정반가치로서의 고의**는 책임요소이다.

1. 객관적 주의의무의 위반

이는 행위자가 사회생활상 요구되는 주의의무를 태만히 하여 예견가능하고 회피 가능하였던 결과를 야기한 경우를 말한다.

객관적 주의의무의 위반은 과실의 본질적 요소로서 과실범의 행위반가치를 구성하는 불법요소이다(통설). 따라서 행위자가 주의의무를 다하였더라도 결과가 발생하였으리라고 인정되는 경우(예 조련사가 완벽한 주의의무를 다하였는데도 개가 뛰쳐나와 사람을 물어 죽였을 때 조련사의 죄책 ⇨ 무죄)에는, 과실범이 성립하지 않는다. (법원주사보, 경위승진)

객관적 주의의무의 내용에는 (과실범에 있어서 주의의무란) 결과예견의무와 결과회피의무가 있다. (경감승진) 즉 행위자가 정상의 주의를 다하였더라면 범죄결과의 발생을 인식·예견할 수 있었고(=**결과예견의무**), 이 예견으로부터 결과발생을 회피할 수 있었다(=**결과회피의무**)고 할 경우에, 과실범의 주의의무위반이 인정된다.

객관적 주의의무의 판단기준 즉 주의의무위반(=부주의)의 유무는 누구를 기준으로 판단할 것인가? 다음의 견해대립이 있다. **주관설**은, 행위자가 본인의 주의능력을 기준으로 하여 주의의무위반 유무를 판단하려는 견해이다. /**객관설**(통설·판례[95])은 사회일반인의 주의능력을 기준으로 하여 주의의무위반의 유무를 판단하려는 견해이다. /**절충설**은 주의의무의 정도는 일반인을 표준으로, 주의력(예견가능성)은 행위자 표준으로 결정해야 한다는 견해이다.

객관적 주의의무 발생 근거로는, 구체적 사정에 따라 법령·판례·생활경험 등이 있다.

95) 대판 2015.6.24., 2014도11315(의료과오 사건에서 의사과실을 인정하려면 결과발생을 예견회피할 수 있었는데도 하지 못한 점을 인정할 수 있어야 하고, 과실유무는 동일업종에 종사하는 일반적인 의사의 주의의무를 표준으로 판단한다. 이때 사고당시 의학수준, 의료환경과 조건, 의료행위의 특수성 등도 고려해야 한다) ; 대판 2001.6.1., 99도5086(다가구주택 임차인이 자기비용으로 설치한 중간밸브 퓨즈콕크를 이사하며 떼어가고 적절조치를 안해 가스를 가구별로 개별차단하는 주밸브가 개발되어 가스가 실내유입된 후 새로 이사온 임차인이 화장실전등 켜는 순간 점화폭발 사망한 사건에서, 적절조치없이 방치하면 가스유출로 대형사고가능성이 잇다는 것은 평균인관점에서 객관적으로 충분히 예견가능하므로 피고인이 단지 자기비용으로 설치이유만으로 주밸브만 잠근채 적절조치없이 위 퓨즈콕크를 제거한 것은 과실을 부정할 수 없어 피해자사망과 인과관계도 인정된다).

2. 결과발생 · 인과관계 · 예견가능성

1) 결과발생 과실범이 성립하려면 구성요건상 일정한 결과발생이 필요하다. 현행법상 과실범은 모두 결과범이다.[96] (법원서기보, 9급 검찰)

과실범은 원칙적으로 침해범(예 과실치상죄)이지만, 위험범(예 실화죄, 과실일수죄)도 가능하다. (법원서기보)

2) 인과관계

과실범이 성립하기 위해서는 결과발생과 주의의무위반 사이에는 인과관계가 있어야 한다.[97]

3) 예견가능성

발생한 결과는 객관적으로 예견가능한 것이어야 한다. 따라서 행위시에 객관적으로 예견가능성이 없었던 결과의 발생은, 행위자에게 귀속시킬 수 없다.

Ⅴ. 객관적 주의의무의 제한원리

현대산업사회에서 객관적 주의의무(결과예견의무 + 결과회피의무) 위반을 어느 경우에나 과실범으로 처벌한다면 일정한 위험을 안고 살아가야만 하는 우리 사회는 정체되고 말 것이다. 따라서 과실범의 주의의무 범위를 제한하여, 일정한 경우에 과실범의 처벌을 제한하고자 등장한 이론이 허용된 위험과 신뢰의 원칙이다.

1. 허용된 위험

허용된 위험이란 현대산업사회에서 필수불가결한 업무나 시설(예 자동차 교통, 공장의 운영, 원자력 발전소, 지하자원채굴 등)들과 전형적으로 결합된 위험은, 이에 필요한 안전조치를 하였다면, 그 위험을 동반하는 행위가 범죄결과를

96) 따라서 (단순히 주의의무위반에 그치고) 결과가 발생하지 않는 경우 과실범이 성립하지 않는다.

97) 과실범의 결과는 주의의무위반으로 인하여 발생해야 한다.

발생시켰더라도 과실범으로 처벌할 수 없다는 것이다.

허용된 위험은 (사회적으로 상당하고 사회생활상 요구되는 주의의무의 기준을 제시하는 것이므로) 구성요건해당성이 배제되어, 과실범으로 처벌되지 않는 구성요건해당성 배제사유(=허용된 위험의 기능)가 된다.

2. 신뢰의 원칙

(도로교통에 관해 **판례에 의하여 형성된 원칙**으로) 신뢰의 원칙이란 스스로 교통규칙을 준수한 자는 다른 운전자나 보행자도 교통규칙을 지켜 행동할 것이라고 신뢰하면 되고 다른 자가 교통규칙을 위반하는 경우까지를 예상하여 이에 대한 방어조치를 할 의무는 없다는 것이다. /즉 다른 참여자가 신뢰에 반한 부적절한 행동을 함으로써 범죄 결과가 발생한 경우(예 도로교통법을 준수하여 운행하던 운전자가 갑자기 뛰어든 행인을 치었을 경우)에는 그 결과에 대해 신뢰자는 책임을 지지 않는다. (경감승진)

최근에는 이 원칙이 (의료행위·공장의 작업과정과 같은) 분업적 공동작업을 필요로 하는 모든 경우에 적용된다는 견해가 보편화되고 있다. (경위승진)

신뢰의 원칙은 허용된 위험의 이론이 도로교통에 적용된 것으로, 과실범의 주의의무 범위를 제한하여 **과실범처벌을 제한하는 기능**을 한다.[98] (경감승진)

형법에서는 과실범의 결과발생에 피해자의 과실이 보태진 경우에도 (민법과는 달리) 과실상계를 인정하지 않는다. (법원서기보, 9급 검찰) 따라서 신뢰의 원칙이, (과실범 처벌을 제한하는 기능을 함으로써) 교통사고에 있어서 민법상의 과실상계와 비슷한 기능을 담당하고 있다고 할 수 있다. (경사승진)

신뢰를 기대할 수 없는 경우 신뢰의 원칙이 적용될 수 없다(=**적용 한계**). ① 상대의 규칙위반을, 이미 알거나 또는 알 수 있었던 경우(예 음주운전을 하는 것을 이미 알고 있는 경우) ② 상대의 규칙준수를 신뢰할 수 없는 경우(예 유아·노인·불구자, 유치원이나 초등학교 앞) ③ 운전자가 교통규칙을 스스로 위반한 경우(예 운전자가 과속으로 진행하면서 제동장치를 취하지 못한 경우). 다만 운전자의 규칙위반이 **사고발생의 결정적인 원인이 아닌** 때에는 신뢰원칙이 적

98) 즉 고의범에는 적용될 여지가 없다.

용될 수 있다. (경감승진)

Ⅵ. 과실범의 위법성 및 책임성

1. 과실범의 위법성조각

과실범에 있어서도 (고의범과 마찬가지로) 구성요건이 실현됨으로써 위법성 징표가 된다. 다만 과실행위의 위법성은 위법성조각사유(예 긴급피난, 즉 의사가 중환자의 생명을 구하기 위하여 과속으로 자동차를 운전하여 과실교통방해죄를 범한 경우)에 의거 위법성조각이 될 수 있다.

2. 과실범의 책임

(고의범과 같이) 과실범에 있어서도 책임은 구성요건에 해당하는 위법한 행위에 대한 개인적인 비난가능성이다. 따라서 책임비난을 위하여 책임능력, 위법성의 인식, 기대가능성, 책임조각사유의 부존재가 필요하다.

기타 과실범특유의 책임요소로는, 주관적 주의의무위반과 행위자의 주관적 예견가능성이 있다.

Ⅶ. 관련문제

1. 과실범의 미수(불가불벌)

과실범은 항상 결과발생을 요하는 결과범(실질범)이므로, 과실범의 미수는 이론상 인정할 수 없다. 현행법상 과실범에 대한 미수 처벌규정도 없다. (9급 검찰)

2. 과실범의 공범(간접정범 문제)

교사범과 종범이 성립되기 위해서는 교사와 방조의 고의를 요하므로, 과실에 의한 교사·방조는 있을 수 없다.

과실범에 대한 교사·방조는, 간접정범이 된다. (9급 검찰)

판례는 (행위공동설에 의거) 과실범의 공동정범을 인정하고 있다. (9급 검찰)

3. 과실범의 부작위범(=망각범)

과실에 의한 부작위범(예 모친이 잊어버리고 유아에게 젖을 주지 않아서 유아가 사망한 경우)도 성립이 가능하다. (9급 검찰)

문제. 다음 중 업무상 과실치사상죄가 되지 않는 것은? (판례)

① 공사현장감독이 도로에 웅덩이를 판 후 안전조치를 취하지 않고 그대로 방치하여 야간에 그곳을 지나던 통행인이 위 웅덩이에 떨어져 상해를 입었다.

② 의사가 연탄가스 중독환자에게 병명을 알려주지 않은 채 퇴원을 시켜 그 환자가 다시 그 방에서 잠을 자다 재차 연탄가스에 중독되었다.

③ 의사 갑은 간호사에게 수혈을 맡겼는데 그 간호사가 다른 환자에게 수혈할 혈액을 당해 환자에게 잘못 수혈하여 환자가 사망했다.[99]

④ 산부인과 의사 갑은 제왕절개수술을 하는 도중 산모가 갑자기 출혈을 했으나 수혈용혈액을 미리 준비하지 않아 산모가 사망했다.[100]

---

99) 인턴의사가 부족하여 혈액봉지를 간호사가 교체하는 관행이 있다고 해도 봉지가 바뀔 위험이 있는 상황에서 아무 조치없이 간호사에게 봉지교체를 일임한 것은 관행이라는 이유만으로는 정당화될 수 없다 (대판).

100) 제왕절개분만을 하면서 수혈이 필요할 것이라 예상할 수 있었다는 사정이 보이지 않는 한 /산후과다출혈에 대비해서 제왕절개수술을 하기 전에 미리 혈액을 준비할 업무상 주의의무는 없다. /침투태반에 의한 출혈이라도 개업 산부인과 전문의로서는 우선 보존적 요법을 시행하여 지혈이 되기를 기대하면서 관찰해 보고 그로써 지혈될 수 없다는 판단이 서게 되면 그 때 지체없이 자궁적출술을 시행할 것이지 침투태반출혈이라 하여 보본적 요법을 거치지 않고 우선 자궁적출술부터 시행할 주의의무가 있는 것은 아니다(대판 1997.4.8, 96도3082). /그러나 산부인과의사가 산모 태반조기박리 대응조치로 응급제왕절개수술을 하기로 결정했다면 이 경우에는 적어도 제왕절개수술시행 결정과 아울러 산모에게 수혈을 할 필요가 있을 것이라고 예상되는 특별한 사정이 있어 미리 혈액을 준비해야 할 업무상 주의의무가 있다(대판 2000.1.14, 99도3621).

제2절 결과적 가중범

제15조[사실의 착오 중 결과적 가중범] ② 결과로 인하여 형이 중한 죄에 있어서 그 (중한) 결과발생을 예견할 수 없었을 때[101]는, 중한 죄로 벌하지 아니한다.

Ⅰ. 의 의

결과적 가중범이란 고의에 의한 기본범죄에 의하여(미수·기수 불문) 행위자가 예견하지 못한 중한 결과가[102] 발생한 경우(예 상해의 고의로 사람을 칼로 찔렀으나 출혈과다로 사망한 경우)에, 그 중한 결과로 형이 가중되는 범죄이다.(법원서기보, 7급 검찰, 경위승진)

따라서 결과적 가중범은 고의범과 과실범의 결합범이라고 할 수 있다.[103](경위승진, 법원서기보)

Ⅱ. 결과적 가중범과 책임주의

결과적 가중범에 대하여는 중한 결과가 발생하였다고 하여 가중처벌하는 것이 책임주의에 반하지 않는가에 대해, 종래에는 기본범죄와 중한 결과 사이에 상당인과관계가 있을 때에만 결과적 가중범의 성립을 인정하여 책임주의의 예외로 파악하였다. 그러나 이는 결과책임을 인정하는 것이 되어 책임주의에 반하게 된다.

여기에 중한 결과발생에 대한 과실(예견가능성)이 있어야 결과적 가중범이

---

101) 예견가능성, 즉 과실을 요한다.
102) 고의의 인식 대상이 아니다.
103) 결과적 가중범(예, 상해치사죄) =〉 기본범죄(고의범 : 상해) + 중한결과(과실범 : 치사)

성립한다고 하여(고의·과실의 결합설) 책임주의와 조화될 수 있다는 것이 오늘날의 통설이다.

우리 형법도 제15조 제2항에서 결과에 대한 예견가능성(과실)을 요한다고 하여, 결과적 가중범을 고의와 과실의 결합형식으로 파악하고 있다고 할 수 있다.

Ⅲ. 결과적 가중범의 유형

1. 고의의 결과적 가중범과 과실의 결과적 가중범

기본범죄가 고의범이냐 과실범이냐에 따른 구별로, 우리 형법에서는 기본범죄가 고의에 의한 경우(고의의 결과적 가중범)에만 결과적 가중범을 인정하고 있다(기본범죄가 과실에 의한 경우인 과실의 결과적 가중범은 인정하지 않고 있다). 따라서 과실치사상죄는 결과적 가중범은 아니다. (7급 검찰)

구 분	형법상 결과적가중범의 처벌규정
개인적 법익에 대한 죄	① 상해치사죄(제259조 제1항) ② 존속상해치사죄(제259조 제2항) ③ 폭행치사상죄(제262조) ④ 인질치사상죄(제324조) ⑤ 재물손괴(공익건조물파괴)치사상죄(제368조 제2항) ⑥ 유기치사상죄(제275조) ⑦ 체포·감금 등의 치사상죄(제281조)[104] ⑧ 강간·강제추행치사상죄(제301조) ⑨ 강도치사상죄(제340조 제2항) ⑩ 강도치사죄(제338조) ⑪ 해상강도치사상죄(제340조 제2항) ⑫ 해상강도치사죄(제340조 제3항)
사회적 법익에 대한 죄	① 현주건조물 등의 방화에 의한 치사상죄(제164조 후단), ② 연소죄(제168조), ③ 가스 등의 공작물손괴치사상죄(제173조 제3항), ④ 현주건조물 등에의 일수치사상죄(제177조 후단), ⑤ 교통방해치사상죄(제188조), ⑥ 음용수혼돈치사상죄(제194조), ⑦ 폭발성물건파열치사상죄(제172조 제2항), ⑧ 가스·전기 등 방류치사상죄(제172조의 2)
국가적 법익에 대한 죄	특수공무방해치사상죄(제144조 제2항)

연소죄[105](제168조)는 '치'자가 붙지 않았지만 결과적 가중범이다. /과실치상(제266조)나 과실치사죄(제267조)는 '치'자가 붙었으나 결과적 가중범이 아니

104) 중체포감금죄(체포감금->가혹행위)는, 결과적 가중범이 아니다.
105) 예를 들면, 사람이 안사는 자기 건물에 방화를 했는데 예기치 않게 타인건물을 연소시킨 경우이다.

다. (경감승진, 7급 검찰) /살인죄에는 결과적 가중범 처벌규정이 없다.

2. 진정결과적 가중범과 부진정결과적 가중범

진정결과적 가중범이란 고의에 의한 기본범죄에 기하여 과실로 중한 결과를 발생케 한 경우로, 대부분의 결과적 가중범(예 상해치사죄, 폭행치사상죄, 유기치사상죄, 체포감금치사상죄, 강도치사상죄, 강간치사상죄 등)이 이에 해당한다.

부진정결과적 가중범이란 고의에 의한 기본범죄에 기하여 중한 결과를 **과실은 물론 고의**에 의하여도 발생케 한 경우(예 현주건조물방화치사상죄, 특수공무방해치사상죄, 교통방해치사상죄, 중상해죄, 중손괴죄, 중유기, 중강요, 중권리행사방해죄[106] 등)를 말한다. 다만 중한 결과에 대하여 고의가 있는 경우에는, 결과적 가중범과 중한 결과에 대한 고의범의 상상적 경합[107]이 된다(판례).[108]

피고인이 음주단속을 피하려고 승용차로 경찰을 들이받아 공무를 방해하고 상해한 경우, 특수공무집행방해치상죄만 성립한다.

Ⅳ. 결과적 가중범의 성립요건

1. 고의에 의한 기본범죄 행위

기본범죄는 고의에 의한 범죄이어야 한다.[109] 이때 기본범죄는 미수・기수여부를 불문한다.[110] (9급 검찰) 다만 연소죄는 기본범죄가 기수여야 한다.

다만 기본범죄가 예비에 그친 경우에는, 결과적 가중범이 성립되지 않는다.

---

106) 중상해죄, 중유기, 중강요, 중권리행사방해죄 =〉 기본범죄 + **생명**에 대한 위험발생. 중손괴=〉 기본범죄 + **생명 신체**에 대한 위험발생.
cf. 중체포감금죄는 결과적 가중범이 아니다.

107) 현주건조물방화치사죄에서 건조물방화시 사망에 대해 고의가 있는 경우 현주건조물방화죄와 살인죄의 상상적 경합이 되어, 결국 살인죄에 의해 처벌받는다.

108) 다만 고의범에 대해 더 무겁게 처벌하는 규정이 없으면 (특별관계이므로) 결과적 가중범만 성립한다.

109) 따라서 기본범죄가 과실에 의한 경우(예 과실치사상죄)는, 결과적 가중범이 아니다.

110) 따라서 기본범죄가 미수에 그친 경우도 결과적 가중범 성립한다. 다만 명시로 미수를 불포함하는 경우는 불포함으로 본다(대판). 예 성폭력범죄처벌특례법 제8조 제9조 참조.

2. 중한 결과의 발생

중한 결과는 기본범죄에 내포된 전형적인 위험의 실현이어야 한다. 즉 중한 결과는 (중간 원인을 거치지 않고) 기본범죄로부터 직접 야기된 것이어야 한다(=직접성의 원칙).

3. 인과관계

기본범죄와 중한 결과 사이에는 (상당)인과관계가 있어야 한다. (법원서기보)

예 강간당한 부녀가 수치심에서 자살한 경우 강간과 사망 사이의 상당인과관계가 부정(즉 **강간죄**)되나, 부녀가 강간을 모면하려고 호텔의 객실 창문을 통해 탈출하려다가 지상에 추락 사망한 경우에는 강간미수행위와 사망 사이에 상당인과관계가 인정되어 **강간치사죄**가 성립한다. (법원서기보)

4. 예견가능성

중한 결과발생에 대한 예견가능성(제15조 ②), 즉 과실이 있어야 한다. /이때 예견가능성은 기본범죄행위의 실행시에 존재해야 한다.[111]

에견가능성 판단기준에 대해 판례는 객관설(일반인 기준)을 위한다.

Ⅴ. 관련문제

1. 결과적 가중범과 공범

1) 결과적 가중범의 교사·방조

결과적 가중범에 대한 교사·방조가 되기 위해서는, 기본범죄에 대한 교사·

---

111) 피고인이 4.8. 피해자 빰을 2회 때리고 두손으로 어깨를 잡아 땅바닥에 넘어뜨리고 머리를 시멘트바닥에 부딪치게 하여 익일부터 머리통증이 있었고 4.16 의사3인 차례로 진료받을 때 고혈압으로 머리 몹시 아파 호소했고 그후 악화됭 4.30 뇌손상으로 사망했다면 피해자가 평소 고혈압과 좌측전고동맥류 선천성혈관기형이 있었고 폭행으로 사망함에 지병이 사망결과에 영향을 주었다고 해도 상당인과관계가 부정될 수 없으며 폭행당시 이미 결과예견가능성이 있었다 할 것이고 그로 인해 폭행치사 결과가 발생했다면 결과적 가중범 죄책을 면할 수 없다(대판).

방조 이외에 중한 결과에 대해서 과실(예견가능성)이 있었을 때 성립한다.

2) 결과적 가중범의 공동정범

과실범의 공동정범을 인정한 대법원은, (행위공동설의 입장에서) 결과적 가중범의 공동정범도 긍정한다.[112] 예 여동생을 강간한 자를 혼내주려고 오빠가 자신의 친구와 함께 강간범을 찾아가 집단 상해를 가한 결과, 강간범이 사망한 경우, 모두 상해치사죄의 공동정범이 된다.

2. 결과적 가중범의 미수

결과적 가중범은 (고의와 과실의 결합형태로 과실범에 미수가 인정되지 않는 것과 마찬가지로) 미수가 인정되지 않는다(통설). /다만 우리 형법은 결과적 가중범의 미수에 관한 처벌규정을 두고 있다[예 **현주건조물일수**치사상죄(제182조), **인질**치사상죄(제324조의 5), **강도**치사상죄(제342조), **해상강도**치사상죄(제342조) 등]. **성폭력처벌특례법상 강간**치사상죄의 미수도 처벌규정이 있다.

3. 결과적 가중범의 죄수

결과적 가중범의 죄수에 대해, 우리 판례는 법조경합설을 취하고 있다.[113]

---

112) 예 상해의 공동정범인 갑과 을 중에 갑이 살인의 고의로 살해를 한 경우, 중한 결과인 사망에 대해 살인의 고의가 없는 을에게도 결과를 예견할 수 있었을 경우는 상해치사죄의 공동정범를 인정하였다. /만약 결과에 대한 예견가능성이 없었다면 기본범죄인 상해죄로 처벌될 뿐이다(대판).

113) 대판 2008.11.27., 2008도7311. 기본범죄를 통해서 고의로 중한 결과를 발하게 한 경우 가중처벌하는 부진정 결과적가중범에 있어서 고의로 중한 결과를 발생하게 한 행위가 별도 구성요건에 해당하고 그 공의범에 대해 결과적 가주엄에 정한 형보다 더 무겁게 처벌하는 규정이 있는 경우 그 고의범과 결과적 가중범이 상상적 경합관계(대판 1995.1.20., 94도2842)이나, 위와 같이 고의범에 대해 더 무겁게 벌하는 규정이 없는 경우 결과적 가중범이 고의범에 대해 특별관계에 있다고 해석되므로 결과적 가중범만 성립한다(이와 범조경합인 고의범에 대해는 별도의 죄를 구성한다고 볼 수 없다). 따라서 직무집행 공무원에 대해 위험물건 휴대 고의 상해한 경우 특수공무집행방해치상죄만 성립한다(별도의 폭처법상 흉기 등 상해죄는 구성하지 않는다).
온봉암 방화 사건(대판 1983.1.18., 82도2341)에서 보듯이 판례는 사람을 실신시키고 살해 고의로 집에 불을 질러 사망케 한 경우 살인죄는 별도 성리하지 않고 현주건조물방화치사죄만 성립하는 것으로 본다. /이때 피해자가 나오려는 것을 적극적으로 막아 못 나오도록 함으로써 사망한 경우에는 방화와 탈취방해는 별개로 '살인죄와 현주건조물방화죄의 실체적 경합'이 된다.

문제. 다음 중 결과적가중범이 성립한 경우는?

① 사람이 없는 빈 헛간으로 생각하고 방화했는데 사실은 타인주택이었다.[114]

② 강간당한 부녀가 치욕감으로 자살했다.[115]

③ 두목은 조직을 배반하면 어떤 조치가 있을 것인가에 관해 본보기로 조직원을 가죽혁대로 구타해서 상해를 입혔다.[116]

④ 자기소유 낡은 창고를 태우려고 방화했는데 생각지 못한 강풍이 불어 이웃한 타인 주택이 전소했다.[117]

제 3 절 부작위범

제18조[부작위범] 위험의 발생을 방지할 의무가 있거나 자기의 행위로 인하여 위험발생의 원인을 야기한 자가, 그 위험발생을 방지하는 아니한 때(요구규범위반[118])에는 그 발생된 결과에 의하여 처벌한다.

Ⅰ. 형법상의 작위와 부작위

1. 작위와 부작위

작위란 금지행위를 적극적으로 하는 경우(예 산모가 유아를 '목졸라' 죽인 경우)를 말한다.

부작위란 단순히 아무런 행위도 하지 않는 무위가 아니라, 기대되거나 요구되는 행위를 소극적으로 하지 않는 경우(예 산모가 유아에게 '젖을 주지 않아' 굶어 죽은 경우)를 말한다.[119] 이 부작위는 법적으로 기대되는 규범적 가치판단

114) 경한 (일반건조물방화)죄 인식으로 중한 (현주건조물방화)죄의 결과를 야기한 경우로, 제15조 제1항에 의거 경한 죄인 일반건조물방화죄가 된다.

115) 강간죄.

116) 상해 고의가 인정되어, (결과적 가중범인 폭행치상이 아닌) 상해죄가 된다.

117) 연소죄(제168조 제1항).

118) 작위범은, 금지규범 위반.

119) 부작위의 행위성에 대해, 인과적 행위론은 부작위는 거동성이 없기 때문에 행위로 포괄할 수 없다고 하고, 목적적 행위론은 부작위에는 행위의 본질적 요소인 목적적 행위지배

요소에 의해 사회적 중요성을 가지는 사람행태가 되어 작위와 함께 행위의 기본형태를 이룬다.[120]

2. 작위범과 부작위범

형법규범에는 금지규범과 요구(명령)규범이 있는데, 금지규범을 작위로 위반하는 것이 작위범(=금지규범의 위반)이고[121] 요구규범을 부작위로 위반하는 것이 부작위범(=요구규범의 위반)이다.

Ⅱ. 부작위범의 유형

부작위범은 구성요건의 규정형식에 따라 (=형식설[122] 기준) 진정 부작위범과 부진정 부작위범으로 분류할 수 있다.

1. 진정 부작위범(=부작위에 의한 부작위범)

형법각론 규정의 조문 형식상 부작위로 범할 것을 내용으로 하는 경우이다[예 다중불해산죄(제116조 "…해산명령을 받고 해산하지 아니한 자 …"), 퇴거불응죄(제319조 ② "…퇴거요구를 받고 응하지 아니한 자 …"), 집합명령위반죄(제145조 ②), 전시**군수계약**불이행죄(제103조 ①), 전시**공수계약**불이행죄(제117조 ①) 등]. (경사승진)

또한 도로교통법상 음주측정거부죄, 국가보안법상 불고지죄도 이에 해당한다.

가 없기 때문에 그 행위성을 설명하기 곤란하다고 하나, 사회적 행위론은 부작위는 법적 행위기대에 의하여 사회적 중요성을 가지는 인간의 행태가 되므로 그 행위성을 인정한다.

120) 부진정 부작위범의 고의는 반드시 구성요건적 결과발생에 대한 목적이나 계획적 범행 의도가 있어야 하는 것은 아니며, 법익침해 발생을 방지할 법적 작위의무를 가지고 있는 사람이 의무이행을 함으로 결과에 대한 사고발생을 방지할 수 있음을 예견할 수 있으면서 용인 방관한 부분에 대해 의무이행을 하지 않은 것으로 해석한다. 대판 2015.11.12., 2015도6809. 세월호참사 사건 참조.

121) 대판 2004.6.24, 2002도995(어떤 범죄가 적극적 작위에 의해서 이루어질 수 있음은 물론 결과발생을 방지하지 않은 소극적 부작위에 의해서도 실현될 수 있는 경우 행위자가 자신의 신체적 활동이나 물리적 화학적 작용을 통해 적극적으로 타인의 법익상황을 악화시킴으로써 결국 그 타인의 법익을 침해하기에 이르렀다면 이는 작위에 의한 범죄로 봄이 원칙이다) (경찰 1차)

122) 실질설은 범죄의 내용 성질 등 실질적 기준에 따라 구별하자는 견해이다.

2. 부진정 부작위범(=부작위에 의한 작위범)

형법조문 규정상 작위에 의하여 범할 것을 내용으로 하는 범죄를 부작위로 범하는 경우이다 [예 살인죄(제250조 ①)는 그 구성요건이 작위에 의해 실현될 것으로 규정("… 살해한 자는 …")되어 있지만, (부작위에 의해 작위범인 살인죄를 범하는 경우 등과 같이) 대부분의 작위범이 부작위로 행하여질 수 있다].[123] (9급 검찰, 경감승진)

Ⅲ. 부작위범의 성립요건

부작위범의 요건에는 (고의 또는 과실이라는) 주관적 요건, 그리고 다음에서 서술하는 객관적 요건이 있다.

1. (진정 · 부진정) 부작위범의 공통된 구성요건

1) 구성요건적 상황이 존재할 것

부작위범 성립에는, 작위의무를 이행해야 할 구체적인 상황이 존재해야 한다.

진정 부작위범의 구성요건적 상황은, 형법각론의 해당구성요건에 규정(예 전시군수계약 불이행죄에서 '**전쟁 또는 사변**')되어 있다.

부진정 부작위범의 구성요건적 상황은, 구성요건적 결과발생의 위험(예 수영을 **못하는 아들이 저수지에 빠져** 있는 경우)이다.

2) 명령된 행위의 부작위

요구(명령)규범에 의하여 요구되는 행위를 하지 않아야, 부작위범이 된다.

3) 행위가능성

구체적으로 행위자가 명령(요구)된 행위를 할 수 있는 가능성은 있어야만, 부작위범이 된다.[124] (9급 검찰, 경감승진) 예 서울에 있는 아버지가 낙동강에

---

123) 부작위에 의한 살인의 대표적인 판례에는 대판 2015.11.12., 2015도6809(세월호 참사사건), 대판 1992.2.11., 91도2951(저수지 제방사건) 등이 있다.

빠진 아들을 구조하지 못한 경우, 부작위에 의한 살인죄는 성립하지 않는다.[125)]

2. 부진정 부작위범의 특수한 구성요건

부진정 부작위범은, 작위범의 구성요건을 부작위에 의하여 실현하는 것이므로, 작위의무의 부작위에 의한 범행이 작위에 의한 구성요건의 실현과 같이 평가될 수 있어야 한다. 즉 부진정 부작위범이 성립하기 위해서는 부작위범에 **공통된 구성요건** 이외에, **보증인 지위**, 행위정형의 **동가치성** 등이 있어야 한다.

1) 보증인지위와 작위의무

결과발생을 방지해야 할 법적 의무를 작위의무[126)] 또는 보증인의무라 하며, 보증인의무가 있는 자의 지위를 보증인 지위라 한다. (경정승진, 법원서기보)

보증인지위와 작위의무의 관계를 놓고는, (위법성요소로 이해하는 위법성요소설,[127)] 구성요건요소로 보는 구성요건요소설[128)]도 있으나) '보증인지위는 구성요건요소'로 그리고 '작위의무는 위법성의 요소'로 구분하여 보는 2분설이 통설이다. 2분설과 같이 구분하는 실익은 착오에 따른 효과에 있다.[129)]

작위의무의 발생 근거에 대해서는, 형법 제18조에서는 위험발생 방지의무와 선행행위로 인한 작위의무만을 규정하고 있을 뿐이어서, 구체적 근거는 학설에 위임되어 있다.

① 형식설[법원설] : 작위의무의 발생 근거를 중심으로 법령・계약・선행행

---

124) 예 회사의 경영부진으로 자금사정이 좋지 않아 지급기일내 퇴지금을 미지급한 부가피성이 인정되는 경우에는, 퇴직금체불의 죄책을 물을 수 없다(대판).

125) 만약 다른 요건은 충족되는데 결과나 인과관계만 부정된다면 부작위범 미수의 검토가 요구될 것이다.

126) 이때 작위의무는 법적 의무일 것을 요한다.

127) 이 설에 대해서는 구성요건해당성이 부당하게 확대된다는 비난이 있다.

128) 보증인지위와 보증인의무를 구성요건요소로 이해하는 見解(견해)에 대해서는, 부진정 부작위범의 구성요건해당성 범위가 부당히 축소될 우려가 있다는 批判(비판)이 제기된다. (경찰 1차) Nagler의 보증인설도 구성요건요소설에 속한다.

129) 예 호수에 빠져 허우적거리는 사람이 자기자식인 줄 모르고 방치한 경우 보증인지위에 대한 인식이 없으므로 고의 부작위범은 불성립하고 인식하지 못한 주의의무위반 여부에 따라 **과실범**이 문제될 것이다. /그러나 자기자녀란 인식은 했으나 구조할 법적 의무가 없다고 오해하여 구하지 않은 경우에는 고인는 인정되며 작위의무 미인식이므로 **법률착오** 문제로 형법 제16조 문제가 될 뿐이다.

위 및 조리 등의 형식에 따라 작위의무를 인정하는 다수설이다.[130]

발생 근거	구체적 사례
법령에 의한 작위의무	• 민법 : 친권자의 보호의무(제913조), 친족간의 부양의무(제974조), 부부간의 부양의무(제826조) 등 • 경찰관직무집행법 : 경찰관의 보호조치의무(제4조) • 의료법 : 의사의 진료와 응급조치의무(제16조) • 도로교통법 : 운전자의 구호의무(제50조)
법률행위(계약 등) 또는 사무관리로 인한 작위의무	• 고용계약에 의한 보호의무 • 간호사의 환자 간호의무 • 신호수의 직무상 의무 • 의무 없이 환자나 노약자를 인수한 자의 보호의무
사회상규(조리)에 의한 작위의무	• 동거하는 피고용인에 대한 고용주의 보호의무 • 관리자의 위험발생 방지의무 • 목적물의 하자에 대한 신의착상의 고지의무
선행행위에 의한 작위의무	• 실화자의 소화조치 의무 • 사고를 일으킨 운전자의 피해자 구호 의무

교통사고를 일으킨 운전자의 피해자 구호의무는 선행행위에 의한 작위의무이지만, 교통사고로 쓰러진 자에 대한 통행인의 법적 구호의무는 없다. (7급 검찰, 경정승진) /매도인이 부동산에 저당권이 설정되어 있음을 고지할 의무는 신의칙상의 작위의무이지만, 상거래시 상인의 진가(眞價)를 고지할 작위의무는 없다. (경위승진) /일반인도 현행범을 체포할 수 있는 권한은 있지만, 일반인이 현행범을 체포해야 할 의무 또는 현행범을 신고해야 할 의무는 없다. (7급 검찰, 경위승진) /정당방위는 적법한 선행행위로써 작위의무가 발생하지 않으므로 정당방위자는 공격자의 법익을 보호할 의무가 없다. /실화자는 선행행위에 따른 소화조치 의무가 있으나, 방화자는 소화의무가 없다.

문제. 부작위범에 대한 설명으로 틀린 것은? (경찰 2차)

① 부진정 부작위범은(결과범 성격이므로) 미수를 처벌할 수 있다(다수설).

② 다중불해산죄는 진정 부작위범이다.

③ 입찰업무담당 공무원이 부하직원의 입찰보증금횡령사실을 알면서도 계속

130) (작위의무는) 법령·법률행위·선행행위로 인한 경우는 물론 기타 신의칙이나 사회상규 혹은 조리상 작위의무가 기대되는 경우에도 법적 작위의무는 있다(대판). (경찰 2차)

방치하면 횡령죄 종범이 된다.

④ 작위의무에는 사회상규 조리상 의무가 기대되는 경우에는 인정되지 않는다.[131]

② 실질설[기능설] : 작위의무 내용을 (법익보호란 실질적 기준에 따라), 법익보호 위한 **보호의무**와 위험발생 감시를 해야 할 **안전의무**로 나누는 견해이다.

내 용	사 례
보호의무	• 특별한 결합관계 예 가족적 보호관계(부를 독살하려는 것을 알고도 방치 ⇨ 살인방조죄), 긴밀한 자연적 결합관계(사실혼 관계에 있는 사이) • 긴밀한 공동관계(등산대원, 탐험대원 상호간 보호의무) • 보호기능의 인수(수영교사와 함께 깊은 물에서 수영을 배우는 학생)
안전의무	• 선행행위로 인한 경우(사고운전자의 피해자 구호의무, 실화자의 소화의무) • 위험한 물건·시설을 소유·관리하는 경우(공사현장 감독의 안전시설의무, 맹견주인의 피해발생 방지의무) • 타인을 감독해야 할 책임이 있는 경우(교사의 학생지도·감독의무, 상관의 부하직원 감독의무)

예 통행인이 산책 중 강물에 빠진 아동을 쉽게 구할 수 있음에도 그냥 지나쳐 아동이 익사한 경우, **무죄**이다. 그 아동의 아버지가 보고도 (강에서 구할 수 있음에도 불구하고) 구조하지 않아 아동이 익사한 경우에는 **부작위에 의한 살인죄**이다. (경장승진, 9급 검찰) /자기 집 앞에 버려진 아이를 발견하였으나 그대로 방치한 결과 동사한 경우, **무죄**이다. 그를 방으로 데려와 수일간 치료하다 그대로 방치한 결과 사망한 경우에는 **유기치사죄**가 된다. (경정승진)

2) 행위정형의 동가치성

부진정 부작위범이 성립하기 위해서는 보증인지위에 있는 자의 부작위가 작위에 의하여 구성요건을 실현하는 경우와 동일한 것으로 평가될 수 있어야 하는데, 이를 행위정형의 동가치성이라고 한다. 예 피해자가 물에 빠진 후에 피고인이 살해범의를 가지고 구호하지 않은 채 익사를 용인하고 방관한 행위(不作爲)는, 그를 직접 물에 빠뜨려서 익사시키는 행위와 다름이 없다고 형법상 평가될 만한 살인 실행행위라고 봄이 상당하다.[132]

131) 이 경우에도 법적인 작위의무가 있다(대판).

구성요건적 결과가 일정한 방법에 의하여 발생될 것을 요하는 행태의존적 결과범(예 사기죄 '기망', 공갈죄 '폭행 · 협박', 공연음란죄 '음란행위' 등)에서, 행위정형의 동가치성이 요구된다.[133] (7급 검찰)

Ⅳ. 부작위범의 처벌

진정 부작위범은 형법 각칙에 각 죄별 법정형이 규정되어 있다.

부진정 부작위범은 (형법에 직접 규정되어 있지 않고) 작위범과 동일한 법정형으로 처벌된다.

Ⅴ. 관련문제

1. 부진정 부작위범의 인과관계

진정 부작위범은 (형식범 성격으로) 구성요건상의 일정한 부작위가 있으면 바로 기수가 되므로, 인과관계가 문제되지 않는다.

부진정 부작위범은 (결과범 성격으로) 기대되는 행위(작위를 하였더라면 그러한 결과가 발생하지 않았을 것이라는 관계)가 인정되면 인과관계가 인정된다.[134] (9급 검찰, 경감승진)

2. 부진정 부작위범의 미수

진정 부작위범은 일정한 부작위가 있으면 바로 기수가 되는 형식범으로, 미수는 불가능하다. 다만 우리 형법은 진정 부작위범 중 **'퇴거불응죄와 집합명령위반죄의 미수처벌'** 규정을 두고 있다. (경위승진)

---

132) 대판 1992.2.11., 91도2951(저수지 조카 살인사건).

133) 다만 (결과가 발생하면 처벌되는) 순수한 결과야기범(예 살인죄, 상해죄, 방화죄, 손괴죄 등)에서는 행위정형의 동가치성이 요구되지 않는다.

134) 부작위범의 인과적 관련성은 조건설의 절대적 제약공식을 뒤집어 쓴다. 즉 요구되는 행위를 했다면 결과가 불발생했을 것이라는 확실한 판단이 서면 인과관계를 인정할 수 있다는 절재적 추가공식이 바로 그것이다. 예 세월호 참사사건, 저수지 제방사건.

부진정 부작위범은 결과범 성격이어서 (결과 발생이 필요하므로) 결과가 발생하지 않은 경우, 또는 부작위와 결과 사이에 인과관계가 부존재하는 경우에는, 미수범으로 처벌된다. (9급 검찰, 경감승진)

3. 과실에 의한 부작위범(=망각범)

부진정 부작위범은 **고의**는 물론 **과실**(예 엄마가 잊어버리고 아기에게 젖을 주지 않아 아기가 사망한 경우 ⇨ 부작위에 의한 과실치사죄)에 의해서도 성립될 수 있다. 이 과실에 의한 부작위범이, 망각범이다.[135] (경사승진)

4. 부작위범과 공범

1) 부작위범에 대한 공범

부작위범에 대해서는 교사, 방조, 공동정범,[136] 간접정범이 모두 가능하다.[137]

부작위범 사이의 공동정범은 다수의 부작위범에게 공동의무가 부여돼 있고 그 의무를 공통으로 이행할 수 있을 때만 성립한다.[138] (경찰간부)

2) 부작위에 의한 공범

(부작위에 의한 교사는 불가능하나) 부작위에 의한 방조는 가능하다(예 은행지점장이 부하직원의 범행을 알면서도 부하직원의 은행에 대한 배임행위를 방치한 경우 ⇨ 배임죄의 종범). (경찰 1차)

---

135) **'부작위에 의한 과실치사죄'**가 인정된 촛불 실화사건(대판 1994.8.26., 94도1291)이 있다. 이사건에서 피고인들은 피해자가 만취하여 정신없이 몸부림치다가 이불자락으로 촛불을 건드리는 경우 화재발생 가능성이 있고 화재가 발생한 경우 대처능력 없는 피해자가 사망할 가능성이 있음을 예견할 수 있었고 만취피해자를 혼자 방에 두고 나오면서 촛불을 끄거나 양초가 쉽게 넘어지지 않도록 적절하고 안전한 조치를 취해야 할 주의의무가 있었다. 비록 피고인들이 직접 촛불을 안 켰어도 혼자 눕혀 놓고 촛불을 안 끄고 나오는 바람에 화재가나서 사망한 경우 주의의무를 다하지 않은 이상 화재발생과 사망에 대해 과실책임을 면할 수 없다는 것이 대법원의 입장이었다.

136) 부작위범사이의 공동정범은, 다수 부작위범에게 공통의무가 부여돼 있고 그 (공통된) 의무를 (다수 부작위범이) 공통으로 이행할 수 있을 때만 성립한다. (경찰 1차 & 2차)

137) 이때 공범에게는 보증인의무가 없어도 무방하다.

138) 대판 2009.2.12, 2008도9476, 세경대 사건.

문제. 부작위범에 대한 설명으로 옳은 것은?

① 퇴거불응죄같이 구성요건행위가 부작위로 규정되어 있는 범죄를 부작위에 의한 작위범 또는 진정부작위범이라 한다.

② 부작위에 의한 유기죄의 작위의무는 법률 · 계약뿐만 아니라 신의성실 · 조리에 의해서도 발생할 수 있다.[139] (경찰 1차)

③ 도로교통법 제54조 교통사고운전자의 사상자 구호조치는 위법한 선행의 경우에만 작위의무를 인정한 것이라 할 수 있다.[140]

④ 법무사가 아닌 사람이 법무사로 소개되거나 호칭되는 데에도 자신이 법무사가 아니라는 사실을 밝히지 않고 법무사행세를 계속하면서 근저당설정계약서를 작성한 경우 부작위에 의한 법무사법(제3조 제2항) 위반죄가 성립한다.[141] (경찰 2차)

문제. 부작위범에 관한 설명으로 옳은 것은?

① 다중불해산죄는 부진정 부작위범이다.

② 진정 부작위범은 금지규범 위반의 부작위범이다.

③ 부진정 부작위범은 작위에 의한 부작위범이다.

④ 진정 부작위범은 조문 형식상 일정한 부작위를 그 범죄내용으로 한다.[142]

---

139) 법률상 · 계약상 의무있는 자만 주체로 규정하고 있다(대판).

140) 교통사고발생시 구호조치 · 신고의무는, 사고발생의 고의 과실 · 유책 위법의 유무와 관계없이 의무이다(대판 2002.5.24, 2000도1731).

141) 대판 2008.3.27, 2008도89. 作爲(작위)에 의한 법무사법위반이 아니다.

142) 즉, 각론문제이다.

제 3 장 위법성

제 1 절 위법성의 일반이론

Ⅰ. 위법성의 의의

위법성이란 (범죄성립요건의 하나로서) 구성요건에 해당하는 행위가 법적 견지에서 허용되지 아니하는 성질을 말한다. 즉 법질서 전체의 입장에서 내려지는 행위에 대한 객관적 부정적 가치판단이다.143) (7급 검찰)

어떤 행위가 구성요건에 해당한다는 것은 그 행위가 형법 각칙상의 개개의 구성요건에 합치하는 것으로, 구성요건에 해당하는 행위는 위법성이 있는 것으로 추정 · 징표가 된다.144)

위법성은 (법질서 전체의 입장에서 내리는) **행위**에 대한 **객관적 판단**임에 대

143) 불법은 (개별적인 법 위반으로) 위법하게 평가된 행위 자체를 말하며, 그 양과 질에 따라 차이가 있다.

144) 위법성이 있다는 것은 그러한 구성요건에 합치한 행위가 법질서 전체의 입장에서 허용되지 않음을 말하고, 만일 위법성조각사유가 있게 되면 위법하지 않고 적법한 것으로 평가하게 된다. 형법은 위법성을 적극적으로 규정하지 않고, 다만 위법성이 조각되는 경우를 소극적 · 예외적으로 규정하고 있을 뿐이다.

하여, 책임은 행위자에 대한 비난가능성 유무를 판단하는 주관적 판단이다.

Ⅱ. 위법성의 평가기준 및 평가방법

1. 위법성의 평가기준[145)]

형식적 위법론성은 (위법성을 형식적으로 파악하여) 행위가 형식적인 법률규정(실정법)에 위반하면 위법성이 있다고 보는 견해이다.[146)]

실질적 위법론성은 위법성의 평가기준을 (형식적인 법률의 기초를 이루고 있는) 실질적 기준에 위반하는 것을 위법성이라고 보는 견해로서, 여기에는 다시 공서양속위반설, 문화규범위반설, 사회윤리규범위반설, 권리침해설, 법익침해설 등이 있다. (법원주사보, 경사승진)

형식적으로 위법한 행위는, 위법성조각사유에 해당하지 않는 한 실질적으로도 위법한 행위가 된다. 따라서 실질적 위법성은 형식적 위법성의 의미에 실질적 기준을 제공해 준다(=상호보완관계).

형식적으로는 위법하지 않지만, 실질적으로 위법한 행위는 (차후 입법에서 입법기준은 될지 몰라도) 형법의 처벌 대상이 될 수 없다.

---

145) 위법성의 평가기준

구 분	형식적 위법성론	실질적 위법성론[1)]
위법성의 본질	• 형식적인 법률규정(실정법) 위반	• 권리의 침해(권리침해설) • 법익의 침해 또는 그 위험(법익침해설) • 문화규범의 침해(문화규범위반설) • 공서양속의 침해(공서양속위반설)
양 이론의 관계 (상호보완 관계)	• 형식적으로 위법한 행위는 위법성조각사유에 해당하지 않는 한 실질적으로도 위법행위가 된다. • 실질적 위법성은 형식적 위법성에 실질적 기준을 제공해준다. • 형식적으로는 위법하지 않으면 실질적으로 위법한 행위라도, 형법상 처벌대상이 될 수 없다.	

146) 개개의 형벌법규에 규정된 금지 또는 요구규범을 위반하는 것을 위법성이라고 본다.

2. 위법성의 평가방법[147)]

법규범의 (본질이나) 기능을 의사결정규범으로 볼 것인지? 평가규범으로 볼 것인지? 또는 양자를 모두 인정할 경우라도 어디에 더 중점을 둘 것인지? 등에 따라 주관적 위법성론과 객관적 위법성론의 대립이 있다.

1) 메르켈의 주관적 위법성론

형법의 (성격 본질을 의사결정규범으로 이해하여[148)]) 위법성을 주관적인 의사결정규범에 대한 위반으로 본다. (경사승진)

책임능력자(= 규범의 수명자)의 행위만이 위법판단의 대상이 될 수 있다. 따라서 법규범의 의미 내용을 이해하지 못해서, 이에 따라 자기의사을 결정할 수 없는 책임무능력자(예 정신병자, 아동 등)의 행위는 위법하다고 할 수 없게 되므로, 정신병자의 공격에 대한 정당방위는 불가하게 된다(다만 긴급피난 가능).

2) 예링의 객관적 위법성론

형법의 (성격 본질을 평가규범으로 이해하여[149)]) 위법성을 객관적인 평가규범 위반으로 본다.

이 견해에 의하면 모든 사람이 규범의 수명자가 되므로, 책임무능력자의 행위라도 그것이 객관적인 법질서에 위반되는 행위이면 위법성이 인정되어 이들에 대한 정당방위가 가능하게 된다.

---

147) 위법성의 평가방법

구 분	객관적 위법성론	주관적 위법성론
의 의	위법성이란 객관적인 평가규범에 대한 위반을 의미한다는 견해	위법성이란 주관적인 의사결정규범에 대한 위반을 의미한다는 견해
평가방법	책임무능력자(정신병자 · 아동 등)의 침해도 평가규범에 위반하여 위법하므로, 이에 대한 정당방위가 가능	책임무능력자는 의사결정규범의 수범자가 될 수 없으므로, 이에 대한 정당방위는 할 수 없고 긴급피난만 가능

148) 행위반가치론.

149) 결과반가치론.

Ⅲ. 위법성조각사유

1. 의 의

위법성조각사유란 어떤 행위가 구성요건에 해당하나 특별한 사정에 의해 위법성을 배제시켜 주는 정당화사유를 말한다. /구성요건에 해당하는 행위는 위법하다는 잠재적 평가를 받게 되나(구성요건은 위법성의 징표), 만약 위법성조각사유가 없으면 확정적으로 위법하게 되고·있으면 징표되는 위법성을 깨뜨려 적법하게 된다.

2. 위법성조각사유의 종류

1) 형법상 위법성조각사유[150] (법원서기보)

정당행위(제20조), 정당방위(제21조), 긴급피난(제22조), 자구행위(제23조), 피해자의 승낙(제24조), 명예훼손죄에서 진실한 사실로서 오로지 공공의 이익을 위한 경우(제310조) 등[151]

2) 특별법상 위법성조각사유

모자보건법상 인공임신중절수술 (① 우생학적·유전학적 정신장애·신체질환 ② 전염성질환 ③ 강간(준강간) 임신 ④ 혈족·인척간 임신 ⑤ 모체 건강 심각히 해하는 경우), **형사소송법상** 현행범체포(제212조), **민법상** 점유권자의 자력구

150) 비교

위법성 조각사유	위법성 조각사유가 아닌 것
• 정당행위(제20조) • 정당방위(제21조) • 긴급피난(제22조) • 자구행위(제23조) • 피해자의 승낙(제24조) • 명예훼손죄의 사실의 증명(제310조)	• 강요된 행위 • 기대가능성 • 심신장애 • 과잉방위(임의 감면) • 오상방위(사실착오로 오인에 과실 있으면 과실범으로 처벌)

151) 위법성조각사유가 아닌 것에는 심신장애(심신상실자의 행위), 기대가능성이 없는 행위, 강요된 행위, 과잉방위, 오상방위 등이 출제된다. /우리형법상 위법성조각사유의 일반적·포괄적 기준은 사회상규(제20조)이다. (경위승진)

제(제209조) 등

문제. 다음 중 위법성이 조각되지 않은 경우는?(경찰 2차)

① 경찰이 범죄사실요지 체포이유를 불고지한 채 현행범을 강제로 체포하려 하자 반항하면서 몸싸움과정에서 경찰을 밀어 넘어 뜨려 상해한 경우[152]
② 노동조합이 노동위원회에 쟁의조정신청을 하여 조정절차가 마쳐지지 않은 채 조정기간이 끝나 쟁의행위에 이른 경우[153]
③ 간첩이 국가기밀을 수집하려 할 때 폭행협박으로 막은 경우
④ 피해자와 공모하여 교통사고를 가장하여 보험금을 편취할 목적으로 그 피해자의 승낙을 받고 그에 따라 피해자에게 상해를 가한 경우[154]

3. 위법성조각사유의 일반원리

모든 위법성조각사유에 대해 **통일된 일반원리**에 의하여 설명할 수 있는가? 그 원리는 무엇일까에 대해 근본적으로 **일원론**과 **다원론**이 대립된다.

1) 일원론

이 견해는 모든 위법성조각사유를 하나의 통일된 원리로 설명하고자 하는 입장으로 ① 목적설(행위반가치 입장) ② 사회상당성설(행위반가치 입장) ③ 법익교량설(결과반가치 입장) ④ 이익교량설(결과반가치 입장) 등이 있다.

2) 다원론

이 견해는 (일원론과는 달리) 개별적인 위법성조각사유에 따라 일반원리를 규명해야 한다는 설이다.

여기에는 **Mezger의 2분설**(피해자승낙과 추정적승낙은 **'이익흠결의 원칙'**, 그리고 기타 모든 위법성조각사유는 **'우월한 이익의 원칙'** 이 위법성조각사유 일반원

---

152) 대판 2006.11.23, 2006도2732(정당방위 인정).
153) 노동쟁의는 조정절차를 거쳐야 하는 것이 원칙이다. 다만 반드시 노동위원회가 조정절차를 한 뒤에 쟁의행위를 해야만 그 절차가 정당한 것은 아니다. 즉 조정이 종료되지 않은 채 조정 기간이 끝나면 (조정절차를 거친 것으로서) 쟁의행위를 할 수가 있다(대판 2003.12.26, 2001도1863).
154) 승낙이 있어도 위법목적 이용을 위한 것이어서 승낙을 했다고 하여 위법성 조각이 되지는 않는다(대판 2008.12.11, 2008도9606).

리라는 다원론의 대표 견해), Jescheck의 **다원설**(2분설은 행위효과라는 결과불법만을 고려한 것이므로, **행위불법**이라는 목적 사상도 고려를 주장하는 바, 즉 위법성조각사유 일반원리에 결과불법과 행위불법이 모두 고려되어야 한다는 견해) 등이 있다.

Ⅳ. 주관적 정당화요소

1. 의 의

주관적 정당화요소란 구성요건에 해당하는 행위의 위법성을 조각시키기 위해 필요한 행위자의 주관적 측면(예 정당방위의 방위의사, 긴급피난의 피난의사, 자구행위의 자구의사)을 말한다. 주관적 정당화요소는, 구성요건해당 행위의 행위반가치를 제거하는 기능을 한다.[155]

위법성이 조각되기 위해 이러한 주관적 정당화요소가 필요한가에 대해서는 객관적 정당화 상황(결과반가치를 상쇄시킬 예 강도를 당하고 있는 정당방위 상황)만으로 족하지 않고, 주관적 정당화요소가 필요하다는 것이 통설·판례의 입장이다.

2. 주관적 정당화요소 결여 효과 (경찰승진)

객관적 정당화상황만 있고 주관적 정당화요소가 없는 경우(예 피해자가 연탄가스에 질식 중인 사실을 모르고 재물손괴의사로 유리창을 깨뜨려 신선한 공기 덕분에 피해자가 죽지 않고 깨어난 경우)를 어떻게 취급할 것인가?

이에 대해서는 위법성조각설, 기수범설, 불능미수범설(객관적 정당화 상황이 존재하므로 결과반가치는 제거되나, 행위반가치는 존재하므로 구조상 유사한 제27조 불능미수규정을 유추적용해서 처벌하자는 다수설)이 대립하고 있다.[156]

---

155) 결과반가치의 제거는, 객관적 정당화 상황(요소)에 의해 이루어진다.

156) 객관적 정당화요소를 결한 경우는 오상방위(위법성조각사유 전제사실착오)문제가 된다. 우연방위(반전된 허용구성요건적 착오)는 방위의사 흠결되고 객관적 정당화상황만 존재한 경우로, 방위의사 없어 행위반가치가 배제되지 않고 현재 부당한 침해만 존재해 결과반가치만 배제된다. 그래서 불능미수와 유사하여 불능미수 규정을 유추적용할 수 있다고 한다.

제 2 절 정당방위

제21조[정당방위] ① 자기 또는 타인의 법익에 대한 현재의 부당한 침해를 방위하기 위한 행위는 상당한 이유가 있는 때에는 벌하지 아니한다.

Ⅰ. 의 의

1. 의 의

정당방위란 자기 또는 타인의 법익에 대한 현재의 부당한 침해를 방위하기 위한 상당한 이유가 있는 행위를 말한다.

정당방위는 (현재의 부당한 침해를 방해하기 위한 행위이므로) '부정 대 정'의 관계이다. (경사승진, 법원서기보)

2. 위법성조각의 근거

1) 자기보호의 원리

개인권적 측면에서 보아 인간은 긴급상황 하에서 타인의 위법한 침해로부터 스스로를 방위하는 것을 허용한다는 원리이다.

2) 법질서 수호의 원리

사회적 측면에서 보아 피침해자의 자기방위가 동시에 법질서를 파괴하려는 행위로부터 법질서를 수호한다는 원리이다. 이는 '법은 불법에 양보할 필요가 없다'는 사상에 기초한다.

Ⅱ. 정당방위의 성립요건

정당방위는 ① 자기 또는 타인의 법익에 대한 현재의 (위법)부당한 침해가 있을 것 (경찰1차) ② 방위하기 위한 행위일 것 ③ 상당한 이유가 있을 것이라는 세 가지 요건이 갖추어져야 성립한다. (경사승진, 7급 검찰)

1. 자기 또는 타인의 법익에 대한 현재의 부당한 침해

자기란 방위자 자신을 말하고 타인에는 자연인은 물론 법인, 법인격 없는 단체, 국가도 포함된다. 따라서 제3자를 위한 정당방위도 가능하다. (경사승진, 법원서기보)

법익이란 법에 의하여 보호되는 모든 이익으로서 형법상의 개인적 법익(예 생명, 신체, 명예, 재산, 자유, 비밀 등)은 물론 가족관계·애정관계 등과 같은 **형법에 의하여 보호되지 않는 법익**도 포함된다.

국가적·사회적 법익을 위한 **정당방위가 원칙적으로 부정**되고 /다만 예외적으로 국가가 그 기관에 의하여 스스로 보호조치를 취할 여유가 없는 급박한 경우(예 간첩이 국가기밀을 수집하려고 할 때 폭행·협박으로 수집 못하게 한 경우)에 정당방위가 허용된다. (경위승진)

2) (사람에 의한) 현재의 부당한 침해

침해란 법익에 대해 사람에 의한 공격 또는 그 위험을 말하며, 고의에 의한 침해는 물론 과실에 의하거나 책임무능력자에 의한 침해도, 여기에 해당한다. 여기서 침해는 (행위로서의 성질을 가져야 하므로) 반드시 사람에 의해 행해진 것이어야 한다.[157] 다만 동물에 의한 침해가 사람에 의해 사주된 경우에는 (동물을 도구로 한 사람의 침해이므로) 정당방위가 가능하다. (경위승진)

또한 침해 행위는, **작위**는 물론 보증인적 지위에 있는 자의 **부작위** (예 부부싸움으로 격분한 아내가 유방을 싸매고 유아에게 젖을 주지 않아 아사 직전에

157) 물건이나 동물의 침해는 여기의 침해가 아니다.

있는 경우)에 의해서도 가능하다(경위승진, 7급 검찰). /그러나 단순한 계약상의 채무불이행(예 임대차계약기간 만료 후 가옥을 명도하지 않은 임차인을 임대인이 폭력을 동운해 강제축출한 경우)에 대하여는, 정당방위가 있을 수 없다.

현재의 침해란 법익에 대한 침해가 (급박한 상태에 있거나, 바로 발생하였거나) 아직 계속되고 있는 것을 말한다. 따라서 과거의 침해·장래 예상되는 침해에 대해서는, 정당방위를 할 수 없다. (법원서기보) /침해행위가 이미 기수에 이른 경우에도, 법익침해가 현장에서 계속되는 상태(예 절도범이 자전거를 훔쳐 타고 달아나는 것을 보고 현장에서 추격하여 도품을 탈환하는 경우)에는 현재의 침해에 해당된다. (9급 검찰, 법원서기보) /침해의 현재성은 (방위행위 시가 아니라) 방위행위의 **효과발생 시를 기준**으로 결정한다. 예 절도방지를 위해 담에 철조망을 설치한 경우 (효과는 침해 시 나타나므로), 절도범이 침입하다 그 철조망에 걸려 다리를 다친 때도 현재 침해에 대한 방위행위에 해당한다. (7급 검찰)

부당한 침해란 위법한 침해를 의미하므로, 침해가 고의에 기한 것이든 과실에 기한 것이든 불문하며, (객관적 위법성론에 따라) 책임무능력자의 침해행위에 대해서도 정당방위가 가능하다(통설·판례). (7급 검찰) /그러나 적법한 침해(예 긴급피난·징계권 행사·정당방위)에 대해서는 정당방위를 할 수 없다. (경위승진) /싸움은 공격과 방어가 교차하기 때문에 '부정 대 정'의 관계가 아니어서 정당방위가 원칙상 부정된다. (법원서기보) 다만 싸움도 어느 일방이 당연히 예상되는 통상 수단을 넘어 침해한 경우(예 싸움 중 상대방이 갑자기 총을 꺼내 겨누자 상대방이 먼저 살해한 경우)에는 정당방위가 가능하다(판례).

2. 방위하기 위한 행위

1) 방위의사

방위의사란 부당한 침해를 인식하고 이를 배제할 의사로서 정당방위의 주관적 정당화요소이다. /방위의사와 더불어 증오심·복수심이 다소 있더라도, 방위의사가 주된 기능을 하는 한 정당방위가 성립한다.

타인을 위한 정당방위에 있어서, 그 타인에게는 방위 의사가 필요없다. 따라

서 그 '타인의 의사에 반해서도 정당방위를 할 수 있다'. (7급 검찰)

2) 방위행위

방위행위란 현재의 부당한 침해 그 자체를 배제하기 위한 반격행위를 말한다.

보호방위(침해에 대한 순수한 방어적 방위)와 공격방위(직접 반격행위를 하는 행위)를 포함한다. 방어행위에는 적극적 반격 등 반격 방어도 포함한다.[158)]

방위행위는 침해자나 그 도구에 대하여 행하여야 하며, (부당한 침해자에 대해서 가능하므로) 침해와 무관한 제3자에 대해서는 정당방위를 할 수 없다.

3. 상당한 이유(=방위행위의 상당성)

1) 방위의 필요성

방위행위는 침해를 즉시 효과적으로 제거할 수 있는 사실상 방어에 필요한 행위이어야 한다. 방위의 필요성 여부는 일체의 사정을 고려하여 구체적이고 객관적으로 판단한다.

방위행위가 방어를 위한 적합한 수단이어야 하고(=방위수단의 적합성) 여러 가지 가능한 수단 중에서 상대방에게 경미한 손해를 주는 수단을 택해야 한다(=최소침해의 원칙). 방위행위의 상당성이 결여된 경우(예 신발을 몰래 절도하는 거지에게 상해를 가한 경우)에는 과잉방위가 된다.

정당방위에서는, 보충성과 법익균형성의 원칙이 적용되지 않는다.[159)]

2) 사회윤리적 제한

① 의의

방위행위의 상당성이 인정되기 위해서는 정당방위가 사회윤리적으로 용인되는 (상당한) 방위행위이어야 하며, 사회윤리·법질서 전체의 견지에서 보아 용인되지 않는 때에는 정당방위는 제한되어야 한다.

---

158) 김보은 양 사건, 대판 1992.12.22., 92도2540.

159) 정당방위는 '부정 대 정'의 관계로 개인의 법익에 대한 보호뿐만 아니라 법질서의 수호를 위하여도 인정되는 것이므로 /긴급피난의 경우와 같은 보충성 원칙이나 법익균형성 원칙의 적용을 요하지 않는다.

② 정당방위 제한의 유형

책임 없는 자(예 정신병자, 어린아이, 만취된 자)의 침해에 대해서는 /피할 수 없는 막다른 경우에 한해, 정당방위가 허용된다. 따라서 정신병자가 달려들자 칼로 찔러 살해한 경우, 정당방위가 인정되지 않는다.

보증관계에 있는 자(예 부부, 부자 관계)의 침해에 대해서는 /피할 수 없는 때에 한하여 정당방위가 가능하다. 따라서 피할 수 있는 경우(예 부부싸움 중 처가 재떨이를 던지려 하자 남편이 칼로 찔러 처를 살해한 경우)에는, 정당방위가 인정되지 않는다.

극히 경미한 침해에서 침해법익과 보호법익 사이에 현저한 불균형이 있는 경우(예 단순절도범을 흉기로 찔러 중상해를 입히고 절도물을 회수한 경우)에는, 정당방위가 허용되지 않는다.

목적에 의해 도발된 침해(=정당방위 상황을 이용하여 공격자를 가해할 목적으로 공격을 유발시킨 경우)에 대한 정당방위는 성립하지 않는다. 예 상대방을 살해할 목적으로 상대방으로 하여금 자기를 공격하게 한 후, 방위행위를 이용하여 상대방을 살해한 경우는 정당방위가 부정된다. (7급 검찰)

책임 있는 도발된 침해(=침해에 대하여 방위자에게 책임이 있는 경우)에 대해서는, 공격을 피할 수 없거나 다른 방법으로는 방위할 수 없는 경우(예 정사 현장을 목격한 남편이 칼로 찌르려 하자 정부가 다급한 나머지 남편을 타살한 경우)에만, 정당방위가 제한적으로 허용된다.

Ⅲ. 정당방위의 효과

정당방위의 요건을 구비한 경우에는 방위행위가 비록 범죄의 구성요건에는 해당하더라도 위법성이 조각되어 범죄가 성립하지 않는다. (법원서기보)

정당방위에 대한 정당방위는, 허용되지 않는다. (경위승진)

Ⅳ. 과잉방위와 오상방위

1. 과잉방위

제21조[과잉방위] ② 방위행위가 그 정도를 초과한 때에는 정황에 의하여 그 형을 감경 또는 면제할 수 있다. ③ 전항의 경우에 그 행위가 야간 기타 불안스러운 상태 하에서 공포, 경악, 흥분 또는 당황으로 인한 때에는 (**책임성 조각**으로) 벌하지 아니한다.

과잉방위란 정당방위 상황은 존재하나 방위행위가 지나쳐 상당한 정도를 초과한 경우(예 자기의 재물을 절취하는 자를 권총으로 사살한 경우)이다. 여기에는 고의의 과잉방위와 과실의 과잉방위가 모두 포함된다.

과잉방위는 (방위행위의 상당성이 결여된 경우이므로) 위법성이 조각되지 않고 위법하다. 다만 과잉방위는 위법이나 정황에 의하여 책임이 감경되어 형을 감경 또는 면제할 수 있고(=임의적 감면), (법원서기보) /과잉방위가 야간 기타 불안스러운 상태 하에서 공포, 경악, 흥분 또는 당황으로 인한 때에는 적법행위의 **기대가능성의 결여로** 책임이 조각되어 벌하지 않는다.

2. 오상방위

오상방위란 객관적으로 정당방위의 요건이 구비되지 않았음에도 불구하고 주관적으로 그와 같은 요건이 구비되었다고 오인하여 방위행위를 한 경우(예 A와 B가 다투던 중 A가 B를 칼로 살해하려는 것을 C는 B가 A를 죽이려는 것으로 오인하고 방위하기 위하여 권총으로 B를 살해한 경우)를 말한다. (경장승진)

오상방위는 객관적으로 정당방위의 요건이 존재하지 않는 경우이므로 위법성 조각사유에 해당하지 않는다.

오상방위는 **위법성조각사유의 전제사실에 관한 착오** 문제로서, 이를 사실착오로 보는 견해(고의설, 소극적 구성요건표지이론, 제한적 책임설)와 법률착오로 보는 견해(엄격책임설)가 대립한다. 다수설인 제한적 책임설에 의하면 (고의범은 불성립하고) 오인에 과실이 있으면 **과실범으로 처벌**될 수 있을 뿐이라 한다. (경감승진)

3. 오상과잉방위

오상과잉방위란 부당한 침해가 없음에도 이를 존재한다고 오인하고 상당성을 초과하는 방위행위를 하는 경우(= 오상방위와 과잉방위 결합 경우)이다.

다수설은, 오상과잉방위를 오상방위의 문제로 취급하고 있다.

문제. 정당방위에 대한 설명으로 옳은 것은 (판례)? (경찰 2차)

① 피고인이 동거중인 피해자 지갑에서 현금을 꺼내가는 것을 피해자가 현장에서 목격하고 만류하지 않았다면 절도죄를 구성하나[160] 피해자의 승낙으로 위법성이 조각된다.

② 자신의 남편과 이혼소송 중 남편이 만나는 여자와 그 여자방에서 간통할 것이라는 추측하에 증거확보차원에서 그들의 간통현장을 직접보고 현장사진을 촬영할 목적으로 그 여자방에 침입한 경우 정당방위에 해당한다.[161]

③ 가해자행위가 피해자 부당한 공격을 방위하기 위한 것이라기보다는 서로 공격의사로 **싸우다가** 공격을 받고 이에 대항하여 가해하게 된 것이라면 그 가해행위는 정당방위는 될 수 없고 과잉방위에 해당한다.[162]

④ 산부인과 의사가 임신의 지속이 임산부의 건강에 위험을 초래할 우려가 현저할 뿐만이 아니라 기형아 또는 불구아를 출산할 가능성이 있다고 판단해서 부득이 낙태 수술을 한 경우 정당방위 또는 긴급피난에 해당하여 위법성이 없는 경우가 된다.

---

160) (묵시적 허용의사로 인해) 절도죄를 구성하지 않는다(대판).

161) 정당방위에 해당하지 않는다(대판 2003.9.26, 2003도3000).

162) **싸움에서는** 상대행위를 부당한 침해라 하고 **피고인의 행위만 방어행위라고 할 수 없다**(대판). 싸움에서는 정당방위도, 과잉방위도 아니다.

제3절 긴급피난

제22조[긴급피난] ① 자기 또는 타인의 법익에 대한 현재의 위난을 피하기 위한 행위는 상당한 이유가 있는 때에는 벌하지 아니한다.

② 위난을 피하지 못할 책임이 있는 자에 대하여는 전항의 규정을 적용하지 아니한다.

③ 전조 제2항과 제3항의 규정은 본조에 준용한다.

Ⅰ. 의 의

1. 의 의

긴급피난이란 자기 또는 타인의 법익에 대한 현재의 위난을 피하기 위한 상당한 이유가 있는 행위(예 브레이크 고장으로 인도로 뛰어드는 자동차를 피하려고 상점의 유리문을 부순 경우)를 말한다.]

긴급피난은 '정 대 정'의 관계이고 현재의 위난에 대한 **사전적**인 것이나, /자구행위는 '부정 대 정'의 관계이고 이미 침해된 청구권을 보전하기 위한 **사후적**인 것이라는 점에서 다르다.

정당방위와 긴급피난은 아래와 같이 서로 다르지만, 상당성은 모두 있어야 한다. (법원서기보)

구 분	정 당 방 위	긴 급 피 난
본질적 차이	**'부정 대 정'**의 관계	**'정 대 정'** 의 관계
근 거	자기보호의 원리 법 수호의 원리	이익교량의 원칙 목적설[163]
법익의 범위	국가적·사회적 법익 **제외**	국가적·사회적 법익 **포함**
침해의 원인	사람의 행위	위난(행위성 불요)
행위의 대상	침해자	침해자, 제3자
법익균형성**	불요	**필요**
보충성 [164]**	불요	**필요**

2. 긴급피난의 본질

1) 책임조각설

긴급피난 행위는 무고한 제3자의 법익을 침해하는 것이기 때문에 위법하지만 자기유지의 본능으로서 적법행위에 대한 기대가능성이 없기 때문에 책임이 조각된다는 견해이다. /이 설에 의하면 긴급피난에 대해 정당방위가 가능하다.

2) 이분설

이 설에는 ① 사물에 대한 긴급피난은 위법성조각사유이고, 사람의 생명·신체에 대한 긴급피난은 책임조각사유라는 견해 ② 우월적 이익의 원칙이 적용되는 경우의 긴급피난은 위법성조각사유이고, 동가치법익의 경우는 책임조각사유라는 견해 등이 있다.

3) 위법성조각설

긴급피난 행위로 보호받는 이익이 침해받는 이익보다 우월할 때에는 위법성이 조각된다는 견해(통설)이다. /이 설에 의하면 긴급피난에 대하여는, (정당방위가 불가능하고) 긴급피난만이 가능하다.

이 설은 긴급피난의 위법성조각의 근거로, **이익교량 원칙**(보다 가치 있는 법익을 보호하기 위한 유일한 수단이 되는 긴급피난은 적법하다는 원칙)과 **목적설**

163) 정당하게 승인된 목적에 적합한 수단은 적법이라는 견해이다.
164) 자구행위, 추정적 승낙의 경우에도 보충성이 요구된다.

(정당하게 승인된 목적에의 적합한 수단은 위법하지 않다는 것)을 든다.

Ⅱ. 긴급피난의 성립요건

긴급피난이 성립되려면 ① 자기 또는 타인의 법익에 대한 현재의 위난이 있고 ② 그 위난을 피하기 위한 행위(피난행위)가 있어야 하며 ③ 피난행위는 상당한 이유가 있어야 한다.

1. 자기 또는 타인의 모든 법익에 대한, 현재의 위난

1) 자기 또는 타인의 법익

피난행위로 보호될 수 있는 법익은, 법에 의하여 보호되는 자 또는 타인의 모든 법익이다. /사회적 법익·국가적 법익을 위한 긴급피난이 가능하다는 점에서, 정당방위와 구별된다.

2) 현재의 위난

① 위난의 발생원인 : (정당방위와는 달리) 사람의 행위에 의한 것은 물론 자연현상이건 동물에 의한 침해이건 불문하며, 위난이 위법하거나 부당할 것을 요하지 않는다. /따라서 위법 · 부당한 위난에 대해서는, 정당방위는 물론 긴급피난도 가능하다. (7급 검찰)

② 자초위난 : 현재의 (자초)위난이 피해자의 책임 있는 사유(과실)로 발생한 경우에는, 상당성이 인정되는 한 긴급피난이 가능하다. /다만 (목적 또는) **고의**에 의한 자초위난에 대하여는, 긴급피난이 허용되지 않는다.[165]

③ 위난의 현재성 : 현재의 위난이란, 위난이 임박하였거나 이미 시작되었거나 계속 중인 경우이다.[166] 이에 대한 판단은 구체적인 상황에 따라 객관적으로 한다.

---

165) 과실에 의한 자초위난에 대해서는, 긴급피난이 허용된다.

166) 과거 · 장래의 위난은 긴급피난이 허용되지 않는다 (다만 계속적 위난은 긴급피난이 가능하다).

2. 위난을 피하기 위한 행위

1) 피난의사(=주관적 정당화 요소[167])

2) 피난행위

① 피난행위의 태양 : (현재의 위난을 모면하기 위한) 방어적 긴급피난, 공격적 긴급피난 등이 있다.

② 피난행위의 상대방 : (침해자만을 대상으로 하는 정당방위와는 달리) 위난을 유발한 자는 물론(=방어적 긴급피난의 경우), 그 위난과 관계없는 제3자에 대하여도 (=공격적 긴급피난의 경우) 행해질 수 있다.

3. 상당한 이유

상당한 이유란 피난행위가 사회상규에 비추어 당연시되는 경우이다.

긴급피난은 '정 대 정'의 관계이므로 ('부정 대 정'의 관계인 정당방위에서는 불필요한) 보충성과 법익균형성의 원칙이 긴급피난에서는 엄격하게 요구된다. (경감승진, 7급 검찰)

1) 보충성 원칙과 상대적 최소피난 원칙

(긴급피난은 정 대 정의 관계이므로) 피난행위는 위난에 처한 법익을 보호하기 위한 유일한 수단이어야 하고(=보충성의 원칙), 부득이 피난행위를 하는 경우에도 피해자에게 가장 경미한 피해를 주는 방법을 택해야 한다(=상대적 최소피난의 원칙). /따라서 긴급피난은 (보충성 원칙이 적용되므로) 다른 방법으로 법익보전이 가능한 경우에는, 인정되지 않는다. (7급 검찰)

2) 법익균형성의 원칙(=우월한 이익의 원칙)

긴급피난에 의하여 보호되는 법익이 침해되는 법익보다 본질적으로 우월하여야 한다. /따라서 보호되는 이익과 침해되는 이익이 동등한 동가치의 법익인 경우는, (상당성이 부정되어) 위법성 조각이 되지 않는다. 다만 예외적으로 면책적 긴급피난, 즉 책임조각만이 가능하다.[168]

---

167) 행위반가치를 조각한다.

3) 적합성의 원칙

피난행위는 위난을 피하기 위한 적합한 수단이어야 한다. 즉 피난행위는 사회적으로 그리고 윤리적으로 적합한 수단이어야 한다(=사회윤리적 적합성).[169)]

예 의사가 신장수술을 안 하면 생명이 위험한 환자를 구하려고 타인의사에 반해서 신장을 이식하여 환자생명을 구한 경우이지만, 의사는 **상해죄**가 된다.

Ⅲ. 긴급피난의 효과

1. 위법성조각

긴급피난 행위는 구성요건에 해당하여도 위법성을 조각으로 인해 범죄가 성립되지 않고 벌하지 아니한다(제22조 ①).

2. 긴급피난에 대한 긴급피난 가능

긴급피난은 정당한 행위 (즉 적법)이므로, 긴급피난에 대한 (정당방위는 불가능하고) 긴급피난만이 가능하다.

Ⅳ. 긴급피난의 특칙

1. 원 칙

위난을 피하지 못할 책임이 있는 자에게는 긴급피난이 허용되지 않는다.[170)] 여기서 위난을 피하지 못할 책임 있는 자란, 경찰관·소방관·군인·의사·선장

---

168) 이에 대한 사례로 1884년 난파한 배 '미뉴넷호'의 구명보트를 타고 살아남은 선원들이 굶주림을 못 견뎌 동료 선원을 살해 후 식용한 사건을 드는 경우가 많다. 다만 영국법원은 극도의 기아로 무고한 생명을 희생시킨 살인의 정당성을 부정(does not justify murder)하고 살인죄를 인정한 바 있다. R v. Dudley and Stephens (1884) 14 뿡 273 DC 참조.

169) 다만 법익에 대한 위난을 방지하기 위한 법적 절차가 마련되어 있을 때는, 그 법적 절차에 따라야 한다.

170) 다만 (죽음을 감수해서 반드시 금한다는) 절대적 금지는 아니다.

등 그 의무수행에 있어 일정한 위난을 감수할 의무가 있는 자를 말한다.

2. 예 외

그러나 이 특칙은 특별한 의무 때문에 일반인과 같은 조건에서의 긴급피난을 불허할 뿐이지, 긴급피난을 절대적으로 금지하는 것은 아니다. /따라서 감수해야 할 **감수의무를 초과하는 자기의 위난**에 대해서는 **긴급피난을 할 수** 있다.

Ⅴ. 과잉피난 및 오상피난

1. 과잉피난

과잉피난이란, 피난행위가 상당한 정도를 초과한 경우로서, 위법성이 조각되지 않는다.

다만 책임이 감경·소멸되어 정황에 따라 형을 감경·면제할 수 있고(=위법하지만 책임은 **임의적 감면**), /특히 야간 기타 불안스런 상태에서 공포·경악·흥분 또는 당황으로 인한 경우는 기대가능성이 없어 **책임조각**으로 벌하지 않는다.

2. 오상피난

오상피난이란 객관적으로 긴급피난의 요건이 존재하지 아니함에도 불구하고 그것이 존재한다고 오인하고 피난행위를 한 경우이다.

오상피난도 (오상방위와 마찬가지로) 위법성조각사유의 전제사실에 관한 착오 문제가 된다.

Ⅵ. 의무의 충돌

1. 의 의

의무의 충돌이란 2개 이상의 의무를 동시에 이행할 수 없는 긴급상태 하에서 하나의 의무를 이행하느라 다른 의무를 방치한 결과, 그 방치한 의무불이행이 구성요건에 해당하는 경우(예 아버지가 물에 빠진 두 아들 중 한 아들을 구하다 보니 다른 아들이 익사한 경우)를 말한다.

2. 범 위

작위의무와 작위의무의 충돌이, 전형적인 의무의 충돌에 해당한다.[171]

작위의무와 부작위의무의 충돌에 대해서는, 의무의 충돌이라고 볼 것인가에 대해 긍정설과 부정설의 대립이 있다.

3. 법적 성질

의무충돌의 법적 성질에 대해서는 (사회상규에 반하지 않는 정당행위로서 독립된 위법성조각사유로 보는 견해가 있으나), **긴급피난의 특수한 형태로 보는 것**[172]이 다수설의 입장이다.

제 4 절 자구행위

제23조[자구행위] ① 법정절차에 의하여 (자기) 청구권을 **보전**[173]하기 **불능**[174]한 경우(=보충성 요구)에, 그 청구권의 **실행 불능** 또는 현저한 **실행 곤란 (=2중 긴급성)**을 피하기 위한 행위는 상당한 이유가 있는 때에는 벌하지 아니한다.
② 전항의 행위가 그 정도를 초과한 때(=**과잉**자구행위)는 그 정황에 의하여 형을 감경·면제할 수 있다(=위법하지만 책임은 **임의적 감면** 가능).[175]

---

171) 부작위의무와 부작위의무의 충돌은, (행위자가 둘 이상의 부작위의무를 동시에 이행할 수 있으므로) 의무의 충돌이 아니다.

172) 긴급피난으로 보는 이상, 충돌의 원인은 불문한다.

173) 보전이지, '실현'이 아니다.

174) 생명·신체·자유·명예·정조는 제외된다.

175) 과잉자구행위에는 (정황에 따른 임의적 감면규정은 있으나), (정당방위 및 긴급피난의 경우처럼) 야간 기타 불안스러운 상태의 경우 책임 조각을 인정하여 처벌하지 않는 규정은 없다.

Ⅰ. 의 의

1. 의 의

자구행위란 법정절차에 의하여 청구권을 보전하기 불능한 경우에, 그 청구권의 실행불능 또는 현저한 실행곤란을 피하기 위하여, 자력으로 행사하는 청구권 보전행위로 상당한 이유가 있는 경우(예 수일 전에 도난당한 자기 오토바이를 가지고 있는 사람을 발견하고 추적 끝에 완력으로 그 오토바이를 탈환한 경우)이다. (9급 검찰)

2. 정당방위 · 긴급피난과의 구별

1) 부정 대 정의 관계

자구행위는 청구권에 대한 불법한 침해에 대한 자기보전행위이므로 '부정 대 정'의 관계이다.

이 점은 정당방위와 같고/ '정 대 정'의 관계인 긴급피난과는 구별된다.

2) 사후적 긴급행위

자구행위는 이미 침해된 청구권을 구조하기 위한 사후적 긴급행위라는 점에서 /현재의 부당한 침해 또는 현재의 위난에 대한 사전적 긴급행위인 정당방위 · 긴급피난과 구별된다.

3) 법익균형성 불필요 · 보충성 필요

자구행위는 '부정 대 정'의 관계이므로 (긴급피난과 같은) 엄격한 이익형량을 요하지 않는다는 (**법익균형성 불필요**한) 점에서 정당방위와 같고, /법정절차에 의하여 청구권을 보전하는 것이 불가능한 때에만 허용되는 **보충성을 필요**로 한다는 점에서는 긴급피난과 같다.

정 당 방 위	긴 급 피 난	자 구 행 위
'부정 대 정'의 관계	**'정 대 정'**의 관계	'부정 대 정'의 관계
현재의 부당한 침해에 대한 '사전적 긴급행위'	현재의 위난에 대한 '사전적 긴급행위'	과거의 부당한 침해에 대한 **'사후적 긴급행위'**
보충성 불필요, 법익균형성 불필요	보충성 · 법익균형성 모두 (가장 엄격하게) 필요	**보충성 필요**, /('부정 대 정'의 관계이니까) 법익균형성 불필요

정당방위・긴급피난・자구행위는 긴급행위이고, 공통으로 '주관적 정당화요소(예 방위의사, 피난의사, 자구의사) 및 상당한 이유'가 있어야 한다. (경위승진)

3. 위법성조각의 근거

법치국가에서 권리침해의 구제는 국가권력에 의존하는 것이 원칙이다.

다만 공권력으로는 자신의 청구권 보전이 불가능하거나 현저히 곤란한 긴급상황의 경우 개인에게 국가권력대행 권리가 (법에 의거) 부여되는데 이러한 **국가권력의 대행이라는 근거**에 의해 자구행위는 위법성 조각이 된다고 본다.

Ⅱ. 자구행위의 성립여부

자구행위는 ① 법정절차에 의하여 청구권 **보전이 불가능**한 경우일 것 ② 청구권의 **실행불능**, 현저한 **실행곤란**을 피하기 위한 행위일 것 ③ 상당한 이유가 있을 것의 요건이 갖추어져야 한다.

1. 법정절차에 의하여 자기의 청구권 보전이 불가능한 경우일 것

1) 청구권

청구권이란 타인에게 일정한 작위 또는 부작위를 요구할 수 있는 사법상의 권리를 말하며 /재산상의 청구권(예 채권적・물권적 청구권, 무체재산권)은 물론 친족권・상속권에 기한 청구권도 포함된다.

다만 여기의 청구권은 원상회복이 가능한 것만 대상으로 하며, 한번 침해되면 원상회복이 어려운 생명・신체・자유・명예・정조 등은 제외된다. (경감승진)

또한 (청구권은 자기의 청구권이어야 하므로) 타인의 청구권을 위한 자구행위는, 원칙적으로 허용되지 않는다. (7급 검찰, 경사승진) /다만 청구권자로부터 자구행위의 위임 받은 경우(예 여관 주인이 사원을 시켜서 숙박비를 지불하지 않고 도주하는 손님을 잡아 숙박비를 받는 경우)는, 예외적으로 **타인을 위한 자구행위**가 가능하다. (9급 검찰)

2) 청구권에 대한 불법한 침해가 있을 것[176]

자구행위는 사후적 긴급행위이므로 (명문 규정은 없으나) 청구권에 대한 침해는 **과거의 부당한 침해**이어야 한다. 예 절도 피해자가 상당한 시일이 경과한 후에 그 재물을 탈환하는 경우에는, 과거의 침해이므로 자구행위가 가능하다.

한편 절도현장에서부터 추격하여 재물을 탈환하는 경우에는, (침해의 현재성을 인정할 수 있으므로) **정당방위**가 성립된다.

3) 법정절차에 의한 청구권의 보전이 불가능

법정절차란 통상 민사소송법상의 가압류 · 가처분 등의 보전절차를 의미한다.

법정절차에 의한 청구권보전의 불가능이란 장소 · 시간 관계상 공적 구제를 기다릴 여유가 없고 나중에 공적 수단에 의하더라도 그 실효를 거두지 못할 긴급한 사정이 있는 경우를 말한다(= 자구행위의 **보충성**).

따라서 법정절차로 청구권 보전이 가능한 부동산 명도청구 · 토지 반환청구 또는 점유사용권의 회복을 위한 자구행위는, 허용되지 않는다.[177] (9급 검찰)

2. 청구권의 실행불능 또는 현저한 실행곤란을 피하기 위한 행위일 것

1) 청구권의 실행불능 또는 현저한 실행곤란

자구행위가 성립하기 위해서는 법정절차에 의한 청구권 보전이 불가능한 긴급사정 이외에 즉시 자력으로 구제하지 않으면 나중에 청구권의 실행이 불가능

---

176) 채권자가 강제집행에 의해 점유이전 받아 점유하는 방실에 채무자가 무단침입한 경우 주거침입죄가 된다. 적법한 강제집행에 대해서는 정당방위나 자구행위가 인정될 수 없다.

177) 암매장한 분묘라도 (당국의 허가없이) 자구행위로써 발굴 · 개정할 수 없다(대판). 토지 소유자가, 피해자가 운영하는 회사에 대해 그 토지의 인도 등을 구할 권리가 있다는 이유로 위 회사로 들어가는 진입로를 폐쇄한 사례에 대해, 대법원은 자구행위를 부정하였다(대판 2007.5.11, 2006도4328).

하거나 현저하게 곤란한 긴급 사정이 있어야 한다(=자구행위의 2중의 긴급성).

따라서 법정절차에 의한 청구권 보전이 불가능하더라도 청구권에 대하여 충분한 인적·물적 담보가 있는 경우 (예 보증인이 있는 채권, 저당권이 설정되어 있는 채권, 신원보증인이 있는 손해배상청구권 등)에는 자구행위가 허용되지 않는다. (경위승진)

2) 피하기 위한 행위일 것

① 자구행위 : 자구행위는 청구권의 실행불능 또는 실행곤란을 **피하기 위한 행위**여야 한다. 따라서 자구행위는 **청구권 (실행행위가 아닌) 보전**행위이다. (경감승진). 따라서 보전의 범위를 벗어나 청구권을 실현하기 위한 행위(예 재산을 임의로 처분하거나 이행을 받아 스스로 변제에 충당하는 등)는, 자구행위에 해당하지 않는다.

② 자구의사(=주관적 정당화 요소) : 자구의사, 즉 청구권의 실행불능 또는 현저한 실행곤란의 상황을 피하기 위한 의사가 있어야 한다.[178]

3. 상당한 이유가 있을 것

이는 자구행위가 객관적으로 사회상규에 비추어 당연시되는 것을 말한다.[179]

1) 보충성의 원칙

자구행위는 법정절차에 의하여 청구권을 보전할 수 없는 경우에만 허용(=보충성의 원칙)된다. 이는 부정 대 정의 관계이지만 형법 제23조의 명문규정에 따라 보충성이 요구된다.[180]

2) 적합성의 원칙

정당한 목적을 위한 상당한 수단이어야 하므로, 사회윤리적으로 용인될 수 있어야 한다.

---

178) (특수절도 예 석고납품 후 도주한 화랑주인에게 돈 못 받자 문 뜯고 몰래 물건 가져온 사건 등) 강제적 채권추심·물품의 강제취거행위는 자구행위가 아닐 수 있다.

179) 자구행위는 '부정 대 정'의 관계이므로, 엄격한 법익균형성의 원칙은 요하지 않는다.

180) 상대방에게 가장 경미한 피해를 주는 방법을 사용하여야(=최소침해의 원칙) 한다고 주장하는 견해도 있다.

Ⅲ. 자구행위의 효과

1. 위법성 조각

자구행위는 위법성을 조각하므로 구성요건에 해당하는 행위가 있더라도 범죄가 성립되지 않아 처벌되지 않는다.

2. 자구행위에 대한 정당방위 불가

자구행위는 위법성이 조각되어 적법한 행위가 되므로, 이에 대한 정당방위는 허용되지 않는다.

Ⅳ. 과잉자구행위 및 오상자구행위

1. 과잉자구행위

자구행위가 상당성 초과한 경우로서, 이는 자구행위가 아니다. 따라서 위법성 조각사유가 아니지만, 정황에 의해 형을 감경 또는 면제할 수 있다. (경사승진).

그러나 형법 제21조 제3항(야간 기타 불안한 상태에서 공포, 경악, 흥분, 당황으로 과잉행위를 한 경우에는 벌하지 아니한다)은 (정당방위 및 긴급피난과는 달리) 자구행위에는 준용되지 않는다.

2. 오상자구행위

자구행위의 객관적 요건이 존재하지 아니함에도 불구하고 그것이 존재한다고 오신하고 자구행위를 한 경우로서, 이는 (위법성조각사유가 아니고) 위법성조각사유의 전제사실에 관한 착오의 문제이다.

문제. 다음 중 위법성이 조각되지 않는 것은? (경찰 2차)

① 노동조합이 노동위원회에 노동쟁의조정신청을 하여 조정절차가 마쳐지지 않은 채 조정기간이 끝나 쟁의행위에 이른 경우[181]

② 경찰이 체포이유를 고지하지 않고 현행범을 강제로 체포하려하자 반항하면서 몸싸움을 하는 과정에서 경찰을 밀어 넘어뜨려 상해를 입힌 경우182)
③ 천주교사제가 범인을 고발하지 않은 경우183)
④ 소유권귀속에 관한 분쟁이 있어 민사소송이 계속중인 건조물에 관해 현실적으로 관리인이 있음에도 그 건조물의 자물쇠를 쇠톱으로 절단하고 침입한 경우184)

제 5 절 피해자의 승낙

제24조[피해자의 승낙] 처분할 수 있는 자의 승낙에 의하여 그 법익을 훼손한 행위는 (법률에 특별한 규정이 없는 한) 벌하지 아니한다.

Ⅰ. 의 의

1. 의 의

피해자의 승낙이란 피해자가 가해자(타인)에게 자기의 처분할 수 없는 법익을 침해하도록 허락하는 것을 말하며, 구성요건에 해당하는 행위의 위법성을 조각시키는 사유에 해당한다.

피해자의 동의가 구성요건에 해당하는 행위의 위법성을 조각시키는 경우를 **승낙**이라고 하며(=**위법성** 조각), 동의가 있으면 처음부터 구성요건 해당성조차 없는 경우를 **양해**라고 한다(=**구성요건해당성** 자체를 조각).

181) 노동쟁의는 조정절차를 거쳐야 하나, 반드시 노동위원회가 조정결정을 한 뒤에 쟁의를 해야만 정당한 것은 아니다. 노조가 조정신청을 하여 조정이 종료되지 않은 채 (즉, 조정결정은 없지만) 조정기간이 끝나면 조정절차를 거친 것이 되므로, 쟁의행위를 할 수는 있다(대판 2003.12.26, 2001도1863).

182) 정당행위로 위법성이 조각된다(대판 2006.11.23, 2006도2732).

183) 다만 적극적으로 은신처를 마련해주고 도피자금을 제공하는 경우라면, 이미 정당한 직무를 초과한 행위로서 (사회상규에 반하여) 위법성이 조각되지 않는다(대판).

184) 이는 법정절차에 의해 그 권리를 보전하기 곤란하고 권리의 실행불능·현저한 실행곤란을 피하기 위한 상당한 이유가 있는 행위라고 할 수 없다(대판). 소송으로 진행하고 있어, 보충성 결여에 해당하여 위법성이 조각되는 자구행위가 아니다.

피해자 동의가 구성요건해당성 자체를 조각하는 경우(피해자의 **양해**)	• 구성요건이 피해자의 의사에 반하는 때에만 실현될 수 있도록 규정되어 있는 범죄 • 강간죄, 주거침입죄, 강제추행죄, 절도죄[185], 횡령죄, 손괴죄, 비밀침해죄 등(형법 각칙상 개인의 자유·재산을 보호하기 위한 죄의 대부분)
피해자 동의가 있으면 (구성요건에 해당하나) 위법성조각 되는 경우	• 피해자의 **승낙**에 의한 행위(제24조) • 상해죄, 폭행죄, 감금죄 등

2) 피해자의 동의가 있어도 범죄성립이 되는 경우

유 형	형 법 규 정
피해자의 동의가, 형의 감경사유에 해당하는 경우	• 일반살인죄(제205조 ①)에 대한 **촉탁·승낙 살인죄**(제252조 ①) • 일반건조물방화죄(제166조 ①)에 대한 **자기소유 일반건조물방화죄**(제166조 ②) • 일반물건방화죄(제167조 ①)에 대한 **자기소유 일반물건방화죄**(제167조 ②)
피해자의 동의가 있어도, 범죄성립에 영향이 없는 경우	• 13세 미만에 대한 간음·추행죄(제305조 ①)[186] • 피구금자에 대한 간음죄(제303조)

피구금자는 공포 또는 심리적 열등감 때문에 폭행·협박 또는 위계나 위력의 수단에 의하지 않아도 성적 자유가 침해될 수 있음을 고려하여 피해자의 승낙이 있더라도 피구금자간음죄는 성립한다. (경감승진, 9급 검찰)

피해자의 승낙은 승낙의 의미를 이해할 수 있는 피해자의 자유로운 의사에 의하여 이루어져야 한다. 13세 미만자에 대한 간음·추행죄는 13세 미만자의 간음에 관한 승낙이 있어도 성립하는데 이는 13세 미만자에게는 승낙 능력이 없기 때문이다. (법원서기보)

185) 동거녀가 지갑에서 현금을 꺼내가는 것을 목격하고도 만류하지 않았다면, 허용되는 묵시적 의사가 있었다고 본다(절도죄 부정) : 밍크(족제비) 45마리에 대해 자기에게 권리가 있다고 주장하면서 이를 가져간데 대해 묵시적 동의가 있었다면 피고인 주장이 나중에 허위임이 밝혀졌더라도 피고인의 행위는 절도죄의 절취행위에 해당하지 않는다(대판).

186) 13세 이상~16세 미만 간음추행죄는, 가해자가 19세 이상이어야 한다(제305조 ②).

Ⅱ. 피해자의 승낙의 성립여부

피해자의 승낙이 성립되기 위해서는 ① 법익을 처분할 수 있는 자의 유효한 승낙이 있을 것 ② 행위자가 승낙사실을 인식하고 법익침해행위를 하였을 것 ③ 법률에 특별한 규정이 없을 것 등 세 가지를 갖추어야 한다.

1. 법익을 처분할 수 있는 자의 유효한 승낙이 있을 것

1) 승낙주체(=승낙자)

승낙주체는 법익을 처분할 수 있는 자이어야 한다. 즉 승낙은 원칙적으로 해당 법익의 주체가 해야 한다. 다만 법적으로 처분권이 인정된 자(예 법정대리인)는 예외적으로 승낙주체가 될 수 있다. (경감승진, 7급 검찰)

2) 승낙의 대상이 될 수 있는 법익

법익 주체가 자유로이 처분 가능한 개인적 법익에 한한다. 다만 생명이나 병역회피 목적의 상해 · 보험사기 목적의 상해[187] 등은 위법성 조각이 되지 않는다. (7급 검찰).

(국가적 · 사회적 법익은 승낙의 대상이 아니므로) 예 피무고인이 무고사실에 대하여 승낙한 경우, 현주건조물방화에 있어서 피해자가 승낙한 경우 등은, 피해자의 승낙에 해당하지 않는다.

3) 유효한 승낙

승낙은 승낙의 의미와 내용을 이해할 수 있는 자(= 승낙능력자)의 승낙이어야 한다. (7급 검찰) 따라서 정신병자 · 아동 · 만취자의 승낙은 유효한 승낙이 아니다.

승낙은 자유로운 의사에 의한 진지한 것이어야 한다. 따라서 사기 · 강박 · 착

187) 대판 2008.122.11, 2008도9606(피고인이 피해자와 공모하여 교통사고를 가장 보험금 편취 목적으로 피해자에게 상해를 가했다면 피해자의 승락이 있었더라도 이는 위법목적에 이용하기 위한 것이므로 위법성 조각이 되지 않는다). (경찰 2차)

오에 의한 승낙은, 그 효력에 문제가 있게 된다.

승낙(시기)은 행위 전 또는 행위 시에 있어야 한다. 따라서 사후승낙(예 절도 후에 피해자가 절도 사실을 용서한 경우)은, 효력이 없다. (7급 검찰)

승낙은 언제든지 자유롭게 철회할 수 있다.

승낙은 (어떠한 방법으로든지 외부에서 인식할 수 있을 정도로) 외부에 표시하여야 한다. 따라서 명시적 · 묵시적 승낙이 모두 유효하다. (경감승진)

2. 행위에 의한 법익침해가 있을 것

행위자(가해자)는 사전에 승낙사실을 **인식**하고 이에 따라 행동해야 한다(= 주관적 정당화요소).

법익침해행위는 고의행위가 일반적이나, 과실범(예 술에 취한 운전자인 줄 알면서도 "다쳐도 좋으니 태워달라고" 사정하여 차를 타고 가다가 운전자의 과실로 사고나 상해를 입은 경우)에서도 승낙으로 인정이 가능하다. (7급 검찰)

승낙에 의한 행위는 법질서 전체의 정신이나 사회윤리적으로 용인될 수 있는 것이어야 한다. 즉, 사회상규에 위배되지 않아야 하므로 병역을 회피하기 위한 상해나 보험사기를 위한 상해 등은 피해자의 승낙에 의해 위법성이 조각되지 않는다.

3. 법률에 특별한 규정이 없을 것[188)]

피해자의 승낙 유무를 불문하고 범죄가 성립하는 법률 규정이 있는 경우(예 13세 미만자 간음죄), 피해자의 승낙이 형의 감경사유로 되는 경우(예 촉탁 · 승낙에 의한 살인죄)에는 /피해자의 승낙이 있더라도 (위법성을 조각하지 않고) 범죄가 성립된다.

---

188) 미국 오리건주는 존엄사법을 제정하여 소극적 안락사를 적법으로 하고 있다. 우리도 연명의료결정법에 의거하여 일정한 요건을 갖춘 경우 존엄사를 허용한다고 볼 수 있다.

Ⅲ. 피해자의 승낙의 효과

피해자 승낙의 요건을 구비한 행위는 (범죄의 구성요건에는 해당하나) 위법성이 조각되어 범죄가 성립하지 않는다.

Ⅳ. (객관적) 추정적 승낙 문제

1. 의 의

추정적 승낙이란 피해자의 현실적인 승낙은 없지만 행위 당시의 사정을 객관적으로 판단할 때 피해자의 승낙이 있었을 것이라고 기대될 수 있는 경우(예 집을 비우고 여행 중인 이웃집의 불을 끄기 위하여 그 집에 침입하는 경우)를 말한다.

독자적 위법성조각사유설(추정적 승낙은 긴급피난과 피해자승낙의 중간에 위치한 독자구조를 가진 위법성조각사유라는 견해)이 다수설이고, 기타 긴급피난설·승낙의 대용물이라는 설·사회상당성설·사무관리설 등이 있다.

2. 추정적 승낙의 유형

1) 피해자의 이익을 위한 경우

행위자(가해자)가 피해자의 보다 높은 가치의 이익을 위하여 낮은 가치의 이익을 침해하는 경우(예 개가 값비싼 고양이를 물어 죽이려는 것을 보고 이웃집 사람이 개를 사살하는 경우)이다.

2) 행위자나 제3자의 이익을 위한 경우

행위자가 자기나 제3자의 이익을 위하여 행위하였지만 피해자의 승낙이 추정되는 경우(예 기차를 놓치지 않기 위하여 친한 친구의 자전거를 타고 가는 경우, 가정부가 주인의 헌 옷을 거지에게 주는 경우)이다.

3. 추정적 승낙의 성립요건

여기에는 객관적 의미의 추정, 승낙의 보충성, 행위자의 (모든 사정에 대한) 양심에 따른 심사 등이 있다. 아래에서 내용을 보기로 한다.

먼저 추정적 승낙도 현재 처분할 수 없는 법익에 대해서만 가능하고, 피해자(법익주체)에게 처분능력이 있어야 한다.

승낙의 보충성 즉 추정적 승낙은 현실적인 승낙을 얻을 수 없는 경우에만 가능하다. /따라서 피해자가 명백히 반대 의사를 표시한 때에는, 추정적 승낙은 인정되지 않는다.

추정적 승낙이 되기 위해서는 (행위 당시의) 모든 사정을 종합하여 객관적으로 판단했을 때 피해자의 승낙이 확실히 기대될 수 있어야 한다. 즉 승낙의 추정은 (주관적 의미의 추정이 아니라) **객관적 의미의 추정**이다.[189)]

추정적 승낙이 성립하기 위해서는 행위자가 모든 사정에 대하여 양심에 따른 심사(=주관적 정당화 요소)를 해야 한다.

4. 추정적 승낙의 효과

이상의 성립요건을 갖춘 경우에는 피해자의 현실적 승낙이 있는 경우와 동일하게 위법성이 조각되어 범죄로 되지 않는다.

문제. 위법성조각사유에 관해 다음 중 옳지 않은 설명은 (판례)? (경찰 2차)

① 정당방위 긴급피난은 타인을 위해서도 가능하다.
② 자구행위가 위법성이 조각되려면 명문규정이 있어서 보충성의 원칙이 적용된다.
③ 채무자가, 채권확보를 위한 채권자의 요구를 거절할 수 없었기에 채권자가 계주의 업무를 대행하는데 이를 승인·묵인한 경우 피해자 승낙에 해당한다.
④ 법정에서 선서한 증인이 피고인 승낙을 받아 피고인에게 불리한 허위진술을

---

189) 무권한자가 타인명의 사문서를 작성 수정할 경우, 행위당시 모든 객관적 사정을 종합하여 당연이 승낙했을 거라고 추정되는 경우에는 사문서 위·변조죄가 성립하지 않는다(대판 2008.4.10, 2007도9987). 다만 알았다면 승낙하였을 것이라는 기대 예측만으로는 승낙추정으로 단정할 수 없다(대판 2003.5.30, 2002도235).

한 경우 위증죄 위법성은 조각된다.[190]

제6절 정당행위

제20조[정당행위] 법령에 의한 행위 또는 업무로 인한 행위 기타 **사회상규**에 위배되지 아니하는 행위는 벌하지 아니한다.

Ⅰ. 의 의

정당행위란 사회상규에 위배되지 아니하여 국가적·사회적으로 정당시되는 행위를 말한다. 형법 제20조는 "법령에 의한 행위 또는 업무로 인한 행위 기타 사회상규에 위배되지 아니하는 행위는 벌하지 아니 한다"라고 하여 정당행위를 위법성조각사유로 규정하고 있다.

형법 제20조에서 '법령에 의한 행위', '업무로 인한 행위'는 사회상규에 위배되지 않은 행위의 예시에 불과하며, /사회상규는 **위법성조각사유의 일반적 · 포괄적 기준**이 된다.

형법 제20조는 사회상규라는 초법규적 위법성조각사유를 일반적 위법성조각사유로 명문화해 놓은 것이다. 따라서 제21조 내지 제24조의 규정과는 특별법에 대한 일반법의 성격을 가지고 있다.

종교적 개인신념에 반한다는 이유로 공공시설 내에 설치된 단군상을 철거한 행위는, 정당행위가 아니다.

Ⅱ. 법령에 의한 행위

법령에 의한 행위란 법령에 근거하여 권리 또는 위무로서 행해지는 행위를

190) 국가적 법익과 사회적 법익은 승낙대상이 아니다.

말하며, 이에는 ① 공무원의 직무집행행위 ② 징계행위 ③ 사인의 현행범인의 체포행위 ④ 노동쟁의행위 등이 있다.

1. 공무원의 직무집행행위

1) 법령에 의한 직무집행행위

공무원이 법령에 근거하여 당해 공무원의 직무범위 내에서 법령이 정한 요건과 절차에 따라 직무를 수행하면 위법성이 조각된다.

법령에 의한 직무집행행위의 사례
• 사법경찰관이 피의자를 영장 없이 긴급체포하는 경우 (형소법) (7급 검찰, 경위승진) • 검사나 사법경찰관의 구속 · 압수 · 수색 (형소법) • 집행관의 집행행위(민사집행법) (9급 검찰) • 교도관의 사형집행(참여)행위 (형소법)

2) 상관의 명령에 의한 행위

법령상의 근거에 의하여 적법하게 내려진 상관의 명령에 (복종의무가 있어) 복종한 행위는, 정당행위로서 위법성이 조각된다.

구속력 있는 위법한 명령에 복종한 행위는 위법은 하지만, 다만 (기대가능성이 없어) 책임조각은 가능하다. /그러나 **구속력 없는** 위법한 명령에 복종한 행위는 (위법하고) 책임도 조각되지 않는다(예 대공수사단 직원이 상관의 고문명령에 따라 한 고문행위[191]). (경간부)

2. 징계행위

법령상 징계권자가 주관적으로 교육의 목적을 가지고 객관적으로 징계사유가 있고 징계의 목적달성을 위해 필요하고도 적정한 범위 내에서 행한 징계행위는 위법성을 조각한다.

191) 정당행위 및 강요된 행위가 아니다. 공범사 처리에 해당한다(대판).

정당행위로서 위법성조각이 되는 경우(=적법)	위법성조각되지 않는 경우(=위법)
• 친권자, 후견인의 자에 대한 징계행위(민법 제915조) • 학교장의 학생에 대한 징계행위(초·중등 교육법 제18조) • 소년원장 또는 소년분류심사원장의 수용소년에 대한 징계행위(소년원법 제15조) • 타인의 자녀에 대한 징계권 ⇨ '사회상규에 위배되지 않는 행위'로 위법상조각(판례)	• 부의 처에 대한 징계행위 • 징계사유가 없음에도 징계한 경우 • 상해를 입힌 경우 • 징계방법이 지나치게 가혹한 경우

소년원법상의 징계는 훈계·근신이므로 소년원장의 체벌은 허용되지 않지만, 친권자·교사의 체벌은 일부 허용된다고 본다(판례). (7급 검찰, 경위승진) 다만 징계권자의 징계행위일지라도 필요하고도 적정한 범위를 넘어 '상해'를 입힌 경우는 위법성 조각이 되지 않는다. (9급 검찰)

3. 사인의 현행범 체포

현행범인은 누구든지 **영장 없이** 체포할 수 있으므로(형소법 제212조) 사인이 현행범을 체포하기 위하여 폭행을 가하거나 감금하더라도 위법성이 조각된다. (7급 검찰, 경감승진)

그러나 위법성이 조각되는 것은 직접 체포에 필요한 행위(예 폭행·협박·체포·감금 등)에 한하므로 이를 넘어서 현행범을 상해하거나 현행범체포를 위해 타인의 주거에 침입하는 경우는 위법성 조각이 되지 않는다.

4. 노동쟁의행위

근로자의 쟁의행위는, 법령(헌법 제33조, 노동조합 및 노동관계조정법 제4조)에 의한 행위로서 위법성이 조각된다. (7급 검찰, 경위승진)

노동쟁의행위가 위법성을 조각하기 위해서는 그 목적이 근로조건의 개선과 임금향상이어야 하므로 정치적 목적의 쟁의행위는 위법성이 조각되지 않으며, (그 수단은 동맹파업·태업 등이어야 하므로) 파괴나 폭력행위·안전시설의 정상운영 방해 등의 경우는 위법성이 조각되지 않는다.

5. 기타 법령에 의한 행위

① 모자보건법에 의한 인공임신중절수술(동법 제14조)
② 감염병예방법에 의한 의사・한의사의 전염병 신고(동법 제4조)
③ 승마투표권, 주택복권 발매(한국마사회법, 주택법)
④ 정신병자의 감호행위(경범죄처벌법 제1조 34호)

Ⅲ. 업무로 인한 행위

업무란 사람이 그의 사회생활상의 지위에 의하여 계속・반복의 의사로서 행하는 사무이다. 이러한 업무로 인한 행위는 **사회상규에 위배되지 아니하는** 한, 위법성이 조각된다.

1. 의사의 치료행위

치료행위는 상해죄의 구성요건에 해당하지만, 그것이 주관적으로 치료의 목적을 가지고 객관적으로 의술의 법칙에 의하여 행해지는 한 제20조의 정당행위로서 위법성을 조각한다.

2. 안락사

안락사란 죽음에 직면한 중환자의 고통을 덜어주기 위하여 인위적으로 사기(死期)를 앞당기는 것을 말한다.

안락사는 (동기와 목적・내용 등이 법질서에 반하지 않는 한) 사회상규에 위배되지 않는 정당행위로서 위법성이 조각된다는 사회상규설이 다수설이다.

소극적 안락사가 위법성 조각이 되려면 ① 현대의학상 불치의 질병으로서 사기(死期)가 임박하여 있고 ② 환자의 '육체적 고통'이 차마 볼 수 없을 정도로 극심하며(정신적 고통을 제거하기 위한 안락사는 허용되지 않는다) ③ 본인(환자)의 사망에 대한 진지한 부탁・애원이 있고 ④ 의사에 의해 시행되고 그 수단・방법이 사회상규에 위배되지 않을 것의 요건을 갖추어야 한다. (경위승진)

3. 변호사 또는 성직자의 행위

변호사가 법정에서 변론의 필요상 명예훼손죄·업무상 비밀누설죄의 구성요건에 해당하는 행위를 했어도 업무로 인한 정당한 행위로 위법성이 조각되어 범죄가 성립되지 않는다.

성직자가 고해성사로 타인의 범죄사실을 알고도 이를 고발하지 않거나 묵비한 경우 [192]국가보안법상 불고지죄나 도주죄의 방조가 되어도 정당행위로서 위법성이 조각된다.

Ⅳ. 사회상규에 위배되지 않는 행위

1. 의 의

사회상규에 위배되지 않는 행위란 법질서 전체의 정신이나 사회윤리에 비추어 용인될 수 있는 행위를 말한다.

2. 사회상규 위반여부의 판단기준

사회상규에 위배되느냐의 여부는 ① 행위의 동기나 목적의 **정당성** ② 행위의 수단이나 방법의 **상당성** ③ 보호법익과 침해법익의 **균형성** ④ **긴급성** ⑤ (그 행위 이외의 다른 수단이나 방법이 없다는) **보충성** 등의 요건[193]을 종합 판단하여 구체적 사정 아래에서 합목적적 그리고 합리적으로 고찰해서 개별적으로 결정한다.

문제. 다음 중 사회상규의 판단기준으로 틀린 것은 (판례)? (경찰 2차)

① 보호법익과 침해법익의 균형성　　② 행위수단의 상당성
③ 긴급성과 보충성　　④ 행위방법의 관례성

192) 다만 적극적으로 은신처를 마련해 주고 도피자금을 제공하는 것은 사회상규에 반하여 위법성이 조각되지 않는다(대판). (경찰 1차)
193) 대판 2015.10.29., 2015도8429 · 친모정신병원 강제입원사건 참조.

3. 사회상규에 위배되지 않는 사례

상대방의 도발·폭행·강제연행을 피하기 위한 소극적인 저항 사례(예 강제연행을 피하기 위하여 팔꿈치를 뿌리치면서 가슴을 잡고 벽에 밀어붙인 행위, 술취한 자가 자기 팔을 잡고 시비하려 하므로 잡힌 자기 팔을 놓치게 할 생각으로 팔을 뿌리쳤으나 그 자가 넘어져 뇌진탕으로 사망한 경우), (9급 검찰) 법령상 징계권 없는 자의 징계 사례(예 타인의 자녀에 대한 징계행위), 자기 또는 타인의 권리실현을 위한 행위로서 그 수단·방법이 사회상규에 벗어나지 않는 정도에 이른 사례(예 피해자로부터 범인으로 오인되어 경찰에 끌려가 구타당하여 입원한 경우, 오인받아 구타당한 자가 치료비를 요구하고 응하지 않으면 무고죄로 고소하겠다고 한 경우), 상가번영회 규정을 위반하여 천장까지 칸막이를 쌓는 상가에 대해서 단전 조치를 한 사례 등이 있다.

V. 효 과

정당행위의 성립요건을 갖춘 행위는 구성요건에 해당하지만 **위법성이 조각되**어 범죄가 성립하지 않는다.

문제. 다음 중 판례의 태도로 틀린 것은?(경찰 2차)

① 남편의 간통현장을 직접목격하고 사진촬영을 위해 상간자주거에 침입한 것은 정당행위가 아니다.

② 의사가 모발이식을 하면서 간호조무사에게 일정부분을 맡겨두고 관여하지 않은 것은 정당행위가 아니다.

③ 조산사가 산모의 분만과정 중 별다른 응급상황이 없음에도, 독자적 판단으로 산모에게 포도당이나 옥시토신을 투여한 행위는 의료법위반죄이다.

④ 자격기본법에 의한 민간자격증을 취득한 자가 한방의료행위인 침술행위를 한 경우 무면허의료가 아니어서 죄가 되지 않는다고 믿는 데에 정당한 이유가 있다.194)

194) 자격기본법에 의한 민간자격 대체의학자격증 취득자가 사업자등록을 한 후 침술원을 개설했어도 국가공인을 받지 못한 민간자격을 취득했다는 사실만으로는 자신의 행위가 무면허의료행위에 해당하지 않아 죄가 되지 않는다는 **정당한 이유가 없다**(대판 2003.5.13., 2003도939).

제 4 장 책임론

제 1 절 총 설

Ⅰ. 책임의 의의

1. 책임의 개념

책임이란 합법을 결의하고 이에 따라 행동할 수 있었음에도 불구하고, 불법을 결의하고 위법하게 행위를 하였다는 것에 대하여 불법행위를 한 자에게 가해지는 비난가능성을 말한다.

책임은 (구성요건해당과 위법 즉) 불법의 다음 단계 문제로 책임 없는 불법은 있을 수 있으나 불법 없는 책임은 없다.

2. 위법성과 책임의 관계

위법성은 법질서 전체의 입장에서 내려지는 '행위'에 대한 부정적 가치판단으로 /개인적 특수성을 고려치 않는 객관적 판단이다.

책임은 행위자에 대한 비난가능성의 유무에 따라 내려지는 '행위자'에 대한 부정적 가치판단으로 /개인적 특수성을 고려한 주관적 판단이다.

3. 형사책임과 윤리적 · 도덕적 책임의 구별

형사책임은 법의식의 결여에 대한 비난가능성으로 법적 기준에 의해 판단되는 법적 책임이라는 점에서 /행위의 도덕적 기준에 의해 판단되고 개인의 내적 양심에 의해 결정되는 윤리적 · 도덕적 책임과는 구별된다.

따라서 확신범 · 양심범에 대하여도 원칙적으로 형사책임이 인정된다.

4. 책임원칙

1) 개 념

책임주의란 "책임 없으면 형벌 없다(nulla poena sine culpa)"는 근대형법의 기본 원칙으로서, 책임이 전제되어야만 형벌을 과할 수 있고, 형벌의 종류와 정도는 책임에 상응해야 한다는 원칙이다.[195)]

2) 내 용

행위자에게 책임 없는 결과로 형을 과하거나 가중할 수 없다. 따라서 책임은 원칙적으로 행위책임이다(결과책임 내지 위험책임은 인정되지 아니한다). /(다만 이와 달리) 민사책임에 있어서는 무과실책임 · 위험책임도 인정되므로, 책임주의 원칙이 관철되고 있다고 볼 수 없다.

3) 한 계

① 결과책임의 잔존[196)]

형법상 결과책임의 잔재		
• 인식 없는 과실	• 상해죄의 동시범특례	• 객관적 처벌조건
• 누범의 가중처벌	• 결과적 가중범	• 양형에서 결과의 고려
• 원인에 있어서 자유로운 행위		• 합동범

상해죄의 동시범 특례(제263조)의 경우에는 공동정범의 예에 의하여 기수로 처벌되므로 (책임주의에 반해) 결과책임을 진다고 할 수 있으나, /제19조의 동

195) 헌법 제10조에서 도출되는 원리이다.
196) 형법상 결과책임의 잔재가 아직 존재하고 있기 때문에, 책임주의와의 관계에서 한계문제로 논의된다.

시범(=독립행위의 경합)의 경우에는 미수로 처벌되기 때문에 책임원칙에 위반이 아니다. (7급 검찰, 경사승진)

누범의 가중처벌의 근거는 책임주의와의 관계에서 문제가 되지만, 경합범은 수죄이므로 각죄에 정한 형이 동종의 형인 때의 가중처벌은 책임주의에 반하는 것이 아니다. (9급 검찰)

② 보안처분

보안처분에는 **책임주의가 적용되지 않는다.** 보안처분은 행위자에 의하여 행해진 범죄와 장래에 기대될 범죄 및 위험성의 정도와 균형이 유지되어야 한다**(=비례성의 원칙 적용).**

Ⅱ. 책임의 근거

책임발생의 根據(근거)가 무엇인가에 관해서는 다음 학설의 대립이 있다.

구 분	도의적 책임론	사회적 책임론
이론적 배경	고전학파(구파), 객관주의(범죄론), 응보형주의(형벌론)	근대학파(신파), 주관주의(범죄론), 목적형주의(형벌론) 예방주의와 결부.
의 의	책임의 근거를 자유의사에 두고, 책임이란 자유의사를 가진 자가 자유로운 의사에 의하여 적법한 행위를 할 수 있었음에도 불구하고 위법행위를 한 데 대한 윤리적 비난이라고 보는 견해이다.	책임의 근거를 소질과 환경에 의해서 결정된 행위자의 반사회적 성격에 두고 책임이란 인간의 반사회적 성격에 대하여 가하여지는 사회적 비난가능성이라고 보는 견해이다. (경정승진)
책 임	도의적·윤리적 비난가능성	사회적 비난가능성
책임의 근거	자유의사 의사책임 행위책임	반사회적 성격 성격책임 행위자책임
책임능력	책임무능력자는 자유의사가 없으므로 범죄능력이 없다. 즉 책임능력은 범죄능력을 의미한다.	책임무능력자도 반사회적 성격[197]을 갖고 반사회적 행위를 하는 이상 사회방위를 위하여 보안처분이 필요하다. 즉 책임능력은 형벌능력을 의미한다.
형벌[198]과 보안처분과의 관계	이원론(책임무능력자에게 부과하는 보안처분[199]은 일반인에게 부과하는 형벌과는 질적으로 구별)	일원론(사회방위처분이라는 점에서 형벌과 보안처분은 성질상 동일하므로 질적 차이가 아니라 양적 차이가 있을 뿐)

인격적 책임론은 인간을 소질과 환경의 지배를 받으면서도(=의사결정론) 어느 정도 행동의 자유를 가지는(=자유의사론) 존재로 보고, 책임의 근거를 구체적인 행위와 그 행위의 배후에 있는 인격에 둔다. /책임의 1차적 대상은 행위지만, 그 배후에 있는 인격도 책임의 2차적 대상이 된다(인격형성책임).

예방적(기능적) **책임론**은 인간의 자유의사나 규범에 맞춰 행위할 수 있느냐 여부를 확정하는 것을 불가하다고 보아, 책임의 본질을 형벌의 목적(일반예방·특별예방) 내지 처벌의 필요성이라는 형사정책적 관점에서 파악하려고 하는 신견해로서,[200] 여기에는 ① Roxin[201]의 **답책성론**(=종래의 책임개념에 예방적 처벌의 필요성이라는 요소를 보충하여 **종래의 책임을 답책성으로 대체**하려는 이론) ② Jakobs의 **사회적 기능론**(=종래의 책임개념을 완전히 무시하고 적극적인 일반예방만이[202] 책임개념의 내용과 형벌을 근거 부담지운다고 주장하는 극단적·기능적 책임론) 등이 있다.

Ⅲ. 책임의 본질

1. 심리적 책임론

책임을 결과(행위)에 대한 행위자의 심리적 관계로 이해하여, 책임의 본질은 (행위자의 심리적 사실관계인) 고의·과실에 있다고 보는 견해로, 고의·과실을 책임조건(책임형식)이라 한다. (경위승진)

범죄의 모든 객관적·외적 요소는 불법에 속하고, 주관적·내적 요소는 책임에 해당한다고 이해한 **인과적 행위론 (고전적 범죄체계)**의 책임 개념이다.

---

197) 사회적 위험성.
198) 과거 위법행위에 대한 도의적 비난.
199) (도의적 비난가능성은 없지만) 사회적 위험성으로 인해 부과되는 제재.
200) 예방적 책임론에 대해서는, 책임판단에 예방이라는 형벌목적을 끌어들여 책임원칙을 무력화했다는 비판이 따른다.
201) 벌책성 개념에서, 책임은 형벌의 상한선을 설정한다고 주장한다.
202) 적극적 일반예방을 위해 행위자를 비난하는 것을 말한다.

2. 규범적 책임론

책임을 (심리적 사실 단계가 아닌) **평가적 가치관계로 이해**하여 행위자에게 적법행위를 할 수 있는 기대가능성[203]이 있었음에도 불구하고 그렇게 하지 않았다는 점에 대한 비난가능성에 책임의 본질이 있다고 보는 견해이다.

책임의 본질이 비난가능성이라고 하는 규범적 책임론의 결론에는 이론이 없다.

다만 책임이 어떤 요소로 구성되어 있느냐? 이에 대하여는 다음 학설의 대립이 있으다. 사회적 행위론에서는 책임의 構成要素(구성요소)를 책임능력 · 책임형식으로의 책임고의 책임과실 · 위법성 인식 · 기대가능성으로 본다.

구 분	책임의 본질	책임의 구성요소	범죄 체계
심리적 책임론	심리 관계	① 책임능력 ② 고의 · 과실	고전적 범죄체계 〈인과적 행위론〉
프랑크의 규범적 책임론	비난가능성	① 책임능력 ② 고의(범죄사실의 인식+위법성의 인식) · 과실 ③ 기대가능성	신고전적 범죄체계
도나의 순수 규범적 책임론	비난가능성	① 책임능력 ② 위법성의 인식 ③ 기대가능성 (고의와 과실은, 책임요소에서 제외되고, 주관적 불법요소로만 인정)	목적적 범죄체계 〈목적적 행위론〉
합일태적 책임론 (다수설)	비난가능성	① 책임능력 ② 책임형식으로서의 책임고의 · 책임과실[204] ③ 위법성의 인식(가능성) ④ 기대가능성	신고전적 · 목적적 범죄체계(=합일태적 범죄체계) 〈사회적 행위론〉

203) 프로이덴탈의기대가능성론 참조.

204) **고의· 과실의 2중 기능?** 행위방향으로의 고의 ⇒ **구성요건요소 고의.**
심정적 반가치로서의 고의 ⇒ **책임요소 고의**

문제. 책임에 관한 설명으로 틀린 것은? (경찰 1차)

① 심리적 책임론은 강요된 행위에서 고의를 가지고 행위하는 피강요자의 책임 조각의 이유를 그리고 인식 없는 과실에는 어떤 심리적 관계도 없어서 설명하기 어렵다.

② 순수 규범적 책임론에서는 고의과실을 구성요건요소로 본다.

③ 도의적 책임론은 자유의사를 인정하는 비결정론에 근거한다.

④ 도의적 책임론은 책임능력을 형벌능력(受刑能力)으로 파악한다.[205)]

Ⅳ. 행위판단의 대상

1. 행위(行爲) 책임

(형법은 행위형법이지 행위자 형법이 아니므로) 책임판단의 대상은 (**원칙적으로**) 행위자에 의해 행해진 구성요건에 해당하고 위법한 **행위 그 자체**이다.

2. 행위자(行爲者) 책임

원칙적인 개별적 행위책임이, 혹시 특수한 경우에 행위자책임(=인격책임, 행상책임)에 의하여 보충될 수 있는가? 이에 대해서는 부정설이 있으나, 긍정적인 예 상습범이나 누범에 대한 가중처벌, 인식 없는 과실범 처벌 등에서 행위자책임이 보충되고 있다.

205) 책임능력을 범죄능력으로 파악한다. (따라서 자유의사가 없는 책임무능력자는 범죄능력이 없는 자가 된다) cf. 사회적 책임론은 책임능력을 형벌능력으로 본다. (즉 책임무능력자도 반사회적 성격을 갖고 반사회적 행위를 하였으므로 보안처분이 필요하다고 본다)

제 2 절 책임능력

Ⅰ. 의 의

1. 책임능력의 의의

책임능력이란 행위자가 자기의 행위가 법에 의하여 허용 또는 금지[206]되어 있는가를 알고(=사물변별능력[207]) 이에 따라 자기의 의사를 자유로이 결정할 수 있는 능력(=의사결정능력)을 말한다. (7급 검찰)

행위자에게 책임능력이 없으면, 비난가능성으로서의 책임도 없다.

책임능력은 원칙적으로 **행위 시에**[208] 있어야 한다(=**행위와 책임의 동시존재의 원칙**).

2. 책임능력의 본질

1) 도의적 책임론

책임의 근거를 **자유의사**에 두는 도의적 책임론에서는, 책임능력을 행위의 시비와 선악을 변별하여 이에 따라 의사를 결정할 수 있는 능력으로서 /'책임능력 =**범죄능력**(=유책행위능력)'으로 본다.

2) 사회적 책임론

책임의 근거를 **반사회적 성격**에 두는 사회적 책임론에서는, 사회방위 처분인 형벌이 효과를 거둘 수 있는 능력으로 보아 /'책임능력=**형벌능력**(=형벌적응성,

---

206) 지적 인지적 측면으로, 위법성인식과 연결된다.

207) 맥노튼 규칙에서 말하는 행위의 성질을 인식하고 자신의 행위가 잘못된 것을 알 수 있는 능력을 말한다.

208) 책임능력 판단기준시점.

수형능력)'으로 본다.

3. 책임능력의 판단(기준)방법

일반적으로 무엇을 기준으로 책임능력을 판단할 것인가? 여기에는 생물학적 방법, 심리학적 방법, 양자를 혼합한 혼합적 방법이 있다.

생물학적 방법은, 정신병과 같은 생물학적 요인을 기초로 판단하는 방법이다.

심리학적 방법은, 행위자의 사물변별능력 또는 의사결정능력이라는 심리적 요인을 기초로 판단하는 방법이다.

혼합적 방법은, 위 생물학적 방법과 심리학적 방법을 혼합하여 혼합적으로 책임능력을 고찰 판단하는 방법이다. 형법 제10조 역시 이 방법을 따르고 있다 (=우리형법의 태도).

Ⅱ. 책임무능력자

1. 형사미성년자

제9조[형사미성년자] 14세가 되지 아니한 자의 행위는 벌하지 아니한다.

1) 의 의

형사미성년자는 14세 미만자를 말한다. (9급 검찰, 법원서기보)

제9조는 생물학적 방법에 의한 규정이다. 따라서 14세 미만자는 (개인적·지적·도덕적·성격적인 발육상태를 불문하고) 모두 **절대적 책임무능력자**이다.

14세 여부 판단은 (호적상의 연령이 아닌) 실제 연령을 기준으로 한다.

2) 형법상 취급

형사미성년자의 행위는, 책임이 조각되므로 책임 없는 위법행위로서 범죄가 성립되지 않아 "벌하지 아니한다." (경감승진, 9급 검찰, 7급 검찰) 다만 10세 이상 14세 미만 소년은 소년법에 의거 보호처분을 과할 수 있다.[209]

209) 소년법 적용을 받으려면, 범행시는 물론 사실심 판결선고 시에도 19세 미만이어야 한다(대판).

2. 심신상실자

제10조[심신장애자] ① 심신장애로 인하여 사물을 변별할 능력이 없거나 의사를 결정할 능력이 없는 자의 행위는 벌하지 아니한다.

1) 의 의

심신상실자란 심신장애로 인하여(=생물학적 방법) 사물변별능력 또는 의사결정능력이 없는 자(=심리학적 방법)를 말한다(=혼합적 방법).

심신장애라는 생물학적 요소가 존재하여야 한다. 심신장애는 정신병(예, 정신분열증·조울증), 정신병질(예, 충동장애), 중대한 의식장애(예, 수면·최면·명정), 정신박약(예, 백치)을 그 내용으로 한다. (7급 검찰, 경사승진)

'사물변별능력' 또는 '의사결정능력'이라는 심리적 요소 중 **어느 하나라도 없으면 해당한다.**

2) 심신상실 여부의 판단

심신상실(insanity) 여부의 판단은 사실문제가 아니고 법률문제이므로 반드시 감정인의 의견에 따라야 하는 것은 아니고 법관이 (법적)·규범적으로 판단평가한다. 심신상실여부의 판단은 행위자의 행위시를 기준으로 한다.

3) 효 과

심신상실자의 행위는 책임능력이 없으므로 (책임이 조각되어) 벌하지 아니한다. 다만 치료감호법 제2조에 의거 재범위험시는 치료감호에 처할 수 있다.

Ⅲ. 한정책임능력자

1. 심신미약자

제10조[심신장애자] ② 심신장애로 인하여 전항(사물변별, 의사결정)의 능력이 미약한 자의 행위는 형을 **감경할 수** 있다.

1) 의 의

심신미약자란 심신장애로 인하여(＝생물학적 방법) 사물변별능력 또는 의사결정능력이 미약한 자(＝심리학적 방법)를 말한다(＝혼합적 방법). 즉 심신상실의 정도에 이르지 않는 자(예 경미한 정신분열증·간질, 가벼운 명정·중독, 노이로제 등)를 말한다. (경정승진, 법원서기보)

2) 효 과

심신미약자는 한정책임능력자로서 그의 행위는 형을 감경할 수 있다(＝임의적 감경).

2. 농아자 (청각 및 언어 장애인)

제11조[청각 및 언어 장애인] 듣거나 말하는데 모두 장애가 있는 사람의 행위는 형을 **감경한다**.

1) 의 의

농아자란 청각 및 발음기능에 모두 장애가 있는 자, 즉 농자(＝귀머거리)인 동시에 아자(＝벙어리)인 자를 말한다. /발음기능 또는 청각기능 중 어느 하나만 결여된 자는 농아자가 아니다. (경위승진)

2) 효 과

농아자는 (심신미약자의 임의 감경과 달리), 그의 행위는 형을 감경한다(＝필요적 감경). (경위승진, 법원서기보)

문제. 책임능력에 관한 설명 중 틀린 것은(판례)? (경찰 1차)

① 심신장애 유무 및 정도의 판단은 법적 판단으로 반드시 전문감정인의견에 기속되어야 하는 것이 아니다.

② 평소 간질증세가 있더라도 범행당시 간질이 발작하지 않았다면 책임감면사유인 심신장애나 심신미약에 해당하지 않는다.

③ 원인에 있어 자유로운 행위에서 원인설정행위시에 실행착수가 있다는 견해는 실행행위의 정형성을 무시한다는 비판을 받는다.

④ 자신의 충동을 억제하지 못해서 범죄를 저지르는 충동조절장애와 같은 성격적 결함은 원칙상 형감면사유인 심신장애에 해당하지만 특단의 사정이 있으면 그러하지 않다.[210]

Ⅳ. 원인에 있어서 자유로운 행위

제10조[심신장애자] ③ 위험의 발생을 예견하고 자의로 심신장애를 야기한 자의 행위에는 전2항의 규정을[211] 적용하지 아니한다.

1. 의 의

원인에 있어서 자유로운 행위(actio libera in causa)란 책임능력자가 고의·과실로 자기 자신을 책임능력 결함상태(=책임무능력 또는 한정책임능력상태)에 빠뜨리고 (범행 시에) 그러한 상태에서 범죄를 실행하는 것(예 사람을 상해할 목적으로 음주 후 만취한 상태에서 상해를 가한 경우)을 말한다. (9급 검찰, 경위승진, 법원서기보)

2. 책임주의와의 관계 및 가벌성의 근거

1) 책임주의와의 관계

책임주의의 행위시에 책임능력이 있을 것을 요구한다(=행위와 책임의 동시존재의 원칙). 그런데 실행행위시에는 책임능력결함상태(=책임무능력 또는 한정책임능력상태)에 있는 원인에 있어서 자유로운 행위를 처벌할 수 있는가? 하는 문제가 제기되나 우리형법은 입법적으로 제10조 제3항에서 그 가벌성을 인정하고 있다.

---

210) 원칙적으로 감면사유가 아니다. 다만 그 이상으로 사물변별능력에 장애를 가져오는 원래의미 정신병이 도벽원인이라거나 매우 심각하여 원래 의미의 정신병을 가진 사람과 동등하다고 평가할 수 있는 경우에는 그로인한 절도범행은 심신장애로 인한 범행으로 본다(대판 2002.5.24, 2002도1541).

211) 例 심신장애로 사물변별능력·의사결정능력이 ① 없는 자를 불벌 ② 미약한 자를 임의적 감경.

2) 가벌성의 근거

가벌성의 근거에 대해서는 ① 원인설정행위에 있다고 보는 견해(=원인에 있어서 자유로운 행위는 자기의 책임능력 없는 상태를 도구로 이용한다는 점에서 간접정범과 유사하므로, 간접정범이론을 원용하여 원인설정행위 자체를 실행행위로 보고 원인설정행위에 가벌성의 근거가 있다고 보는 견해. 종래의 다수설) ② 책임능력결함상태의 실행행위에 있다고 보는 견해 ③ 원인행위와 실행행위의 불가분적 연관에 있다고 보는 견해(=원인설정행위와 실행행위 사이의 불가분적 연관성 때문에, 원인설정행위에 책임비난의 근거가 있고 행위와 책임의 동시존재의 원칙의 예외로서 가벌성이 인정된다는 견해. 현재의 다수설)

문제. 원인에 있어 자유로운 행위 설명으로 틀린 것은(판례)?(경찰 2차)

① 원인에 있어 자유로운 행위란 행위자가 자신을 책임능력결함상태에 빠뜨리고 그 상태에서 구성요건적 결과를 실현하는 것이다.
② 형법 제10조 3항은 과실에 의한 원인에 있어 자유로운 행위에도 적용된다.
③ 원인에 있어 자유로운 행위는 비록 그 실행행위가 (심신상실상태하에서 행해졌을지라도 면책되지 않으며) 심신미약상태에서 행해졌을지라도 형이 감경되지 않는다.
④ 실행착수시기관련 원인행위를 실행행위로 보는 견해에 의하면[212] 행위와 책임의 동시존재원칙이 유지되기 어렵다는 단점이 있다.

3. 원인에 있어서 자유로운 행위의 행위유형과 (실행)착수시기

원인에 있어서 자유로운 행위는 고의에 의한 작위·부작위범 및 과실에 의한 작위·부작위범 모두에게 적용된다. (경위승진, 7급 검찰)

1) 고의에 의한 원인에 있어서 자유로운 행위

행위자가 결과발생을 예견하면서도 의식적으로 심신장애상태를 야기시켜 이 상태 하에서 작위 또는 부작위의 형태로 구성요건을 실현하는 경우[213] [예] 甲을

212) 행위와 책임의 동시존재 원칙을 관철할 수 있다는 長點(장점)이 있으나, 가벌성의 범위가 확장될 위험이 있다는 비판을 받는다.

213) 여기서의 (이중의) 고의는, 심신장애야기 고의와 장애상태 하에서 실행고의가 요구된다

살해할 의도로 음주한 후 만취상태에서 甲을 살해한 경우(=고의의 작위범), 전철수가 열차를 충돌시킬 의도로 음주한 후 잠이 든 결과 열차가 충돌한 경우(=고의의 부작위범)]이다.

실행의 着手時期(착수시기)에 대해서는 종래 다수설인 원인행위시설(=가벌성의 근거를 원인설정행위에서 구하는 견해[214])과 현재 다수설인 실행행위시설(=가벌성의 근거를 원인행위와 실행행위 사이의 불가분적 관련성에서 구하는 견해로, 책임능력결함상태에서 구성요건해당행위를 시작한 때에 실행의 착수인정. 행위와 책임능력 동시존재원칙의 예외라고 주장)이 있다.

2) 과실에 의한 원인에 있어서 자유로운 행위

결과발생이 예견할 수 있음에도 불구하고 부주의로 예견하지 못한 과실로 심신장애상태를 야기하고 그 상태 하에서 작위·부작위의 형태로 구성요건을 실현하는 경우[예 술에 취하면 타인을 폭행하는 습벽이 있는 자가 부주의로 다량 음주하여 만취 상태에서 타인을 폭행한 경우(=과실의 작위범), 조금만 음주하여도 만취하는 전철수가 분수없이 술을 마시고 잠이 들어 열차가 충돌하는 경우(=과실의 부작위범)]이다. /과실범은 결과범이므로 (미수가 인정되지 않아) 실행의 착수시기를 논할 실익이 없다.

구 분	원인설정행위	구성요건 실현행위	사 례	처 벌
제1유형	고의음주행위	고의강취행위	술기운을 이용해 강도결심하고 술 마신 후 강도	강도고의범
제2유형	고의음주행위	과실행위	음주시 교통사고 예견하고도 자의로 음주 사람을 친 경우	업무상 과실치상 (단 심신미약의 감경없음)

(대판).

214) 행위자가 살인 의사로 고의로 음주를 했는데 너무 취해서 잠든 경우까지도 음주행위에 실행의 착수를 인정하여(원인설정행위에 실행행위를 인정하는 이 설에 의하면) 살인미수죄가 된다. ***

구 분	원인설정행위	구성요건 실현행위	사 례	처 벌
제3유형	부주의로한 음주행위	예견했던 살해행위	사람을 살해하려고 대기중 부주의로 술을 마시고 명정상태에서 살해	과실치사 (감경안됨)
제4유형	부주로한 음주행위	의료과실행위	야간당직의사가 부주의로 술마시고 응급환자를 진료하다가 의료과실사고를 낸 경우	업무상과실치상

4. 형법 제10조 제3항의 해석

1) 원인에 있어서 자유로운 행위의 성립요건

① 위험의 발생을 예견할 것

원인행위시에 구성요건에 해당하는 범죄실행을 인식한 경우(=고의) 또는 그 가능성을 예견한 경우=(과실)를 의미한다. (9급 검찰)

② 자의로 심신장애를 야기할 것

자의는 고의뿐만 아니라 과실도 포함된다(강요로 인한 경우는 포함되지 않는다). 심신장애는 심신상실과 심신미약의 두 가지 경우가 다 포함된다.

2) 효 과

원인에 있어서 자유로운 행위는 (심신상실자·심신미약자의 행위가 아닌) 책임능력자의 행위로 취급되어 (형이 면제되거나 감경되지 아니하고) 책임능력자와 동일하게 처벌된다. (9급 검찰) 피고인이 음주운전의사로 만취후 운전하여 교통사고를 일으켰다면 감경할 수 없다(대판 2007.7.27, 2007도4484). (경찰간부)

문제. 다음 중 원인에 있어서의 자유로운 행위라고 할 수 없는 것은?

① 살해의 고의로 음주하고 그 상태에서 살해한 경우

② 엄마가 부주의로 수면 중 어린애를 유방으로 질식사 시킨 경우

③ 전철수가 열차를 충돌시킬 의도로 음주하고 잠을 잔 결과 열차가 충돌한 경우

④ 타인을 협박하여 외포심을 갖게 하고 그 상태하에서 재물을 절취하게 한 경우[215)]

제 3 절 위법성인식과 법률의 착오

Ⅰ. 위법성의 인식

1. 의 의

위법성의 인식이란 행위자가 자기의 행위가 법적으로 허용되지 않는다는 인식, 즉 자기의 행위가 법규범에 반하다는 인식을 의미한다. 자기의 행위가 법규범에 반하여 허용되지 않는다는 것을 알면서도 범죄를 결의하였다는 것에 비난이 가능하기 때문에 위법성의 인식은 책임비난의 핵심이 된다.

위법성의 인식은 (도덕적·종교적 규범 위반의 인식이 아니라) 법적 규범위반의 인식이므로, 양심범·확신범의 경우에도 위법성의 인식이 긍정된다. 다만 (위법성의 인식은 법적으로 금지되고 있다는 인식을 의미하며) 침해되는 구체적인 법 규정이나 행위의 가벌성(=객관적 처벌조건, 인적 처벌조각사유)의 인식까지 요구하는 것은 아니다.

위법성의 인식은 문제되는 범죄의 특수한 불법내용을 인식할 것을 필요로 하며, 따라서 구성요건과 관련을 가질 것을 요한다(그러므로 수죄가 실체적 경합 또는 상상적 경합관계가 있을 때에는 위법성의 인식은 분리될 수 있다).

215) 원인에 있어 자유로운 행위는 자기를 심신상실 등에 빠지게 하는 것이다. 이와 달리 본 예문은 절도의 간접정범이나 절도의 교사범 문제이다.

2. 위법성 인식의 체계적 지위

1) 고의설

고의를 (비독립의[216]) 책임요소로 이해하고, /고의의 내용으로서 '구성요건해당 **객관적 사실 인식** 외(外)에 다시 **위법성의 인식 · 인식가능성'** 이 필요하다는 인과적 행위론[217]의 견해이다.

(위법성인식을 고의요소로 이해하여) 위법성의 인식이 없으면 고의가 조각되며, 다만 회피가능성이 있는 경우에 과실범의 처벌규정이 있으면 과실범으로 처벌될 뿐이다.

엄격 고의설	책임요소로서의 고의가 성립하기 위해서는 /범죄사실의 인식 이외에 현실적인 **위법성의 인식**이 필요하다는 견해이다.[218]
제한적 고의설 (판례)	위법성의 현실적 인식은 필요 없으나 /적어도 위법성의 잠재적 인식 즉 **위법성의 인식가능성**이 필요하다는 견해이다.[219] 이설에는 **위법성인식 가능성설**, **/법과실 준고의설**(=위법성인식을 못한데 과실이 있으면 고의에 준해서 처벌), /**법적대성 이론**이 있다.

2) 책임설

위법성의 인식을, (고의와 **독립된** 주관적 가치판단인) **책임요소**로 보는 목적적 행위론의 견해이다.[220] 따라서 이설에 의하면, 위법성인식이 없더라도 고의(범)성립이 가능하다.[221]

위법성의 인식이 결여되면 금지착오의 문제로서, (고의와는 관계없이) 회피가능성에 따라 책임을 조각 또는 감경한다. (7급 검찰)

---

216) 위법성인식은, 고의와 독립된 별개 요소가 아니라는 입장이다.
217) 심리적 책임론과 결합함.
218) 엄격고의설에 따르면 /행위자에게 고의가 인정될 수 있는 경우가 크게 줄어 형벌의 공동화(空洞化)가 우려된다. /과실범을 처벌하지 않거나 또는 과실범형벌이 고의범에 비해 현저히 낮아서, 처벌의 공백이 생길 수 있다. (경찰 1차)/또한 상습범 확신범을 고의범처벌로 할 수 없어 형사정책인 문제가 생긴다는 비판이 있다. (경찰 1차 · 2차)
219) 인식가능성이라는 과실의 요소로, 고의의 성부를 판단하는 것은, 이 설의 문제이다.
220) 책임설 즉 위법성인식이 없어도 고의가 성립할 수 있다는 것이다.
221) 일반인이 현행범체포위해 48시간 감금 허용되는 걸로 착각하고 감금한 경우 책임설에 의하면 (고의에 무영향으로) 감금죄 고의는 인정된다. (경찰 1차)

엄격 책임설[222]	모든 위법성조각사유착오를/ 법률의 착오로 본다. (따라서 이설에 의하면 위법성조각사유의 전제사실 착오도[223] 법률의 착오가 된다)
제한적 책임설[224] (다수설)	위법성조각사유의 전제사실에 관한 착오는 (구성요건적 착오는 아니나) **구성요건적 착오와 동일한 법적 효과를 인정한다.**[225] /다만 위법성조각**사유의 존재** 그 자체 (또는 **허용한계**)에 관한 착오는, 법률착오에 해당한다는 주장이다.[226]

3) 기 타

고의 성립에 위법성인식불요설, 자연범·법정범의 구별설 등이 있다.

문제. 위법성조각사유전제사실착오의 법적 효과로 부당한 것은?

① 고의설에 의하면 고의가 조각되고 단지 과실범문제만 남는다.

② 엄격책임설에 의하면 (모든 위전착을 뻐률착오로 보니까) 금지착오 문제가 된다.

③ 소극적 구성요건표지이론에 의하면 구성요건적 착오가 된다.

④ 법효과제한책임설[227]에 의하면 공범성립을 인정할 수 없다.[228]

---

222) 위법성인식이 어느 경우에서나 (고의와 무관한) 책임의 요소로만 기능한다는 설이다.

223) 위법성조각사유전제사실착오를 고의범으로 처벌하는 것은 법감정에 반할 수 있다. (경찰 1차)

224) 제한적 책임설은, 위법성인식은 原則(원칙)적으로 책임요소로 기능하나, /例外(예외)적으로는 **위법성조각사유전제사실착오에서는** (고의요소로도 기능하여) **위법성인식이 없으면 고의가 조각**될 수 있다고 본다.

225) 사실착오 규정을 유추적용하여 고의의 조각이 있게 된다.

226) 학설을 檢討(검토)해 볼 때, 위법성조각사유의 전제사실은 體系(체계)상 위법성영역이지만 실질적 內容(내용)상 구성요건요소도 갖고 있어서 위법성조각사유전제사실의 인식은 위법성에 관한 인식에 해당하면서 또 한편으로는 고의요소로도 기능을 한다고 볼 수 있다. 따라서 제한적 책임설이 타당하다.

227) **법효과제한적 책임설**이란? 고의의 이중지위를 인정하는 입장에서 위법성조각사유전제사실착오의 경우에 구성요건적 고의는 인정하나 심정반가치인 **책임고의가 탈락되므로 법효과에 있어서 구성요건적 착오와 동일**하다는 설이다. (경찰 1차) 고의불법은 성립하나 고의책임은 탈락하므로 결국 과실범 문제된다고 한다. /고의불법은 인정되므로 제한적 종속형식설(=정범이 구성요건에 해당하고 위법하면 공범이 성립)에 의해도 위법성조각사유전제사실착오에 빠진 자를 교사해서 죄를 범하게 한 경우 교사자를 교사범으로 처벌할 수 있다. (경찰 2차) 즉 이 설에 의하면 위법조각사유전제사실착오의 효과에서, 공범성립을 인정할 수 있다. (경찰 1차) 이설에 의하면 고의불법은 인정하나 책임고의는 조각한다. 그러나 고의불법이 인정되므로 공범성립이 가능하다. (변호사시험)

228) 없다 → 있다.

문제. 甲(갑)은 기자로서 모대학 학생회장 乙(을)의 사망사건을 보도하면서 /다방종업원이던 丙(병)녀가 경찰에서 乙(을)과 마지막으로 동행한 여자는 丁(정)녀였다는 진술을 기초로 /乙(을)과 동행한 여자는 丁(정)녀이고 丁(정)녀는 안기부에 근무하고 있다는 기사를 작성 보도했다. 그러나 丁(정)녀가 안기부에 근무한 것은 사실이나 丁(정)녀와 乙(을)이 동행하지 않음이 밝혀졌다. /甲(갑)의 죄책으로 틀린 것은? (경찰 1차)

① (엄격)고의설에 의하면 (과실 명예훼손으로) 무죄이다.

② 법효과제한 책임설에 의하면 (과실 명예훼손으로) 무죄이다.

③ (위법성조각사유를 구성요건해당성과 함께 총체적 불법구성요건요소로 이해하는 견해인) 소극적 구성요건표지이론[229]에 의하면 (과실 명예훼손으로) 무죄이다.

④ 엄격책임설에 의하면 무죄이다.[230]

Ⅱ. 법률의 착오

제16조[법률의 착오] 자기의 행위가 법령에 의하여 죄가 되지 아니하는 것으로 오인한 행위는, 그 오인에 정당한 이유가 있는 때에 한하여 책임조각으로 벌하지 아니한다.

1. 의 의

법률의 착오란 행위자가 구성요건적 사실(범죄사실)에 대한 인식은 있었으나 착오로 그 위법성을 인식하지 못한 경우, 즉 책임비난에 필요한 위법성의 인식이 없는 경우를 말한다(= 위법성 착오 또는 금지 착오).

229) 소극적 구성요건표지이론은 각칙의 개별구성요건을 적극적 구성요건으로 보고 위법성조각사유를 소극적 구성요건요소로 본다. 법률착오의 모든 경우를 본래적 구성요건적 착오로 취급한다. /이 설에 따르면 그 착오가 비본질적인 경우에는 고의범성립이 인정되고 본질적인 착오의 경우에는 과실범의 요건이 심사되어 과실범 (또는 무죄)로 처리된다. /이 설의 문제(問題)는 구성요건과 위법성의 본질적 차이를 간과하는 데에 있다.

230) 이 설은 모든 위법성조각사유착오를 법률착오로 이해하는 설로, /위법성조각사유전제사실착오도 정당한 이유가 있으면 무죄이나, 정당한 이유가 없으면 책임이 인정되어 범죄가 성립한다. 즉 오인에 있어서 정당한 이유가 없으면 명예훼손죄가 성립한다.

구 분	위법성의 적극적 착오 (=반전된 금지착오, 환각범[231])	위법성의 **소극적 착오** (=법률의 착오)
의 의	위법하지 않은 행위를 위법한 행위라고 오인한 경우로, 처음부터 구성요건해당성조차 없어서 처벌되지 않으므로 형법상 문제되지 않는다. (7급 검찰)	위법한 행위를 위법하지 않다고 오인한 경우로, 위법성의 착오로서 형법상 문제되는 것은 바로 이 경우이다.
사 례	• 자살도 죄로 된다고 믿고 자살하려 하였으나 미수에 그친 경우 (7급 검찰) • 소화 의무가 없는 때에도 방관하면 방화죄가 성립한다고 믿고 소화하지 않은 경우 • 중환자를 모른 척 하면 보호의무 없이도 유기죄가 된다고 믿고 방치 • 동성애도 범죄가 된다고 믿고 키스한 경우 • 간통도 죄로 된다고 믿고 간통한 때	• 선물로 받은 장물은 장물취득죄가 되지 않는다고 믿고 장물을 받은 경우 (7급 검찰) • 학교장이 징계권의 범위에 속하는 것으로 생각하고 학생에게 중상해를 가한 경우 (경위승진) • 학교장이 교육상 양귀비를 화단에 심은 경우 • 양자가 양부를 살해하는 것은 존속살해가 아닌 보통살인죄가 된다고 생각하면서 살해한 경우 (경위승진)

2. 법률착오의 유형

법률의 착오에는, 직접적 착오(=**금지규범**의 착오)와 간접적 착오(=**허용규범**의 착오 및 **허용한계의 착오**)가 있다.

1) 직접적 착오

행위자가 자기의 행위에 직접적으로 적용되는 금지규범 그 자체를 인식하지 못하고 자신의 행위가 허용되는 것으로 오인한 경우[232]이다(**=금지규범의 착오**).

법률의 부지 **(판례는 부정)**	형벌법규의 존재자체를 알지 못하여 자기행위의 위법성을 인식하지 못한 경우(예 도박금지 규범의 존재를 모르는 외국인의 도박행위)이다. /법률의 부지[233]에 대해 판례는 (금지착오가 아니므로) 범죄성립에 영향이 없다고 한다. (법원서기보, 9급 검찰)
(1) 효력의 착오	일반적 구속력이 있는 법규범을 잘못 판단하여 그 규정이 무효라고 오인한 경우(예 국가보안법 규정이 위헌으로 효력이 없다고 오인한 경우)이다.

231) *cf.* 불능미수 문제는 사실착오가 반전된 경우이다. (경찰 1차)
232) 즉 금지규범의 효력범위에 관해 잘못 해석한 경우로, 효력착오와 포섭착오가 있다.
233) 정당성 여부는 불문한다.

(2) 포섭의 착오	구성요건적 사실은 인식하고 있었으나 행위자가 그 금지규범의 법적 의미에 대해 착오(=추론착오)를 일으켜 (금지규범을 너무 좁게 해석)자신의 행위가 법적으로 허용된다고 믿은 경우(예 선물로 받은 뇌물은 뇌물취득죄가 되지 않는다고 믿은 경우, 초등학교 담임교사가 자기에게는 구조의무가 없다고 생각하고 그의 학생이 익사하는데 방치 경우)이다. (7급 검찰)

2) 간접적 착오

행위자가 금지된 것은 인식하였으나 구체적인 경우에 위법성조각사유(=허용규범)의 존재나 한계를 오인하여 자기의 행위가 허용된다고 판단한 경우이다(=허용규범의 착오, 위법성조각사유의 착오).

(1) 위법성조각사유의 存在(존재)에 대한 착오 (=허용 규범의 착오)	법이 인정하고 있지 아니한 위법성조각사유를 존재하는 것으로 행위자가 오신한 경우(예 남편이 부인에 대한 징계권이 있는 줄 잘못 알고 부인에게 체벌을 가한 경우, 환자동의 없이도 의사는 직업상 수술권한이 있다고 믿는 경우)이다. (경찰 1차)
(2) 위법성조각사유의 限界(한계)에 관한 착오 (=허용 한계의 착오)	행위자가 위법성을 조각하는 행위상황은 바로 알았으나 그에게 허용된 한계를 초과한 경우(예 타인이 현행범 체포를 위해 자기집에 24시간 감금가능하다고 오인해 감금한 경우, 그를 살해해도 된다고 생각하고 살해한 경우)이다. (경찰 1차)
위법성조각사유의 전제사실 착오[234] (=객관적 정당화 상황의 착오, 예 오상방위 오상피난 오상자구행위)	행위자가 객관적으로 존재하지 않는 위법성조각사유의 객관적 전제사실이 존재한다고 착오로 잘못 믿고 위법성조각사유에 해당하는 행위를 한 경우(예 전보배달부를 강도로 오인하고 상해를 입힌 경우, 허위사실을 진실로 오인하여 공익을 위해 적시한 경우)이다. (변호사시험) 다만 이것을 금지착오로 보는 설도 있으나, 구성요건적 착오로 본다.

3. 법률착오의 효과

위법성 인식이 없는 경우, 즉 법률의 착오에 대하여 어떠한 효과를 인정할 것인가? 이는 위법성인식의 체계적 지위에 따라 다르다.

234) 이는 사태에 관한 착오이다(=허용구성요건의 착오).

1) 고의설

(위법성인식은 고의의 내용이 되므로) 법률착오의 경우에는 **고의가 조각되고** 과실이 있으면 **과실범** 문제만 남는다.

2) 책임설

위법성의 인식은 (고의와는 독립된) 책임요소이므로, 법률착오는 (고의의 성립 여부와는 관계가 없고) **착오에 정당한 이유**가 있으면[235] **책임이 조각된다** (통설).

4. 형법 제16조의 해석

형법 제16조는 "자기의 행위가 법령에 의하여 죄가 되지 아니한 것으로 오인한 행위는 그 오인에 정당한 이유가 있는 때에 한하여 벌하지 아니한다"라고 규정하고 있다(책임설). (7급 검찰)

1) 자기의 행위가 법령에 의하여 죄가 되지 아니한 것으로 오인한 행위

이는 착오로 인하여 위법성을 인식하지 못한 행위를 의미한다. 여기의 오인에는 법률의 부지도 포함한다는 것이 통설이나, 판례(예 향토예비군설치법에 주거이전시 신고의무가 있고 이를 위반하면 처벌한다는 규정이 있음을 알지 못하여 주거이전을 하고도 신고를 하지 아니한 경우)는 일관하여 법률의 부지는 위법성의 착오에 해당되지 않는다고 한다. (법원서기보)

2) 정당한 이유가 있는 때

정당한 이유가 있는 때란 착오의 회피가능성이 없는 때를 의미한다. 판례는 구체적인 경우의 제반 사정에 비추어 죄가 되지 않는다고 오인하고 그 오인에 과실(회피가능성)이 없는 때에 한해 정당한 이유가 있는 것으로 해석한다.

---

235) 대판 1995.8.25., 95도717 참조. 환각범은 오인의 정당한 이유를 불문하고 항상 처벌대상이 아니다. (경찰 1차)

* 법률착오에 오인 정당한 이유가 있다고 본 사례	* 법률착오에 오인 정당한 이유가 없다고 본 사례
• 부대장의 허가를 받아 부대 내에서 유류를 저장하는 것이 죄가 되지 않는 것으로 오인한 경우 • 변호사에게 상담한 끝에 죄가 되지 않는 것으로 알고 거래한 경우[236] • 허가 **담당 공무원**이 허가를 요하지 않는다고 잘못 알려준 것을 믿고 행위한 경우 • 초등학교장이 도교육위원회의 지시에 따라 교과식물로 비치하려고 양귀비를 학교화단에 심은 경우 (경찰 2차) • 甲은 동생 乙의 이름으로 군복무 중 휴가를 나왔다가 乙이 군복무를 필한 사실을 알고 다른 사람의 이름으로 군대생활 필요가 없다고 생각해 귀대하지 않은 경우 • 국토교통부장관 허가를 받아 설립된 한국교통사고상담센터직원이 목적사업범위내에서 피해자로부터 승인된 수수료를 받고 그의 위임하에 사고회사와의 사이에 화해의 중재·알선을 한 경우 (경찰 1차) • 주민등록지를 이전한 자가 이미 같은 주소에 향토예비군대원신고가 되어 있으므로 재차 동일주소에 대원신고를 할 필요가 없다고 생각하여 이를 행하지 않은 경우 (경찰 1차) • 유선비디오 방송설비는 허가대상이 아니라는 **정보통신부장관**의 회신을 믿고 당국허가없이 유선비디오 방송설비를 설치한 경우[237] (경찰 1차) • 비디오물 감상실 업자가 행정지도에 따라서 자기 감상실에 18세 이상 19세 미만 청소년을 출입시킨 행위가 적법이라고 믿은 경우 (경찰 2차) • 사용자의 직장폐쇄가 정당한 쟁의행위로 인정되지 아니하는 때 근로자가 평소 출입이 허용되는 사업장에 들어간 경우[238] • 장의사영업허가 받은 상인이 도매업 위해 관할관청에 허가 신청하자 관할관청이 허가가 불필요하다고 해석하여 허가를 해주지 않고 있는 경우 이를 믿고 도매업을 해온 경우	• 변사체를 당국에 신고한 후에 매장해야 함을 몰랐기 때문에, 신고 없이 죽은 자를 매장한 경우 (경찰 2차) • 운전교습용 비디오카메라 장치의 특허권자에게 대가를 지불하고 사용승락을 받았다고 하여 불법교육 허용으로 오인한 경우 (경찰 1차) • 변호사인 국회의원이 네티즌의 낙천대상 선정 부당 반론담은 의정보고서 발간과정에서 보좌관 통해 선관위직원에 문의 답변받은 결과, 선거법에 위반이 없다고 오인한 경우 (경찰간부) • 타인이 허가를 얻어 벌채하고 남아 있던 잔족목을 벌채하는 것이 위법인 줄 몰랐다고 하는 경우 • 운전자가 변경된 교통법규를 모르고 법규를 위반한 경우 • 중개업자가 분양권매매 중개수수료 산정 지자체 조례를 잘못 해석해 초과수수료 수령한 경우 (경찰 1차) • 과거 판례를 보고 한 행위 (경찰 2차) • 존속살해죄의 존속에 양부는 포함되지 않는다고 오인하고 양자가 양부를 살해 • 개는 재물에 포함되지 않는다고 오인하여 타인의 개를 사살한 경우 • 남편이 부인에게 징계권이 있는 줄 잘못 알고 부인에게 체벌을 가한 경우 • 사인이 현행범 체포를 위해 그를 살해해도 된다고 생각하고 살해한 경우 • 장례식장 식당부분을 증축하며 지자체협의를 거쳤다거나 또는 건교부 질의를 한 경우 (경찰 1차) • 20년간 사법경찰로 근무한 자가 검사의 수사지휘를 받았으니 허위로 수사기록을 작성해도 된다고 생각하고 수사기록에 허위내용을 수록한 경우 (경찰 1차) • 외환은행 담당자 안내에 따라 선박 매매대금지급 신고를 한 경우 (경찰 2차) • 공무원이 한 봉인표시를 손상은닉하여 효용을 해한 경우여서 봉인표시가 무효라고 믿은 경우(공무상표시무효죄) (경찰 1차) • 삼원농원이 남원시로부터 즉석판매제조가공 영업허가를 받고 녹동달오리골드를 제조한 경우[239] (경찰 1차)

3) 벌하지 아니한다

법률의 착오에 정당한 이유가 있는 때에는 책임이 조각되어 범죄가 성립하지 않으므로 벌하지 아니한다(=책임설).

문제. 다음 중 법률의 착오에 정당한 이유가 있는 것은?(경찰 1차)

① 허가를 얻어서 벌채하고 남아있던 잔존목을 위법인 줄 모르고 허가없이 벌채한 경우

② 디스코클럽사장이 경찰단속대상에서 제외된 만18세 이상의 고등학생 아닌 미성년을 출입시키고 주류를 판매한 경우[240)]

③ 변호인의 자문을 받아 압류물을 집행관 승인없이 임의로 그 관할 밖으로 옮긴 경우[241)]

④ 관할관청이 비디오물감상실 업주들에게 만18세 미만의 연소자의 출입금지표시를 출입구에 부착하라고 행정지도를 했을 뿐인데 비디오물감상실업자가 허용된다고 오인하고 만18세 이상 19세 미만의 청소년을 자신의 비디오물감상실에 출입시킨 경우[242)]

5. 위법성조각사유의 전제사실에 대한 착오의 法的 效果(법적 효과)

행위자가 존재하지 않는 위법성조각사유의 객관적 전제사실[243)]이 존재한다고 오인하여 위법성 조각사유에 해당하는 행위를 한 경우(예 오상방위, 오상피난, 오상자구행위)를 위법성조각사유의 전제사실에 대한 착오(=허용구성요건의 착오)라고 한다(예 전시 아군을 적군으로 오인하고 사살한 경우, 환자의 승낙이

236) 구제적 상담자료가 있어야 한다.
237) 대판 1987.4.14, 87도160.
238) 대판 2002.9.24, 2002도2243.
239) 무면허 의약품 제조로 인한 보건범죄특별단속법위반에 오인의 정당한 이유가 될 수 없다(대판).
240) 대판 1985.4.9, 85도25.
241) 대판 1992.5.26, 91도894.
242) 업자가 18세 이상 19세 미만 자를 출입시키는 것이 허용된다고 믿은 오인에는 정당한 이유가 있다(대판 2002.5.17, 2001도4077).
243) 즉 위법성조각사유 성립요건 중에서 객관적 사실요소인 상황과 행위에 관한 착오만을 가리킨다.

있다고 오신하고 한 의사의 수술행위).

영미법계는 처벌을 원칙으로 하며, 대륙법계에서는 책임비난 관점에서 검토하여 독일의 경우에는 형법 제17조에서 착오를 회피할 수 있었는지 여부로 판단하고 있다.

우리의 경우, 이를 구성요건적 착오로 취급할 것인가? 법률의 착오로 할 것인가? 견해의 대립이 있는데 보기로 한다.

1) 구성요건적 착오로 보는 견해(=고의설, 소극적 구성요건표지이론[244], 제한적 책임설[245], 유추적용설[246])

이 설은 위법성조각사유의 전제사실에 대한 착오를 구성요건적 착오로 취급하여 고의가 조각되고, 다만 과실범처벌규정이 있는 경우에 한하여 과실범으로 처벌된다고 본다.

2) 법률의 착오로 보는 견해(=엄격책임설)

위법성조각사유의 전제사실에 대한 착오의 경우라도, 행위자는 구성요건적 사실 그 자체는 인식하고 있으므로 고의 자체는 조각될 수 없다.[247] 다만 위법성의 인식이 없는 경우 법률의 착오[248]가 된다는 견해이다. (7급 검찰)

이 설에 의하면, 착오에 정당한 이유가 있으면 (책임조각[249])으로 과실범이

---

244) 소극적 구성요건표지설은 (책임론이 아닌 구성요건이론의 관점에서 해결하려는 견해로) 각칙의 개별구성요건을 적극적 구성요건으로 보고 위법성조각사유를 소극적 구성요건요소로 본다. 법률착오의 모든 경우를 (본래적) 구성요건적 착오로 취급한다. /이 설에 따르면 그 착오가 비본질적인 경우에는 고의범성립이 인정되고 본질적인 착오의 경우에는 과실범의 요건이 심사되어 과실범 (또는 무죄)로 처리된다. /이 설의 문제는 구성요건과 위법성의 본질적 차이를 간과하는 데에 있다. (경찰 1차)

245) 위법조각사유전제사실착오도 구성요건착오와 같이 취급한다.
법효과제한적 책임설에서는 이 위법성조각사유전제사실착오에 있어 구성요건고의는 성립하여 고의불법은 인정하되 책임고의가 성립되지 않아 그 행위의 법적 효과만이 제한되어 고의책임과 고의형벌만이 부정된다는 것이다. 법효과는 사실착오와 동일하다. (경찰 1차)

246) 유추적용설은, 제13조를 유추 적용하여 구성요건적 고의가 조각되어 과실범으로 처벌을 하려는 견해이다.

247) 과실범으로 처리되는 경우는 인정되지 않는다.

248) 즉 착오에 정당한 이유가 있으면 (책임조각으로) 불벌이나, 정당한 이유가 없으면 고의범으로 처벌된다.

249) 위법조각이 아니다. (경찰 1차)

아닌) 무죄가 되고, 착오에 정당한 이유가 없으면 고의범으로 처벌된다.[250)]

3) 사례연구

(1) 乙이 담력을 시험하기 위해 장난감 권총을 꺼내자 甲은 생명의 위험을 느끼고 총을 쏘아 乙을 살해한 경우, 甲의 죄책은?

① 법률의 착오로 보는 견해(엄격책임설) ⇨ 살인죄 (경찰 2차)

② 구성요건적 착오로 보는 견해(고의설, 소극적 구성요건표지이론, 제한적 책임설) ⇨ 과실치사죄

(2) 타인의 재물을 절취하기 위해 미행하고 있는[251)] 甲을, 절도의 현행범인라고 믿고 체포한 乙의 죄책은?

① 엄격책임설 ⇨ 체포죄

② 제한적 책임설(다수설) ⇨ 고의가 조각되어 성립되지 않고 착오에 과실이 있으면 과실범으로 처벌된다. 다만 체포죄의 과실범처벌규정이 없어 무죄(7급 검찰)

제 4 절 기대가능성

Ⅰ. 의 의

기대가능성이란 행위시의 구체적 사정으로 보아 행위자에게 범죄행위를 하지 않고 적법행위를 할 것을 기대할 수 있는 가능성(=적법행위에 대한 기대가능성)을 말한다.

책임의 본질이 비난가능성에 있다는 규범적 책임론에 의할 때, 적법행위의 기대가능성이 있어야 행위자를 비난할 수 있고 기대가능성이 없으면 행위자를 비

---

250) 위전착의 경우 엄격책임설만 고의범 인정을 하고 있다. (경찰 1차) ㄴ머지 학설은 과실범 문제로 간다.

251) 절도는 미수처벌규정이 있으나, 실행착수가 없음.

난할 수 없게 된다. 따라서 기대가능성은 비난가능성의 본질적 요소가 된다.(경위승진)

우리는 기대불가능성을 초법규적 책임조각사유로 이해하는 것이 통설·판례의 입장이다.

문제. 다음 중 판례가 기대가능성을 부정한 경우(책임조각)는?

① 휴가 나온 병사가 처자가 생활고로 행방불명된 사정 때문에 귀대하지 않았다.[252]

② 탄약창고보초가 상급자들이 그 창고내에서 포탄피를 절취하는 현장을 목격하고도 그것을 제지하지 않았고 상관에게 보고하지도 않았다.

③ 부하직원이 직무상 지휘복종관계에 있는 직장상사의 범법행위에 가담하였다.

④ 나이트클럽주인이 (교수 인솔 하에) 수학여행온 대학3학년생 34명 중 일부만의 학생증을 제시받아 성년임을 확인하고 입장시켰으나 그들 중 1인이 미성년이었다.

Ⅱ. 기대가능성의 체계적 지위

1) 고의·과실의 구성요소설

기대가능성을 (책임의 심리적 요소인) 고의·과실의 구성요소로 보아, 기대가능성이 없으면 고의·과실이 조각되어 책임도 조각된다는 견해이다.

2) 독립된 책임요소설

기대가능성을 책임능력이나 책임조건(고의·과실)과 같은 위치에 있는 독립된 책임요소라고 하는 견해이다.

3) 책임조각사유설

기대가능성은 책임을 구성하는 적극적 요소가 아니라, 책임능력과 책임조건이

252) ①②③은 책임이 있다.

존재하면 원칙적으로 책임이 인정되고 예외적으로 기대가능성이 없을 때에는 책임이 조각되는 소극적 요소라고 보는 다수의 견해이다.

Ⅲ. 기대가능성의 판단기준

기대가능성의 유무를 판단하는 기준을 어디에 둘 것인가? 이에 대하여는 다음과 같은 세 가지 견해가 대립되고 있다.

1) 행위자표준설

행위 당시의 행위자의 구체적 사정을 기초로 행위자의 능력을 표준으로 하여 기대가능성의 유무를 판단해야 한다는 견해이다. /이에 의하면 확신범·양심범은 기대가능성이 없어 책임이 조각되므로 처벌을 하지 못하게 된다.

2) 국가표준설

국가가 국가의 법질서·법이념에 따라 기대가능성의 유무를 판단해야 한다는 견해이다.

3) 평균인표준설 (판례)

행위 당시에 사회일반의 평균인이 행위자의 입장에 있었을 경우에 적법행위를 기대할 수 있느냐(여부)에 따라 기대가능성의 유무를 판단해야 한다는 견해이다.[253)]

4) 최소규범인 표준설

규범적 관점에서 법공동체 생활에서 요구되는 최소한의 인간상 기대가능성 기준을 설정하고 이에 따라 판단하는 견해이다.

Ⅳ. 기대가능성에 대한 착오

기대가능성의 착오란 기대불가능성(=책임조각사유)의 기초가 되는 사정이

253) 대판 2015.11.12., 2015도6809(세월호 사건).

존재하지 아니함에도 불구하고 존재한다고 오신한 경우(예 자기의 친족이 아님에도 자기의 친족으로 잘못 알고 범인을 은닉한 경우)를 말한다.

다만 (현행형법에 명문규정이 없으나 이를 사실의 착오나 위법성의 착오와 무관한 특별한 종류의 착오로 보아), 착오에 상당한 이유(=회피불가능)가 있으면 責任阻却(책임조각)이 된다.

V. 기대불가능성으로 인한 책임 조각 · 감경 사유

1. 형법상의 책임조각 · 감경사유

현행형법은 기대가능성에 관한 직접적 명문의 규정은 두고 있지 않으나 /총칙과 각칙에서 기대가능성의 결여 또는 감소를 이유로 책임이 조각 · 감경되는 경우를 규정하고 있다.

1) 총 칙 (법원서기보, 경사승진)

책임조각사유	임의적 감면(책임조각 · 감경) 사유
• 강요된 행위 • 과잉방위의 특수한 경우(제21조 ③) • 과잉피난의 특수한 경우(제22조 ③)	• 과잉방위(제21조 ②) • 과잉피난(제22조 ③) • **과잉자구행위**(제23조 ②)

2) 각 칙

책임조각사유	책임감경사유
• 친족간 범인 은닉 · 도피죄(제151조 ②) • 친족간 증거인멸죄(제155조 ④) • 범인 자신의 은닉 · 증거인멸	• 도주원조죄보다 단순도주죄가 법정형이 경함. • 위조통화행사죄보다 위조통화취득 후 지정행사죄가 법정형이 경함. • 영아살해죄(제251조), • 영아유기죄(제272조)

2. 초법규적 책임조각사유

형법에 규정이 없는 일정한 경우에도, 기대가능성이 없는 것을 이유로 하여 책임이 조각되는 아래의 경우가 문제된다.

상관의 구속력 있는 위법한 명령에 따른 행위의 경우에는, (위법행위이나) 기대가능성이 없어 책임이 조각된다.

의무의 충돌에서 부득이한 사유로 낮은 가치의 의무를 이행한 경우에는, (위법하지만) 이 경우에도 기대불가능성을 이유로 한 초법규적 책임조각사유를 인정할 수 있다.[254)]

생명·신체 이외의 법익에 대한 강요된 행위의 경우에는, (형법 제12조에 해당하지 않지만) 기대불가능성으로 인한 초법규적 책임조각사유가 된다.

Ⅵ. 강요된 행위

제12조[강요된 행위] 저항할 수 없는 폭력(=심리적 폭력)이나 자기 또는 친족의 生命(생명)·身體(신체)에 대한 위해를 방어할 방법이 없는 협박에 의하여, 강요된 행위는 벌하지 아니한다.

1. 의 의

강요된 행위란 저항할 수 없는 폭력이나 자기 또는 친족의 생명·신체에 대한 위해를 방어할 방법이 없는 협박에 의하여 강요된 행위(예 어로작업 중 납북된 어부들이 연금된 상태에서 부득이 국가보안법을 위반한 행위를 한 경우)를 말한다. (7급 검찰) 이러한 강요된 행위는 적법행위에 대한 기대가능성이 없다는 이유로 책임이 조각되어 벌하지 아니한다.

2. 긴급피난과의 비교

1) 유사점

긴급피난의 긴급상태와 유사한 강제상태를 요한다. /정당한 이익간의 충돌이 존재한다.

행위자의 상황에 대한 인식과 의사가 필요하다.

---

254) 대판 2002.11.13., 2002도4481 참조.

2) 차이점

구 분	긴급피난	강요된 행위
본 질	위법성조각사유	책임조각사유
법익의 범위	제한 없다.	생명 · 신체
법익의 주체	자기 또는 他人(타인)	자기 또는 親族(친족)
원인의 부당성	불요	필요(예, 불법한 폭력 · 협박)
상당성	필요(예, 보충성과 균형성)	불요

3. 요 건

1) 저항할 수 없는 폭력

폭력이란 상대방(=피강요자)의 항거를 억압할 수 있을 정도의 유형력 행사를 말한다. 폭력은 물리적 · 절대적 폭력과 심리적 · 강제적 · 의사적 폭력으로 구분할 수 있다.

강요된 행위에서 말하는 저항할 수 없는 폭력은 (강제로 손을 붙들어 증명서류에 사인하게 한 경우와 같은 물리적 폭력이 아닌) 심리적 폭력(예 사람에게 고문을 함으로써 피강요자의 의사결정내지 행동의 자유가 침해되어 강요자가 요구하는 어떤 행위를 하는 경우)만을 말한다. (경감승진)

폭력의 수단에는 제한이 없다(비록 폭력을 제거할 힘이 있더라도 이를 거부할 수 없는 처지에 있는 경우도 포함된다).

2) 자기 또는 친족의 생명 · 신체에 대한 위해를 방어할 방법이 없는 협박

협박이란 상대방으로 하여금 공포심(외포심)을 일으키게 할 만한 해악(위해)을 가할 것을 고지하는 것이다.

위해의 대상은 자기 또는 친족[255]의 생명 · 신체에 국한된다.

(친족이 아닌) 타인의 생명 · 신체에 대한 위해나 자기 또는 친족의 생명 · 신체 이외의 법익에 대한 위해는 여기에 포함되지 않는다(다만 초법규적 책임조각사유문제). (7급 검찰)

255) 여기서 친족범위는 민법에 의하나, 내연의 처나 사생자도 포함된다(통설). (경감승진)

방어할 방법이 없을 것이란 달리 위해를 저지하거나 피할 수 없고 강요한 행위(범죄)를 행하는 것이 위해를 피하기 위한 유일한 방법이어야 한다는 것을 의미한다.

3) 강요된 행위

강요된 행위란 폭력 · 협박에 의하여 피강요자의 의사결정이나 행동의 자유가 침해되어 강요자가 요구하는 일정한 행위를 하는 것을 말한다.[256] (경찰승진)

이 때 강요된 행위는 구성요건에 해당하는 위법한 행위이어야 하며, 강요의 수단인 폭력 · 협박과 강요된 행위와의 사이에 因果關係(인과관계)가 있어야 한다.

4. 효 과

1) 피강요자의 책임

피강요자의 강요된 행위는 적법행위에 대한 기대가능성이 없어 책임이 조각되므로 벌하지 아니한다. (7급 검찰)

다만 피강요자행위의 위법성은 조각되지 않으므로 이에 대한 정당방위는 가능하다. (경감승진)

2) 강요자의 책임

강요자는, 처벌되지 않는 자(=피강요자)를 이용하여 범죄를 실행한 것이므로 강요된 범죄행위의 간접정범으로 처벌된다(통설). (9급 검찰)

문제. 다음 중 강요된 행위는?

① 단체 사이의 상하관계 구속력 때문에 이루어지는 행위[257]

② 대공수사단 직원이 상관명령에 따라 참고인을 고문해 사망시킨 경우

③ 성장교육과정을 통해 형성된 관념으로 인해 행위자의 의사결정이 사실상 강제된 상태에서 테러행위를 한 경우[258]

④ 남편의 계속적 구타에 못이겨 허위내용의 고소장을 제출한 경우[259]

---

256) 대판 2009.6.11., 2008도11784(예인선 진도대교 충돌사건).

257) 이 이유만으로 강요된 행위로 인정할 수는 없다.

258) 대판 1990.3.27., 89도1670(김현희 KAL비행기 폭파사건). 대판 1971.2.23., 70도2629 및 대판 1973.1.30., 72도2585(강요된 행위 부정) 참조.

제5장 미수론

제1절 총 설

Ⅰ. 범죄의 실현단계

행위자의 범죄의사가 실현되는 데는 예비·실행착수·결과발생을 거쳐서 종료의 단계에 이르게 된다. 즉 범죄실현의 단계는 범죄의사(범죄결심) ⇨ 예비·음모 ⇨ 실행의 착수 ⇨ 미수 ⇨ 기수 ⇨ 종료의 순으로 이루어진다.

1. 범죄의 결심단계

일정한 범죄행위를 하려고 하는 의사를 내심에서 확정하는 단계(예 원수를 죽이겠노라고 마음속으로 결심한 경우)이다. 범죄결심단계는 범죄의사가 개인의 심리과정(마음 속)에 머물고 있는 한 형법적 판단의 대상이 아니다.

259) 무고죄이나 강요된 행위로 보아 책임이 조각된다. 남편은 무고죄의 간접정범.

2. 예비 · 음모단계

범죄의사가 외부에 표시되나 아직 실행의 착수에 이르지 아니한 단계이다.

예비란 범죄의사의 실현을 위한 물적준비행위(예 원수를 죽이기 위해 청계천에서 러시아제 권총을 구입한 경우)이며 /음모란 2인 이상이 일정한 범죄를 실현하기 위하여 서로 의사를 교환하고 모의하는 것(예 원수를 죽이기 위해 친구와 같이 범행을 모의한 경우)이다.

우리형법은 고의·기수범을 원칙적으로 처벌하므로 /예비·음모는 원칙적으로 처벌되지 않고 처벌규정이 있는 경우에 한해 예외적으로 처벌한다.

3. 미수단계

범죄의 실행에 착수하였으나, ① 그 행위를 종료하지 못했거나 ② 행위는 종료하였으나 결과가 발생하지 아니한 경우[예 그 원수를 향해 총을 겨누었으나 (실행의 착수) 총을 발사하지 않았거나, 총을 발사하였으나 빗맞아 상처만 입힌 경우]이다.

미수는 실행에 착수한 점에서 예비·음모와 구별되고, 미수는 범죄가 완성되지 않은 점에서 기수와 구별된다.

미수도 (원칙적으로 처벌되지 않고) 법률에 처벌규정이 있는 경우에만 처벌된다.

4. 기 수

범죄의 실행에 착수하여 범죄를 완성한 경우, 즉 범죄구성요건의 모든 요소를 충족한 경우(예 원수를 죽이기 위해 총을 발사하여 원수를 살해한 경우)가 기수이다.

기수는 (범죄의 기본형태로서) 형법이 원칙적으로 처벌대상으로 하는 범죄형태이다.

5. 종 료

범죄가 기수가 된 후에도 법익침해행위가 계속되는 경우가 있다. 이런 경우에

보호법익에 대한 침해행위가 실질적으로 끝난 경우를 종료라고 한다. 예를 들면, 감금죄의 경우 피해자가 감금되어 어느 정도의 시간이 지나면 감금죄는 기수가 되나, 그 피해자가 감금되어 있는 동안에는 법익침해가 계속되고 피해자가 석방된 때 비로소 범죄는 종료된다.

기수와 종료의 구별실익에는 ① 기수 후에는 교사가 불가능하나, 기수 후 범행종료 전까지는 종범성립은 가능한 점 ② 기수 후 범행종료 전에 정당방위·긴급피난이 가능한 점 ③ 공소시효는 **범행의 종료 시부터** 진행되는 점 ④ 기수 후 범행종료 전에 가중적 구성요건의 실현이 가능한 점 등이 있다.

Ⅱ. 미수범처벌의 근거

구 분	객관설 (구파)	주관설 (신파)	절충설 (다수설)
미수범의 처벌근거	미수의 처벌근거는 (행위자의 의사에 있는 것이 아니라) 행위객체에 대한 **위험**에 있다는 견해이다.	미수의 처벌근거가 외부적 행위에 의해 표현된 행위자의 범죄의사 내지 **법 적대적 의사**에 있다고 보는 견해이다.	실행의 착수를 통해서 범죄인의 범죄의사(법적대적 의사)가 객관적으로 드러남으로써 일반인의 법질서에 대한 신뢰와 안정감을 깨뜨려 **법동요의 인상**을 주었다는 점에 미수의 처벌 근거가 있다고 보는 견해이다(=인상설).
이론적 근거	이론적 근거는 범죄의 객관적 측면(행위·결과)을 강조하는 객관주의 범죄론이다.	범죄를 반사회적 성격의 징표로 보는 주관주의 범죄론이다.	객관주의+주관주의
미수범의 처벌	결과발생이 없는 미수는 비교적 중대한 범죄에 대하여 예외적으로만 처벌하고 그 형도 필요적 감경해야한다고 한다.	미수도 기수와 동일하게 처벌되어야 한다고 한다. (7급 검찰)	미수는 기수에 비하여 결과불법이 적어 임의적으로 감경하게 된다고 주장한다. 이 견해가 우리 형법의 태도(제25조 ② : 임의적 감경)와 일치한다.[260] (경사승진)

260) 다만 예외적으로 미수 기수를 동일하게 처벌하는 경우도 있다 (예 특정경제범죄가중처

불능범의 처벌	불능범은 **처벌되지 않는**다고 주장한다.	불능범도 법 적대적 의사는 존재하기 때문에 **당연히 처벌된다**고 한다.	불능범은 (법익침해의 위험성이 없기 때문에) **처벌할 수 없다**고 한다 (다만 불능미수는 임의적 감면)

Ⅲ. 형법상 미수범의 처벌

제29조[미수범의 처벌] 미수범을 처벌할 죄는 각 본조에 정한다.

형법상 기수범 처벌이 원칙이므로, 미수는 예외로 처벌규정이 있는 범죄에 한해 처벌된다.

구 분	미수범처벌의 사례
개인적 법익에 대한 죄	① 살인의 죄 ② 상해·존속상해죄 ③ 체포와 감금의 죄 ④ 협박의 죄 ⑤ 약취와 유인의 죄 ⑥ 강간과 추행의 죄(강간, 강제추행, 준강간, 준강제추행) ⑦ 주거침입의 죄(주거침입·퇴거불응죄, 주거·신체수색죄) ⑧ 권리행사를 방해하는 죄(강요죄, 인질강요죄, 인질상해죄, 인질살해죄, 점유강취, 준점유강취죄) ⑨ 재산죄(절도·강도죄, 사기·공갈죄, 횡령·배임죄, 손괴죄)
사회적 법익에 대한 죄	① 교통방해죄 ② 통화에 관한 죄 ③ 유가증권·우표·인지에 관한 죄 ④ 문서에 관한 죄 ⑤ 인장에 관한 죄 ⑥ 아편에 관한 죄 ⑦ 폭발물사용죄 ⑧ 음용수에 관한 죄 ⑨ 일수와 수리에 관한 죄 ⑩ 방화의 죄(현주건조물·공용건조물·일반건조물 등의 방화, 폭발성물건파열죄, 가스·전기 등 방류죄, 가스·전기 등 공급 방해죄)
국가적 법익에 대한 죄	① 내란의 죄 ② 외환의 죄 ③ 외국에 대한 사전죄 ④ 불법체포·불법감금죄 ⑤ 공무방해에 관한 죄(공무상비밀표시무효죄, 부동산강제집행효용침해죄, 공용서류 등 무효죄, 공용물파괴죄, 공무상보관물무효죄) ⑥ 도주·집합명령 위반죄, 특수도주죄, 도주원조죄, 간수자의 도주원조죄

위증죄, 무고죄, 명예훼손죄, 모욕죄, 유기죄, 폭행죄 등의 거동범(형식범)은 구성요건에 해당하는 행위가 있으면 바로 기수가 되므로 그 미수를 처벌하는

벌법 제4조 ③ 재산국외도피죄).

규정이 없다. (9급 검찰)

업무방해죄, 공무집행방해죄, 범인은닉죄, 증거인멸죄 등은 추상적 위험상태의 야기만으로 기수가 되는 추상적 위험범이며 (법에 규정된 행위를 함으로써 바로 기수가 되는) 거동범이므로 미수범처벌규정이 없다. (7급 검찰)

진정 부작위범은 형식범(거동범)으로서 미수가 인정되지 않으나(다만 입법의 오류로 **퇴거불응죄, 집합명령위반죄는 미수범처벌)**, 부진정 부작위범은 미수의 성립이 가능하다.

재산죄 (중에 장물죄 · 점유이탈물횡령죄 · 권리행사방해죄 · 경계침범죄 · 강제집행면탈죄 제외)에는 모두 미수범처벌규정이 있다. (경감승진)

형법은 미수를 장애미수 · 중지미수 · 불능미수로 구분하고, 미수의 종류에 따라 다음과 같이 처벌에 차이를 두고 있다. (법원서기보, 경위승진, 9급 검찰)

구 분	처 벌 내 용
장애미수	**임의적 감경**[261]
중지미수	필요적 감면
불능미수	임의적 감면

문제. 형법상 미수범처벌규정이 없는 범죄는[262]? (경찰 1차)

① 자동차등불법사용죄[263]　② 특수도주죄[264)]
③ 공무상 보관물무효죄　④ 증거인멸죄[265]

문제. 형법상 미수범처벌규정이 없는 범죄는? (경찰 2차)

① 사인위조죄　② 공인위조죄
③ 공문서부정행사죄　④ 사문서부정행사죄[266]

---

261) **심신미약자도 임의적 감경** 대상이다. cf. 필요적 감경에는 농아자, 종범 등이 있다.

262) 도박죄, 공무원자격사칭죄, 공무집행방해죄, 범죄단체조직죄도 있다. (경찰 1차 · 2차)

263) 행위객체에는 타인의 자동차 선박 항공기 원동기장치자전거가 있다. 기차는 해당하지 않는다. (경찰 1차)

264) 특수도주죄는 2인 이상이 합동해서 단순도주죄(형법 제145조 1항)를 범해도 성립한다. (경찰 2차)

265) 추상적 위험범으로 미수처벌규정이 없다.

266) 문서의 죄 중에 **사문서 부정행사죄**만 미수처벌이 없다.

제 2 절　장애미수

제25조[미수범]
① 범죄의 실행에 착수하여 행위를 종료하지 못하였거나(착수미수=미종료) 결과가 발생하지 아니한 때(실행미수=불발생)에는 미수범으로 처벌한다.
② 미수범의 형은 기수범보다 감경할 수 있다.

Ⅰ. 의 의

장애미수란 행위자의 의사에 반하여 외부적 장애로 범죄를 완성하지 못한 경우(예 살해의 의사로 총을 발사하려는 순간 타인의 방해로 발사하지 못한 경우)를 말한다. 일반적으로 미수라고 할 때는 장애미수를 의미한다(=협의의 미수).

장애미수는 범죄의 미완성이 외부적 장애로 인한 것이라는 점에서 /행위자의 자의에 의한 중지미수와 구별된다. 장애미수는 (가능미수로서) 결과 발생이 가능하였음에도 불구하고 현실적으로는 결과가 발생하지 아니한 것이라는 점에서 /결과발생이 처음부터 불가능한 불능미수와 구별한다.

Ⅱ. 성립요건

미수범의 성립요건으로는 ① 주관적 구성요건과 ② 객관적 구성요건(=실행의 착수 및 범죄의 미완성)이 필요하다. (경사승진)

1. 주관적 구성요건(고의, 절도죄의 불법영득의사와 같은 특수요소)

미수범도 기수범과 마찬가지로 구성요건요소로서의 (기수의) 고의와 특수한 주관적 구성요건요소를 필요로 하는 범죄에서 그러한 요소(예 절도죄에 있어서

불법영득의사, 목적범의 목적)가 있어야 한다. (법원서기보, 경위승진)

(과실범은 고의가 없으므로) **과실범의 미수는 인정되지 않는다.** 따라서 우리형법에는 과실범미수 처벌규정이 없다.

2. 실행의 착수

미수범이 성립하려면 객관적 요건으로서 실행의 착수가 있어야 한다. 실행의 착수란 범죄 실행의 개시를 말하며, 이는 예비·음모와 미수의 구별기준이 된다. (7급 검찰, 법원서기보, 경위승진)

1) 실행의 착수시기

실행의 착수시기를 언제로 볼 것인가에 대해 다음과 같이 학설이 대립하고 있다.

① 객관설

구성요건에 해당하는 객관적 행위를 기준으로 실행의 착수를 정하려는 견해로, 객관주의 범죄론(구파)의 입장이다.

형식적 객관설	구성요건에 해당하는 정형적인 행위 또는 그 일부를 시작한 때(예 금고 안의 보석을 절취하기 위해 금고문을 열고 보석을 손으로 잡은 때)에 실행의 착수가 있다고 보는 견해이다. /실행의 착수를 너무 늦은 시점에서 인정하게 되는 문제점이 있다.
실질적 객관설	① Frank의 공식 : 자연적으로 보아 구성요건적 행위와 필연적 결합관계에 있는 구성요건실현의 전 단계에서 실행의 착수가 있다고 보는 견해이다((예 금고 안의 보석을 절취하기 위해 금고문을 열기 위한 행위를 개시한 때). ② (물색 또는)**밀접행위설** : 행위가 보호법익에 대하여 직접적인 위험을 야기시킨 때 또는 법익침해에 대한 밀접한 행위가 있을 때(예 금고 안의 보석을 절취하기 위해 금고문을 연 때, 소매치기가 호주머니를 더듬은 때, 보험금을 노린 방화는 지급청구시, 소송사기는 소제기시) 실행의 착수가 있다고 보는 것이 판례의 입장이다.[267]

② 주관설

범죄의사(범의)가 그 수행적 행위에 의하여 확정적으로 나타난 때 또는 범의의 비약적 표동이 있는 때(예 금고를 털기 위한 목적으로 대낮에 건물 안으로

267) 결과반가치론의 입장이다.

들어간 때, 간첩죄의 경우는 국내잡입시)에 실행의 착수가 있다는 견해로, 주관주의 범죄론(신파)의 입장이다.

③ 절충설(=주관적 객관설, 개별적 객관설)

행위자의 주관적인 개별적 행위계획(주관적 기준)에 비추어 구성요건실현에 대해 직접적으로 위험한 행위(객관적 기준)가 개시되었을 때(예 금고를 털기 위해 그 금고가 놓여 있는 건물 안으로 들어가 방의 자물쇠를 뜯고 들어갔을 때) 실행의 착수가 있다는 다수설이다.

실행의 착수유무에 관하여 대법원은 객관설, 밀접행위설(실질적 객관설 : 절도죄의 경우), 주관설(간첩죄의 경우), 주관적 객관설 등을 따름으로써 일관되어 있지 않다. (법원서기보, 7급 검찰, 경위승진)

2) 실행의 착수시기에 관한 구체적인 판단기준

① 구성요건적 행위의 개시

구성요건의 일부를 실현하는 행위를 한 때(예 강도죄나 강간죄 ⇨ 폭행·협박 행위를 가한 때)에는 실행의 착수가 인정된다. (경위승진)

② 구성요건 실현을 위한 직접적 행위

구성요건적 행위가 개시되지 아니한 때에도 구성요건적 행위와 시간적·장소적으로 접근한 구성요건의 실현을 위한 직접적 행위가 있으면 실행의 착수가 인정된다.

절도죄의 실행착수가 **인정**되는 경우	절도죄의 실행착수가 **부정**되는 경우
• 절취한 재물을 물색하거나 그 재물에 접근한 때 • 소매치기가 호주머니의 겉을 더듬은 때(9급 검찰) • 자동차 안의 재물을 절취하기 위해 차문을 연 때	• 자동차절취를 위해 **열쇠를 만든 경우 (=무죄)** • 자동차 안의 물건을 훔치려고 **내부를 손전등으로 비추어 본 때 (=무죄)** (9급 검찰) • 주간에 절도목적으로 주거에 침입한 때[268]

③ 범행계획의 고려

실행의 착수가 있는가는 행위자의 범행계획을 함께 고려하여 판단해야 한다.

---

268) 야간이어야 야간주거침입절도의 실행착수가 인정될 수 있다.

3) 특수한 경우의 실행의 착수시기

공동정범	모든 공동정범자의 전체행위를 기초로 판단하여 그 가운데 1인이 (공동의 범행계획에 따라) 실행에 착수한 때에는 모든 공동정범에 대하여 실행의 착수를 인정한다.
협의의 공범 (교사범과 종범)	정범의 실행행위가 있는 때에 교사범과 종범의 실행의 착수가 있다 (=공범종속성설).
간접정범	• 주관설(이용행위시설, 다수설) : 이용자가 이용행위를 개시한 때 • 객관설(피이용자의 행위시설) : 피이용자가 실행행위를 개시한 때 (7급 검찰) • 절충설(2분설) : 피이용자의 선의 도구인 때에는 이용행위를 개시한 때에, 악의 도구인 경우에는 실행행위가 개시된 때
원인에 있어서 자유로운 행위	• 주관설(=원인행위시설) : 원인설정행위를 한 때 • 객관설(다수설) : 책임능력결함상태하에서 구성요건실행행위를 개시한 때
부진정 부작위범	구조행위를 지체함으로써 보호법익에 대한 직접적인 위험이 발생하거나 기존의 위험이 증대된 때, 실행의 착수가 인정된다.

3. 범죄의 미완성

미수가 성립하려면 실행에 착수한 행위를 종료하지 못하였거나(=착수미수) 행위는 종료하였으나 결과가 발생하지 않아야(=실행미수) 한다. 즉 범죄가 미완성이어야 한다.

결과가 발생한 경우라도, 인과관계와 객관적 귀속이 부정되면 미수가 된다.

Ⅲ. 처 벌

미수범은 각 본조(형법 각칙)에 미수범을 처벌하는 특별규정이 있는 경우에만 (결과불법 즉 법익침해의 현실적 가능성 때문에) 처벌되고, 장애미수의 형은 기수범보다 감경할 수 있다(=임의적 감경). (경위승진, 9급 검찰)

Ⅳ. 관련 문제

1. 형식범(거동범)의 미수

구성요건상 결과의 발생을 요하지 않는 거동범(예 위증죄, 무고죄, 모욕죄, 명예훼손죄, 유기죄 등)은 구성요건에 해당하는 행위가 있으면 바로 범죄가 완성(기수)됨으로 /범죄가 미완성을 요건으로 하는 **미수란 생각할 수 없다.** (9급 검찰)

2. 과실범의 미수

(미수범의 주관적 성립요건으로 고의를 요하므로) **과실범의 미수는 존재할 수 없으며,** 현행법상 과실범의 미수를 처벌하는 규정도 없다. (경찰승진, 7급 검찰)

3. 부작위범의 미수

1) 진정 부작위범(원칙은 불가, 예외로 퇴거불응죄와 집합명령위반죄의 미수는 처벌)

부작위가 있으면 즉시 범죄가 완성되는 형식범으로 미수란 있을 수 없다. / 다만 우리 형법에는 입법의 오류로서 퇴거불응죄와 집합명령위반죄의 미수처벌 규정이 있다.

2) 부진정 부작위범

부진정부작위범은 결과범 성격을 가지고 있어서 미수가 가능하다. (7급 검찰)

4. 결과적 가중범의 미수(원칙은 불가, 예외로 형법규정상 허용)

결과적 가중범에 있어서, 기본범죄의 미수에 의하여 중한 결과가 발생한 때에는, 결과적 가중범의 기수가 된다. (따라서 결과적 가중범의 미수는 문제되지 않는다)

다만 우리 형법은 결과적 가중범의 미수를 처벌하는 규정[예 현주건조물일수치상・치사죄(제182조), 인질치상・치사죄(제324조의 5), 강도치상・치사죄(제

342조), 해상강도치상·치사죄(제342조) 등]이 있다.

문제. 갑은 설명절 귀성열차표를 예매하려는 사람들이 줄을 서 있는 틈을 타 소매치기를 하려고 A의 안주머니에 손을 집어넣었으나, 이를 목격한 다른 사람 B가 소매치기라고 고함치자 미수에 그쳐, **보복 목적**으로 B의 얼굴을 한 대 가격 후 도주했다. 갑의 죄는? (경찰 1차)

① 강도미수 ② 준강도[269] 미수
③ 절도미수 ④ 절도미수와 폭행죄

제 3 절 중지미수

제26조[중지범] 범인이 **자의로** 실행에 착수한 행위를 (완성 전에) **중지**하거나 그 행위로 인한 결과발생을 **방지**한 때에는, 형을 감경 또는 면제한다.[270]

Ⅰ. 의 의

중지미수(=중지범)이란 범죄의 실행에 착수한 자가, 그 범죄가 완성되기 전에, 자의적으로, 그 행위(行爲) **중지**하거나 그 행위로 인한 결과발생(結果發生) **방지를** 한 경우이다.

중지미수는 자발적으로 범죄를 중지하였다는 점에서 /**비자의적**인 장애미수·불능미수와 구별된다. (7급 검찰, 경위승진)

중지미수는 형의 **필요적 감면**을 인정하여, 미수범 가운데 가장 관대하게 취급된다. (법원서기보, 9급 검찰)

269) 준강도는 절도(미수 포함)가 재물탈환항거나 체포면탈하거나 죄적인멸 目的(목적)으로 폭행·협박한 경우에 성립한다.
사례는 절도미수 갑이 **보복할 목적**으로 B를 폭행한 것이어서 **준강도가 성립하지 않는다.**

270) 독일 제24조 ① (벌하지 않는다).

Ⅱ. 법적 성격

일반적으로 미수범(장애미수)은 임의적 감경사유(제25조 ②)로 하면서 /중지미수는 필요적 감면사유(제26조)로 하여, 보다 관대하게 처벌하는 이유가 무엇인가에 대해서는 견해의 대립이 있다.

구 분	내 용
형사정책설	이미 범죄의 실행에 나아간 자에게 **'되돌아오는 다리**(Liszt)'를 놓아 범죄의 완성을 방지하려는 **형사정책적인 고려**에 중지미수를 관대하게 취급하는 이유가 있다는 견해이다.
법률설	범죄의 실행중지·결과발생 방지가 ① 위법성을 감소·소멸시키기 때문이라는 견해(=**위법성 소멸**·감소설), ② (위법하나) 책임 비난을 감소·소멸시키기 때문이라는 견해(=**책임 소멸**·감소설) 등이 있다.[271]
결합설 (현재 다수설)	형사정책설과 책임감소설의 결합 (즉 중지미수에 대한 형의 면제는 형사정책설, 형의 감경은 책임감소설을 취함) 견해이다.
보상설 (종래 다수설)	자의적 중지에 대한 공적을 보상하여, 형을 감면하는 것이라는 견해이다(=은사설, 공적설).
형벌목적설	중지미수는 자발적으로 범행을 중지하거나 또는 결과발생을 방지한 경우이므로, **형벌의 목적**(일반예방·특별예방)**에 비추어 볼 때** 처벌의 필요성이 없거나 또는 감소한 경우로 보는 견해이다.

Ⅲ. 성립요건

장애미수와 마찬가지로 ① 주관적(主觀的) 요건으로 (일반적 주관적 요건인) **고의와** (특별한 주관적 구성요건요소인) 목적·불법영득의사 ② (중지미수 성립만의 특별한 주관적 요건인) **자의성** ③ 객관적(客觀的) 요건으로 **실행착수** ④ (객관적 요건인) **실행중지 또는 결과방지** 등이 있어야 한다.

1. 자의성

중지미수는 범인이 자의로 범죄를 완성하지 않은 경우이다. 따라서 자의성은

271) 위법성소멸감소설, 책임소멸감소설 중 (위법성 또는 책임의) 소멸에 대해서는, 무죄선고를 받아야 가능한 말이므로 부당한 논리라는 비판이 있다.

중지미수와 장애미수를 구별하는 기준이 된다. (7급 검찰, 경위승진)

자의성을 판단하는 기준이 무엇이냐에 대해서는, 견해의 대립이 있다.

학 설	내 용
객관설	**내부적 동기**에 의한 범죄의 미완성은 중지미수, /외부적 사정에 의한 범죄의 미완성은 장애미수라는 견해이다.
주관설	**윤리적 동기**(예 후회·동정·연민·양심 가책)에 의하여 중지한 경우는 중지미수이고, /그 이외의 경우(예 일시나 장소가 좋지 않아서 후일을 기약하고 중지한 경우)는 모두 장애미수라는 견해이다.
절충설 (판례, 다수설)	사회관념상 범죄수행에 장애가 될 만한 사유가 없음에도 **자율적 동기**에 의하여 중지한 경우(예 때나 장소가 좋지 않아 후일을 기약하고 범행을 중지한 경우)는 중지미수이고, /사회관념상 범죄수행에 장애가 될 만한 타율적 사유가 있는 경우(예 바람에 의한 나뭇잎 소리를 경찰관이 오는 것으로 착각하고 중지한 경우)는 장애미수라는 견해이다.[272]
Frank의 공식	**할 수 있었는데도 하기를 원하지 않아서** 중지한 경우는 중지미수이고, /하려고 했지만 할 수 없어서 중지한 경우에는 장애미수라는 견해이다.

자의성의 판단기준에 대한 학설 중 판례(判例)가 취하는 절충설 입장에서, 자율성 판단의 구체적인 사례를 보면 다음과 같다.

타율적 동기에 의한 중지 (=장애미수)	자율적 동기에 의한 중지 (=중지미수)
• 낙엽이 떨어지는 소리를 경찰관이 다가오는 것으로 잘못 알고 절도를 중지한 경우 (7급 검찰) • 강간에 착수하였으나 심리적 쇼크·성교전 사정·생리 중·고소 염려 · 임신 중이어서, 뜻을 이루지 못한 경우 • 甲은 乙의 돈을 강취하려 하였으나 乙에게 돈이 하나도 없어서 성공하지 못한 경우 • 범행이 발각되었거나 발각되었다고 생각하고 중지한 경우 • 행위자가 다른 선행범죄의 발각을 우려하여 사기행위를 중지한 경우 • 행위자가 범행 중에 제3자가 갑자기 나타나 범행을 중단하고 도주한 경우 • 칼로 찔렀으나 유혈을 보고 놀라서 살해행위를 중지한 경우 • 장롱 속 옷에 불을 놓아 소훼하려 했으나 불길을 보고 놀라 겁이 많이 나서 소화한 경우 (경찰 1차, 변호사시험)	• 경찰관이 다가오는 소리를 낙엽이 떨어지는 소리로 잘못 알고 절도를 중지한 경우 • 강간에 착수하였으나 여자가 다음에 친해지면 응하겠다고 애원하거나 또는 자유로운 성교 약속을 받고 강간을 중지한 경우 (7급 검찰) • 甲은 乙의 재물강취를 위해 폭행하였으나 불쌍한 생각이 들어 그만둔 경우 • 절취하려고 한 재물이 예상한 바와 달리 가치가 없는 물건이어서 절도를 중지한 경우(다수설) • 살해할 의사로 독약을 먹였으나 곧 후회하고 해독제를 먹여 소생시킨 경우 • 강도 행위에 착수(=폭행·협박 개시)하였으나 그날이 선친의 제삿날임을 기억하고 실행을 후일로 미룬 경우, 또는 어젯밤 꿈이 나쁘다고 생각하여 후일을 기약하고 범행을 중단한 경우

272) 대판 1999.4.13., 99도640.

2. 자의로 실행행위의 중지 또는 결과발생의 방지

중지미수는 행위자가 객관적으로 실행행위를 중지하거나 그 행위로 인한 결과의 발생을 방지해야 성립한다.

중지미수의 객관적 요건은 착수미수와 실행미수에 따라 차이가 있다. 착수미수(실행 미종료)란 실행에 착수하였으나 실행행위 자체가 종료되지 아니한 경우의 미수를 말하고, 실행(결과완성)미수란 실행행위는 종료했지만 결과가 발생하지 않은 경우의 미수를 말한다. 다만 우리형법은 **착수미수와 실행미수를 동일하게 처벌**한다.

착수미수와 실행미수의 **구별실익**은, 중지미수의 객관적 요건이 다르다는 점이다 (즉 착수미수에 있어서는 행위자가 실행행위를 자의적으로 중지하면 중지미수가 되나, 실행미수에 있어서는 행위자가 적극적이고도 진지한 태도로 결과발생을 방지해야만 중지미수가 된다).

(참고) 착수미수와 실행미수의 구별기준에는 ① 주관설(=착수시 또는 중지시의 행위자의 주관적 의사에 의하여 구별해야 한다는 견해) ② 객관설(=객관적으로 결과발생가능성이 있는 행위가 있으면 행위자의 의사와 관계없이 실행행위는 종료하는 것으로 보는 견해) ③ 절충설(=행위자의 주관적 의사와 모든 객관적 사정을 종합하여 결과발생에 필요한 행위가 끝났다고 인정되는 때에 실행행위가 종료된 것으로 보는 다수설)이 있다. 착수미수의 중지(=착수중지)란 실행행위를 중단하는 것, 즉 행위의 계속을 포기하는 부작위에 의하여 중지미수가 되는 경우(예 강간하기 위해 폭행하다가 여자가 애원하므로 불쌍히 여겨 강간을 그만두는 경우)이다. /범행의 종국적인 포기뿐만 아니라, 행위자가 다음에 보다 유리한 상황에서 실행하기 위하여 잠정적으로 중지한 경우(예 타인의 금품을 절취하려고 착수하였다가 그 순간 어젯밤 꿈이 나쁘다고 다음으로 미루고 범행을 중지한 경우)에도 중지미수가 된다. 다만 행위자가 실행행위를 중지하였더라도, 결과가 발생하면 기수가 된다. 실행미수의 중지(=실행중지)란 실행행위는 종료하였으나 행위자가 자의로 그 결과의 발생을 방지하는 경우(예 甲은 乙을 살해하려고 독약을 먹였으나 곧 후회하여 해독제를 먹여 소생시킨 경우)이다. 따라서 실행중지는 단순한 부작위만으로는 안 되고 행위자가 객관적으로 상당한 적극적이고도 진지한 행위로 결과발생을 방지해

야 성립된다. 결과발생 방지행위는 행위자 자신이 직접 해야 하는 것이 원칙이나, 타인의 도움을 받아 결과발생이 방지(예 사람을 살해할 의사로 칼로 찔렀으나 곧 후회하여 병원으로 급히 싣고 가서 치료를 받게 하여 사망을 면하게 한 경우)되어도 무방하다. 다만 이 경우에도 진지한 행위자 자신의 결과발생을 방지한 것과 동일하게 평가받을 수 있을 정도의 행위자의 진지한 노력(예 방화 후 불길에 놀라 이웃에게 불을 꺼달라고 부탁하고 도주하였는데 이웃사람들에 의해 진화된 경우에는 진지성의 결여로 중지미수 불성립)이 있어야 한다. (9급 검찰) 실행중지가 되려면 현실적으로 결과발생이 없어야 한다. 행위자가 진지한 노력을 다했음에도 불구하고 결과가 발생하면(예 사람을 살해할 의사로 독약을 먹인 후 곧 후회하고 병원으로 급송시켜 해독을 위한 진지한 노력을 다하였으나 결국 사망한 경우) 중지미수는 성립되지 않고 기수책임을 진다 (즉 방지행위와 결과 불발생 간 인과관계가 필요하다). (경장승진)

Ⅳ. 처 벌

중지미수는 형법 각칙에 특별한 규정이 있는 경우에만 처벌하되, 그 형을 감경 또는 면제한다(=필요적 감면). (경위승진, 법원서기보, 9급 검찰)

우리 형법은 착수중지와 실행중지를 구별하지 않고 동일하게 처벌하고 있다. /다만 불법으로 총기를 소지해서 살인을 개시한 후 자의로 중지한 사례의 경우, **살인죄**에는 중지미수가 적용되하지만 **불법 총기소지죄**에서는 기수범으로 처벌이 이루어진다. (법원서기보)

Ⅴ. 관련문제

1. 예비의 중지

이미 예비행위를 한 자가 예비행위를 자의로 중지하거나 실행의 착수를 포기한 예비의 중지의 경우에, 중지미수의 규정을 준용할 것인가? 이에 대하여 **판례(부정설)**는 일관하여 예비의 중지를 부정하고 있다. /다만 다수설은 예비의 형이 중지미수의 형보다 무거운 경우는 형의 균형상 중지미수의 규정을 준용해야 한다고 하며 긍정설을 취한다.

2. 공범의 중지미수

1) 공동정범의 중지미수

다른 공범자 전원의 실행행위를 중지하게 하거나 모든 결과발생을 완전히 방지해야만 자의적으로 중지한 자에게 중지미수가 성립하고(대판 2005.2.25, 2004도8259. 텐트강간사건) 그 이외의 자는 장애미수가 된다.

따라서 1인을 중지하였더라도 다른 자에 의해 결과가 발생하면(예 甲과 乙은 강도할 것을 공모하고 丙을 협박하던 중 甲은 죄책감을 느껴 중단하고 乙에게 그냥 돌아가자고 말렸으나 듣지 않아 혼자 돌아와 버린 후 乙이 단독으로 丙의 돈을 강취한 경우)중지한 자 甲에게도 중지미수범이 성립되지 않는다. 갑·을은 강도의 공동정범이 된다. (법원서기보) 만약 말려서 乙이 돌아간 경우라면 甲은 중지미수, 乙은 장애미수가 된다.

2) 간접정범의 중지미수

간접정범이 자의로 피이용자의 실행행위를 중지시키거나 결과발생을 방지해야 중지미수로 된다. 시킨 사람은 장애미수가 된다.

3) 협의의 공범(=교사범 · 종범)의 중지미수

교사범과 종범이 자의로 정범의 실행을 중지하게 하거나 결과발생을 방지해야 중지미수가 된다(정범은 이때 장애미수가 된다).

정범의 자의로 실행을 중지하거나 결과발생을 방지한 경우(예 甲이 乙에게 丙을 살해할 것을 교사한 바, 乙이 丙을 살해하려고 권총을 발사하려는 순간 丙의 얼굴이 자기의 선친과 비슷하므로 이를 그만 둔 경우)는 정범(乙)중지미수가 되며 교사범(甲)과 종범은 장애미수가 된다.

3. 불능미수의 중지미수

처음부터 결과발생이 불가능한 불능미수에서 과연 중지미수가 성립될 수 있는 얘기인지 논란이 된다.

예 결과발생이 가능한 것으로 오인하고 자의로 실행중지를 한 경우, 종래 다수설인 소극설(결과방지 노력과 결과 불발생 간 인과관계가 없으므로 중지미수가 부정된다는 설), 최근 다수설인 적극설(소극설에 의하면 불능미수에서 결과발생 위험이 적은데 통상 중지미수보다 형이 중하게 되는 문제가 있다고 주장)의 대립이 있다.

문제. 다음 중 중지미수에 해당하는 것은 (판례)? (경찰 1차 · 2차)

① 피고인이 대마 2상자를 사가지고 오다가 반성하여 불태운 경우[273]
② 피고인이 공동소유 대지를 공동소유자 승낙없이 타인에게 담보제공하고 가등기를 경료한 이후, 다시 그 채무를 변제 후 그 가등기를 말소한 경우[274]
③ 마약을 제조하려 했으나 제조상 어려움이 있고 판로가 마땅치 않으며 두려움으로 인해 제조를 단념한 경우
④ 피고인이 청산가리를 탄 술을 피해자 2명에게 나누어주어 마시게 했다가, 먼저 마신 피해자 1명이 술을 토하자 즉시 다른 피해자의 술을 거두어 가지고 밖으로 나가서 쏟아버림으로써 그 술을 마시지 못하게 한 경우[275]

제4절 불능미수

제27조[불능범] 실행의 수단 또는 대상의 착오로 인하여 결과발생이 불가능하더라도 위험성이 있는 때에는 처벌한다. 다만 형을 감경 또는 면제할 수 있다(=임의적 감면[276])).

273) 대마는 사는 것(매매)으로 대마관리법 위반죄의 기수.
274) 이미 기수범이다(대판).
275) 대구지법 1975.12.3, 75노502.
276) 불능미수는 **임의적 감면**으로, 장애미수(**임의적 감경**)와 중지미수(**필요적 감면**)의 중간 정도의 처벌로 보고 있다.

Ⅰ. 개 념

1. 의 의

불능미수(反 가능미수[277])란 범죄의사로 실행행위를 하였으나 처음부터 실행의 수단 또는 대상의 착오로 인하여 결과발생이 불가능하나 위험성이 있어 미수범으로 처벌되는 경우이다.

(사실의 착오는 발생한 범죄사실을 오인·착오를 일으켜 인식하지 못한 경우임에 반하여) 불능미수는 존재하지 않는 범죄사실을 존재한다고 오인한 경우로 반전된 사실의 착오(＝반전된 구성요건적 착오)에 해당한다. (경찰간부)

2. 구별개념

1) 불능범과 불능미수

불능범은 결과의 발생이 사실상 불가능할 뿐만 아니라 위험성이 없기 때문에 처벌되지 않는 경우(예 설탕에 살인력이 있는 줄 알고 설탕을 먹여 사람을 살해하려고 한 경우)를 말함에 반하여/ 불능미수(Impossible Attempt)는 결과의 발생이 사실상 불가능하나 위험성이 있기 때문에 처벌되는 경우(예 상상임신한 부인이 낙태를 시도한 경우)를 말한다. (9급 검찰)

형법상 처벌되는 불능미수와 처벌되지 않는 불능범의 구별은 위험성이 있느냐의 여부에 있다.[278] (9급 검찰, 경위승진)

2) 미신범과 불능미수

미신범(aberglaeubiges)은 실현불가능한 비현실적·비과학적인 미신수단(＝기도, 굿 등)으로 범죄를 저지르려 하는 경우(예 甲은 무당에게 주술로 乙을

277) 미수는 다시 가능미수(중지미수와 장애미수)와 불능미수로 나눌 수 있다.

278) 사실의 흠결이론이란 인과관계가 흠결된 경우(예 살해의사로 발포하였으나 명중하지 않은 경우)에만 미수의 성립을 인정하고 기타의 구성요건요소(주체·객체·수단·행위상황)가 흠결된 경우(예 공무원이 아닌 자가 뇌물을 받은 경우)에는 당연히 벌할 수 없는 불능범이 된다는 견해이다. /그러나 우리형법은 제27조 '위험성'의 유무에 의하여 불능범과 불능미수를 구별하고 있으므로 사실의 흠결이론을 우리 형법에 적용할 수 없다(통설).

살해할 것을 교사하였으나 무당이 승낙한 후 이의 실행을 중지한 경우)로 이는 형법적으로 아무런 의미 없는 행위여서 불가벌이다. /그러나 불능미수는 사실상 결과발생은 불가능하나 위험성 때문에 미수범으로 처벌되는 경우(형은 임의적 감면)이다.

3) 환각범과 불능미수

환각범(Wahndelikt)은 사실상 허용되어 있는 행위를 오인한 경우(예 동성애)로 **반전된 법률의 착오**에 해당한다. 이는 구성요건 해당성조차 없어 처벌되지 않는다. /불능미수는 구성요건요소가 존재하지 아니함에도 불구하고 이를 존재한다고 오인한 경우로서 사실의 착오의 적극적 형태에 해당하므로 **반전된 사실의 착오**(=반전된 구성요건적 착오)라고 한다. 이는 임의적 감면으로 처벌된다.

Ⅱ. 불능미수의 성립요건

불능미수가 성립하기 위해서는 ① 실행의 수단 또는 대상의 착오로 인하여, 결과의 발생이 불가능할 것 ② 위험성이 있을 것을 요건으로 한다.

이 이외에 불능미수도 미수범이므로 고의, 특수한 주관적 구성요건요소(목적·불법영득의사)의 존재와 실행의 착수가 있어야 한다.

1. 결과발생의 불가능

불능미수가 성립하기 위해서는 실행의 수단착오(**수단 불가능**) 또는 대상의 착오(**객체 불가능**)로 인하여 결과발생이 불가능하여야 한다.[279] /이 점에서 결과발생이 가능한 장애미수·중지미수와 구별된다.

1) 수단의 착오

수단의 착오란 장난감 물총이나 설탕을 먹여 살해하려고 하는 경우[280]처럼 행위자가 선택한 수단(설탕)으로는 결과발생(사람의 사망)이 불가능한 경우, 즉

279) 대판 2002.2.8., 2001도6669(무죄).
280) 설사약으로 낙태를 시도한 경우.

수단의 불가능성을 말한다.

2) 대상의 착오

대상의 착오란 죽은 사람을 살아 있는 사람으로 오인하여 총을 발사한 경우[281)]처럼/ 행위자가 범죄의 객체로서 인식했던 대상이 사실상 (죽은 사람이어서) 범죄의 객체가 될 수 없어 결과발생이 불가능한 경우(즉 객체 불가능)를 말한다(예 피해자가 승낙한 재물을 절취한 경우 = 법률상 불가능).

3) 결과발생의 불가능

결과발생이 불가능하다는 것은 구성요건의 실현이 사실상 불가능하다는 것, 즉 범죄가 기수에 이를 수 없음을 의미한다. 여기서 결과발생의 불가능은 사실적·자연과학적 개념으로 규범적 개념인 위험성과는 차이가 있다.

2. 위험성(규범적 개념)

우리형법 제27조는 "결과발생이 불가능하더라도, 위험성이 있으면 처벌한다"라고 규정하고 있으므로 /위험성의 유무는 (처벌되는) 불능미수와 (처벌되지 않는) 불능범을 구별하는 기준이 된다. (9급 검찰, 경위승진)

여기서 위험성(Potential dangerousness)이란 평가상 결과발생 가능성 또는 구성요건 실현가능성을 의미한다고 할 수 있다. 이러한 위험성의 유무를 판단하는 기준에 관하여는 다음과 같은 학설 대립이 있다. (경찰간부)

학 설	내 용
舊객관설 (포이에르바흐의 절대적 불능·상대적 불능 구별설) 判例(판례)[282)] 판단 주체는 일반인	① 결과발생이 어떠한 경우에도 개념적으로 불가능한 **절대적 불능**의 경우(예 사체에 대한 살인행위, 독살의 의사로 독약대신 설탕을 먹인 경우)에는 불능범, ② 결과발생이 일반적으로는 가능하지만 구체적·특수한 경우에만 불가능한 **상대적 불능**의 경우(예 방탄복을 입은 자에 대한 살인미수행위, 치사량 미달의 독약을 먹인 경우)에는 불능미수가 된다는 견해이다.

281) 부자 달인 물을 마시게 해서 살해 시도했으나 토해서 살인의 (불능)미수에 그친 경우(대판 2007.7.26., 2007도3687) ; 우물에 혼입한 농약 악취가 나서 마시기 어렵다고 해도 살인의 위험성이 있어 살인죄의 불능미수(대판 1973.4.30., 73도354) ; 자기물건의 절도.

법률적 불능·사실적 불능설 (프랑스 견해)	① 법률적 불능 ⇨ 불능범 ② 사실적 불능 ⇨ 불능미수
리스트의 구체적 위험[283]설 **(新객관설)** 결과반가치론 입장 행위자 인식사정과 일반인 인식가능 사정에 기초하여, /판단주체는 일반인 기준	① 행위당시 행위자가 인식한 사정과 일반인이 인식가능 사정을 기초로, /판단주체는 관점에서 객관적·사후적으로 구체적 위험성여부를 판단하는 견해이다. ② 누워있는 사체를 산 사람으로 오인하여, 살해한 경우 일반인도 **살아 있는 것으로 안** 경우 ⇨ 불능미수 일반인은 **시체임을 알고 있었던** 경우 ⇨ 불능범
추상적 위험설(=주관적 위험설, **주관적 객관설**[284]) 다수설·판례 결과반가치론 입장 **행위자 인식사정에 기초**, /판단주체는 일반인	① 행위당시 행위자 인식사정만을 위험성 판단기초로 하여, /판단기준은 일반인 관점에서 위험성을 판단하자는 견해이다. (경감승진) ② 결과발생의 위험성(추상적 위험) 또는 법질서에 대한 위험성이 있다고 판단되면 **불능미수** (예 시체를 살아 있는 사람으로 오인하고 살해하려고 한 경우, 소화제를 독약으로 오인하고 먹여 살해하려고 한 경우), (7급 검찰) 추상적 위험성이 없으면 **불능범**이 (예 설탕으로 살해 가능하다고 믿고 먹인 경우)된다.
주관설(신파) 행위반가치론 입장 불능범 부정 **행위자 인식사정에 기초**, /판단주체는 행위자	① 행위자의 반사회적 범죄의사가 외부표출된 이상 (결과발생이 객관적으로 불가능하더라도) 항상 위험성이 있다고 보아 불능미수로 처벌해야 한다는 견해이다. ② (미신범[285] 이외에는) 원칙적으로 불능범을 부정하며, 모두 불능미수범으로 처벌된다는 설이다..
이형국 교수의 인상설[286] 불능범 부정	① 법 적대적인 행위자의 범죄의사실행이 일반인에게 법질서효력에 대한 신뢰저하시키는 법동요적 인상을 심어주었기 때문에 위험성 인정되어 **불능미수**가 된다는 견해이다. ② 주관설과 인상설은 (불능범이 부정되어) 불능미수만 인정되어 미수 범위가 너무 확대되는 문제가 있다.

Ⅲ. 처 벌

불능미수도 미수범의 일종이므로 형법 각칙에 처벌규정이 있는 때에만 처벌되며, 불능미수는 객관적으로 결과발생은 불가능하지만 위험성이 있으므로 형을 감

282) 대판 2007.7.26, 2007도3687
283) 구체적 위험이란 결과 발생의 개연성을 말한다. 구체적 위험이 있으면 불능미수, 없으면 불능범이라고 한다.
284) 주관적 객관설은, **판단기초**는 행위자의 주관이나, **판단기준**은 객관적이라는 의미이다.
285) 미신범은 구성요건적 행위가 없어 미수가 성립할 수 없다고 한다.
286) 독일에서 주관설을 제한하려고 등장한 이론이다.

경 또는 면제할 수 있다 (=임의적 감면사유). (경위승진, 법원서기보, 9급 검찰)

문제. 다음은 불능미수 설명이다. 틀린 것은? (경사승진)

① 불능범과 불능미수는 위험성 유무로 구별되며 불능미수는 임의적 감면사유이다. 이는 장애미수와 중지미수의 중간정도 처벌이다.
② 치사량미달의 독약으로 사람을 살해하려고 한 경우 살인죄 불능미수이다.
③ 갑은 내연녀와 공모하여 사망할 수 있는 부자를 넣고 달인 물을 내연녀 남편에게 마시게 해서 살해하려 했으나 토해 버린 경우 갑은 살인죄의 불능미수이다.[287]
④ 소송비용을 편취할 의사로 소송비용을 구하는 손해배상청구의 소를 제기한 경우 일반인의 관점에서 결과발생의 위험성이 인정되어 (사기죄의) 불능미수에 해당한다.[288] (경찰 2차)

제 5 절 예비 · 음모죄

제28조[음모 예비] 범죄의 음모 또는 예비행위가 실행의 착수에 이르지 아니한 때에는/ (법률에 특별한 규정이 없는 한) 벌하지 아니한다.

Ⅰ. 의의 및 구별

1. 의 의

예비란 특정범죄를 실현하기 위한 외부적 준비행위로서 아직 실행의 착수에 이르지 아니한 행위(예 범행장소의 물색, 범행도구의 구입, 장물처분자의 사전

287) 대판 2007.7.26, 2007도3687.
288) 소송비용액은 확정절차에 의해야 하는데, 수단의 착오로 소 제기를 한 경우이다. 이는 객관적으로 판단할 때 결과발생이 불가능하여 위험성이 부정된다. 따라서 불능미수가 아닌 불능범이 된다(대판 2005.12.8., 2005도8105). **추상적 위험설(위험성 판단기초는 행위자 주관적이지만, 판단기준은 객관적)**에 기초한 판례이다.

확보 등)를 말한다.[289]

음모란 2인 이상이 특정한 범죄를 실행할 목적으로 합의하는 것을 말한다. (경위승진) 다만 판례[290]는 여기에서의 합의는 어느 정도 구체적이어서 실질적인 위험성이 있는 것을 요한다.

예비·음모는 아직 실행의 착수가 없다는 점에서 /실행의 착수 이후의 문제인 미수·기수와 구별된다.

2. 예비와 음모의 구별

예비와 음모는 실행의 착수 이전의 행위라는 점에서 같은데, 양자를 개념상 어떻게 구별할 것인가? 이에 대해서는 ① 음모는 예비에 선행하는 범죄발전의 단계라는 견해(판례) ② 음모는 인적·심리적 준비행위이고 /예비는 그 이외의 물적 준비행위로서 양자 간에 시간적 전후관계는 없다고 보는 견해(다수설)가 있다.

예비와 음모는 개념상 위와 같이 구별되지만, 형법상 예비와 음모는 항상 나란히 함께 규정되어 있고 법정형도 동일하다는 점에서 구별의 실익은 없다. (경위승진)

Ⅱ. 예비죄의 법적 성격

예비죄는 기본범죄와 어떠한 관계에 있으며 또한 예비행위의 실행행위성을 인정할 수 있는가 하는 문제가 예비죄의 법적 성격으로 논의된다.

1) 독립범죄설

예비죄는 그 자체가 일정한 불법유형성을 가지므로 기본범죄와는 독립된 범죄라고 견해로서 예비죄의 실행행위성은 당연히 인정된다고 한다.

2) 2분설

예비죄에는 기본범죄의 발현형태인 경우와 독립범죄인 경우가 있다는 견해이다.

---

289) 예비죄는 실행의 착수 이전의 단계이므로 실행의 착수를 전제로 하는 미수가 예비죄의 경우에는 불가능하다고 본다(다수설).

290) 대판 2015.1.22., 2014도109780 ; 대판 1999.11.12., 99도3801.

3) 발현형태설

현행형법이 예비행위를 독립된 범죄유형으로 규정하지 않고 "……죄를 범할 目的(목적범)으로 예비 또는 음모한 자는 ……"라는 형식을 취한 점으로 보아 예비죄는 (독립된 범죄유형이 아니라[291] 기본범죄의 수정적 구성요건에 불과하므로) 기본범죄의 발현(확장)형태에 지나지 않는다는 견해이다(통설). 예비죄의 실행행위성에 관하여는 부정설도 있으나 예비죄도 수정적 구성요건이므로 실행행위성을 인정할 수 있다.

Ⅲ. 예비죄의 성립요건

예비죄가 성립하기 위하여는 주관적 요건으로 예비의 고의와 기본범죄를 범할 목적(目的犯)이 있어야 하며, 객관적 요건으로 실행의 착수에 이르지 않는 객관적 준비행위가 있을 것을 요한다.

1. 주관적 요건

1) 예비적 고의

예비죄가 성립하기 위해서는 고의가 있어야 한다. (따라서 과실에 의한 예비죄나 과실범의 예비죄는 성립할 여지가 없다)[292]

2) 기본범죄를 범할 목적

예비죄는 항상 목적범이므로 고의 이외에 기본범죄를 범할 목적이 있어야 한다.[293]

---

291) 다만 제114조 범죄단체조직죄, 제205조 아편소지죄, 제244조 음화제조소지죄는 예비를 독립범죄로서 처벌하고 있다.

292) 다만 그 고의의 내용이 무엇인가에 대하여는 ① 예비의 고의(준비행위 자체에 대한 인식)라는 견해 ② 실행의 고의(기본적 구성요건에 관한 고의)라는 견해가 대립한다.

293) 여기서 목적은 ① 예비죄의 입법취지상 확정적으로 인식할 것을 요한다는 견해(다수설) ② 예비죄는 기본범죄의 실현이 있어야 목적이 달성되는 소위 단축된 행위범이므로 미필적 인식으로 족하다는 견해가 대립한다.

2. 객관적 요건

1) 외부적 준비행위

예비행위는 특정한 범죄실현을 목적으로 하는 외부적 준비행위로서 기본범죄의 실현에 객관적으로 적합한 행위이어야 한다. (따라서 단순한 범행의 결심이나 의사표시, 내심의 준비행위, 막연한 범죄의사에 의한 준비행위는 예비가 아니다) (경위승진, 7급 검찰)

여기의 예비행위에는 물적 준비행위(예 甲이 자기의 원수 乙을 사살하려고 총기를 사서 사격장에서 연습하는 행위, 범행장소의 물색·답사 등)뿐만 아니라 인적 준비행위(예 알리바이 조작을 위한 사전의 대인접촉, 장물을 처분할 사람의 사전확보 등)도 포함된다(다수설). (경정승진)

한편 우리 형법규정은 "~죄를 범할 目的(목적)으로"라고 규정하고 있으므로 자기예비(자기가 스스로 또는 타인과 공동하여 실행행위를 할 목적으로 준비행위를 하는 경우)만 인정되고 /타인예비(타인의 실행행위를 위하여 준비행위를 한 경우)는 인정되지 않는다(다수설).

2) 실행의 착수에 이르지 아니할 것[294]

294) 예비죄가 성립되기 위해서는 예비행위가 실행의 착수에 이르지 않아야 한다. (만약에 실행의 착수로 나아가면 예비는 미수 내지 기수에 흡수되어 예비죄를 따로 논의할 여지가 없게 된다)

Ⅳ. 예비죄의 처벌

법률에 특별한 규정이 있는 경우에 한하여 예비죄로 처벌된다.

구 분	법 익	형법상 예비·음모·선동·선전의 처벌규정
예비·음모	개인적 법익	① 살인죄, 존속살해죄(제250조), 위계·위력에 의한 촉탁·승낙살인죄(제253조) ② 국외이송을 위한 약취·유인·매매죄(제289조) ③ 강도죄
	국가적 법익	① 외국에 대한 사전죄(제111조) ② 도주원조죄(제147조) ③ 간수자의 도주원조죄(제148조)
	사회적 법익	① 방화죄와 일수죄(현주건조물,공용건조물, 타인소유 일반건조물) ② 음용수, 수도음용수 사용방해죄 ③ 폭발성물건파열죄(제172조 ①), 가스·전기 등 방류죄(제172조), 가스·전기 등 공급방해죄(제173조) ④ 각종 위조·변조죄(통화, 유가증권,인지·우표), 자격모용에 의한 유가증권 작성죄
예비·음모·선동	사회적 법익	폭발물사용죄(제119조)
예비·음모·선동·선전	국가적 법익	① 내란죄(제87조), 내란목적살인죄(제88조) ② 외환의 죄(외한유치죄, 여적죄, 모병이적죄, 시설제공이적죄, 시설파괴이적죄, 물건제공이적죄, 간첩죄, 일반이적죄 ⇨ 제92조~제99조)

형법상 예비・음모를 처벌하는 규정은 주로 사회적 법익과 국가적 법익에 관한 죄에 많으며, /개인적 법익에 관한 죄 중 예비·음모를 처벌하는 것은 살인죄・국외이송목적 약취 유인 매매죄・강도죄 등이다.

살인에 관한 죄 중 예비・음모를 처벌하는 것은 살인죄, 존속살인죄, 위계・위력에 의한 살인죄의 세 가지 뿐이며, 영아살해죄, 촉탁・승낙에 의한 살인죄 등에는 예비음모 처벌규정이 없다. (경위승진)

재산에 대한 죄 중 예비・음모를 처벌하는 것은 강도죄 뿐이며, /강도죄 이외의 재산범죄(절도죄, 횡령・배임죄, 사기・공갈죄, 장물・손괴죄 등)에는 처벌규정이 없다. (경위승진)

통화 · 유가증권 · 인지 · 우표 등의 위조 · 변조죄에는 예비 · 음모의 처벌규정이 있으나, 문서 위조 · 변조에는 (예비음모처벌) 없다.

협박죄 · 폭행죄 · 상해죄 · 감금죄 등에는 /예비 · 음모 처벌규정이 없다. (법원서기보) 강간죄 등에 예비음모 처벌규정이 신설되었다.[295)]

V. 관련문제

1. 예비의 중지

예비의 중지란 이미 예비행위를 시작한 자가 예비행위를 자의로 중지하거나 실행의 착수를 포기하는 것을 말한다.

실행의 착수 후에도 자의로 중지하면 중지미수의 규정(제26조)에 의해 필요적 감면이 인정되는데, 실행의 착수 전에 예비행위를 자의로 중지한 경우에도 중지미수규정을 준용할 것인가? **판례(준용 부정설)**와 학설(준용 긍정설)의 대립이 있다.

2. 예비죄의 공범

2인 이상이 공동하여 범죄를 실현하려고 하였으나 예비에 그친 경우에 예비의 실행행위성을 인정하여 예비죄의 공동정범을 인정할 수 있다(통설 · 판례[296)]).

정범을 교사 · 방조하였으나 정범이 실행의 착수에 이르지 아니한 예비단계에 그친 경우에, /**예비죄의 교사범**에 대해서는 형법 제31조 제2항 · 제3항에서 예비에 준하여 처벌하고 있으나, /**예비죄의 종범**에 대해서는 처벌규정이 없어 판례는 (공범종속성설에 의거[297)]) 예비죄 종범 성립을 부정하고 있고 예비죄의 공동정범으로 인정한다.

---

295) 예 제297조 강간, 제297조의2 유사강간, 제299조 준강간, 제301조 강간상해, 제305조 미성년간음 ① 13세 미만 간음추행 ② 13세 이상 16세 미만에 대해 간음추행한 19세 이상 자.

296) 대판 1976.5.25., 75도1549.

297) 공범으로서 종범이 ㅅㅇ립하려면 정범의 실행이 필요하다. 예비는 실행행위가 아니다.

문제. 형법상 예비행위가 처벌되지 않는 경우는? (경찰 1차)

① 도주원조죄[298] ② 간첩죄

③ 통화위조죄 ④ 영아살해죄[299]

문제. 예비죄의 설명으로 틀린 것은? (행정고시)

① 모든 예비죄는 목적범이다.

② 예비죄 공동정범을 판례는 인정한다.

③ 예비죄의 방조범을 판례는 부인한다.[300]

④ 예비행위의 교사[301]를 판례는 인정한다.[302]

---

298) 제147(-150)조

299) 개인적 법익죄에는 살인죄(존속~, 위계 위력~), 국외이송목적인취죄, 강도죄 뿐이다.

300) 정범이 예비단계에 그친 경우 이에 가공한 행위가 (예비의 공동정범이 될 때를 제외하고는) 종범으로 처벌할 수 없다(대판).

301) 범죄실행을 교사했으나 정범이 예비행위만 하고 실행착수에 이르지 않은 경우이다.

302) 인정-> 부정

제 6 장 공범론

제 1 절 공범의 일반이론

Ⅰ. 공범의 의의 및 분류

1. 공범의 의의

범죄를 단독으로 실행하는 것을 단독정범(직접정범)이라고, 두 사람 이상이 협력 가공하여 실행하는 경우를 공범(다수참가형태)이라 한다.

범죄참가형태를 어떻게 입법화할 것인가? 이에 대해서는 ① 구성요건을 세분하지 않고 구성요건실현에 기여하는 모든 사람을 정범으로 간주하되, 구체적인 형량은 행위기여도에 따라 정하는 **단일정범 체계**[303) 방법 ② 공범 · 정범[304)의 **분리형식**[305) 등이 있다.

우리 형법총칙상의 공범규정은 공범·정범 분리형식에 기초하고 있다. (7급

303) 오스트리아 등이 있다.
304) 정범은 범행지배형태에 따라, 직접정범 간접정범, 공동정범 등이 있다.
305) 독일, 일본, 한국 등이 있다.

검찰)

2. 공범의 분류

공범(=최광의 공범)에는, 임의적 공범(=광의 공범)과 필요적 공범이 있다.

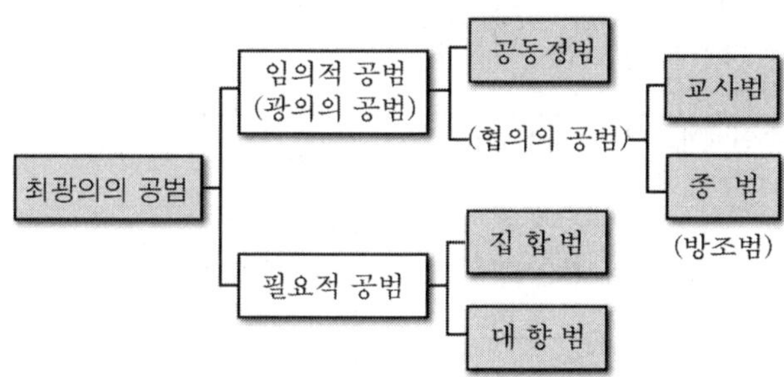

1) 임의적 공범

형법상 1인이 단독으로도 실행할 수 있는 범죄를 2인 이상이 협력하여 실행하는 경우의 공범형태를 말한다.

현행법은 공동정범, 교사범, 종범, 간접정범을 규정하고 있는데 이들을 총칭하여 광의의 공범이라고 하고, /그 가운데 교사범과 종범을 협의의 공범이라고 한다.

형법총칙상의 공범규정(제30조 이하)이 적용되는 것은 임의적 공범이다.

2) 필요적 공범

필요적 공범이란 형법각칙의 구성요건상, 단독으로는 범할 수 없고 2인 이상의 참가에 의하여 실현될 수 있도록 규정된 범죄를 말한다.

3. 필요적 공범

1) 의 의

필요적 공범이란 (구성요건상) 반드시 2인 이상의 참가가 요구되는 범죄유형을 말한다.

이는 참가형태에 따라 집합범(=다수의 행위자가 같은 방향에서 같은 목표를 향하여 공동으로 작용함으로써 성립하는 범죄로, 군중범죄 또는 다중범죄임)과 대향범(=2인 이상의 행위자가 서로 다른 방향에서 동일한 목표를 실현함으로써 성립하는 범죄)으로 나누어진다.

구 분		해당 범죄
집합범	다수인에게 동일한 법정형이 규정된 경우	소요죄, 다중불해산죄, 해상강도죄
	다수인에게 서로 다른 법정형이 규정된 경우	내란죄
대향범	쌍방의 법정형이 같은 경우	• 도박죄 • 인신매매죄 • 아동혹사죄
	쌍방의 법정형이 다른 경우	• 뇌물죄에 있어서 수뢰자와 증뢰자 • 자기낙태죄와 업무상 동의 낙태죄 • 배임수증죄에 있어서 배임수재자와 증재자
	일방만 처벌되는 경우	• 음화 등 반포, 판매, 임대죄 • 촉탁·승낙살인죄 • 범인은닉죄

2) 형법각칙상의 필요적 공범의 유형 (7급 검찰, 9급 검찰, 경위승진, 법원서기보)

3) 總則(총칙)상 공범규정의 적용여부

① 필요적 공범의 내부 참가자에게는 각자에게 적용될 형벌이 형법 각칙에 별도로 규정되어 있으므로 /내부참가자 상호간에는 형법총칙의 공범규정(제30조 이하)이 적용되지 않는다. (경위승진, 7급 검찰)

② 필요적 공범에 외부에서 관여하는 자에 대하여 총칙상의 공범규정이 적용될 것인가?

집합범(소요죄·내란죄)의 경우	• 외부에서 교사·방조하는 행위에 대해서는 /총칙상의 공범규정(교사범·종범)이 적용된다. • 집합범의 경우 구성원 아닌 자는 공동정범이 될 수 없으므로/ 공동정범 규정은 적용되지 않는다.

대향범의 경우	• 외부에서 각 대향자에게 관여하는 자에게 총칙상의 공범규정(교사와 방조는 물론 공동정범에 관한 규정도)이 적용된다. • 대향자 일방만이 처벌되는 경우, /처벌되는 대향자(예 음화 등을 반포·판매·임대한 자)에 대한 외부관여자의 행위에 대해서는 공범규정이 적용되나, /처벌되지 않는 대향자(예 음화를 매수한 자)에 대한 외부관여자의 행위에 대해서는 공범규정이 적용될 수 없다.

Ⅱ. 정범과 공범의 구별

1. 정범의 개념

공범(교사범·종범)은 정범을 전제로 하는 개념이므로 /정범과 공범의 구별 문제는 정범의 개념을 밝히는 것이 우선되어야 한다(=정범개념의 우위성[306]).

정범이란 무엇을 말하는가? 이에 대해서는 다음 견해의 대립이 있다.

구 분	制限(제한)적 정범개념이론 (객관설)	擴張(확장)적 정범개념이론 (주관설)
정범의 개념	구성요건에 해당하는 행위를 스스로 행한 자만이 정범이(며, 구성요건 이외의 행위에 의하여 결과에 조건을 준 자는 정범이 될 수 없)다는 견해이다.	인과관계론의 조건설을 기초로 하여 구성요건적 결과발생에 조건[307]을 준 자는 (구성요건 해당 행위의 여부를 불문하고) 모두 정범이 된다는 견해이다.
정범과 공범의 구별기준	객관설과 결합한다(즉 객관적 척도에 따라 구분할 것 요구).	주관설과 결합한다.
공범(교사범·종범)의 처벌규정	(원래 정범만이 가벌적임에도 불구하고) 형법이 교사범·종범에 대한 처벌규정을 둔 것은? 구성요건 밖의 행위에까지 가벌성을 확장한 형벌확장사유가 된다. (사법시험)	(교사범·종범도 원래 정범에 해당되어 정범으로 처벌되어야 하나) 형법이 공범규정을 두어 특별취급하는 것은? 정범의 처벌범위를 축소하는 처벌축소사유가 된다.
공 헌	정범과 공범을 분명하게 구별해 줌으로써 죄형법정주의에 부합한다.	간접정범의 정범성 인정을 쉽게 설명할 수 있다.

306) 정범과 협의공범이 모두 가능한 경우 정범을 우선하는 원칙이다. 예 형사미성년에게 절도를 교사한 경우 절도교사범과 간접정범에 모두 해당되는데 이 경우 정범개념 우위성에 의거 간접정범이 된다는 이론이다.

307) 모든 조건의 객관적 동가치성 인정.

비 판	간접정범의 정범성을 인정할 수 없어, 간접정범은 정범이 아닌 결과가 된다.	정범개념의 지나친 확대로 죄형법정주의에 반한다.

2. 정범과 공범의 구별기준

정범과 공범을 구별하는 기준에 대하여는 객관설과 주관설 및 행위지배설이 대립되고 있다.

1) **객관설**(-제한적 정범개념 이론에 기초)

형식적 객관설	구성요건에 해당하는 행위를 직접 실행한 자가 정범이고, 실행행위 이외의 방법으로 조건을 제공한 자가 공범이라는 견해이다.
실질적 객관설	인과관계론의 원인설을 기초로 하여 결과발생에 원인을 준 자가 정범이고 단순한 조건을 준 자는 공범이라는 견해로 ① 필요설 ② 동시설 ③ 우세설 등이 있다.

2) **주관설**(-확장적 정범개념 이론에 기초)

고의설(의사설)	정범의사(자기의 범죄를 실현하고자 하는 의사)로 행위한 자가 정범이고 공범의사(타인의 범죄를 야기하거나 촉진할 의사)로 행위한 자는 공범이라는 견해이다.
이익설(목적설)	자기의 이익이나 목적을 위해서 행위한 자가 정범이고 타인의 이익(목적)을 위해 행위한 자는 공범이라는 견해이다.

3) 행위지배설

이 설은 행위의 주관적 측면과 객관적 측면을 동시에 고려한 행위지배에 의하여 정범과 공범을 구별하려는 견해(판례[308]·다수설)이다.

행위지배란 구성요건에 해당하는 사건의 진행을 조종·장악·지배하는 것을 말한다. 이러한 행위지배가 있으면 정범이고, 없으면 공범이라는 견해이다.

308) 대판 1989.4.11., 88도1247.

Welzel의 목적적 행위지배설	목적적 행위지배가 있으면 정범이고 /단순 가담자는 공범이라는 견해이다.
Roxin의 행위지배설	정범의 형태에 따라 행위지배의 개념을 유형화시켜, 다음과 같이 구분한다. • **실행지배** : **직접정범**(단독정범)은 구성요건에 해당하는 행위를 직접 실행하는 실행지배에 의하여 언제나 정범이 된다. • **의사지배** : **간접정범**에 있어서는 이용자(간접정범)가 우월적 의사와 인식으로 피이용자의 행위를 지배(즉 의사지배)하므로 간접정범은 정범이 된다. • 기능적 행위지배 : 공동정범은 각자가 역할분담에 따라 전체 범행계획의 실현에 기능적으로 행위에 기여함으로 정범이 된다. (경감승진)

Ⅲ. 공범의 종속성

공범(교사범과 종범)은 정범에 종속하여 성립하는가? 독립하여 성립하는가?

이 문제(=종속성의 유무)와 만약 공범종속성설을 따를 때, 정범이 어느 정도의 범죄성립요건을 갖추었을 때 공범이 성립할 수 있는가? 하는 문제(=종속성의 정도)가 공범종속성에 관한 문제이다.

1. 종속성의 유무

구 분	공범종속성설(통설·판례)	공범독립성설
의 의	공범이 성립하려면 정범의 실행행위가 있어야 한다는 것으로, 공범의 성립은 정범의 성립에 종속한다는 견해이다.	공범은 독립된 범죄이므로 (정범의 실행행위가 없더라도) 공범은 정범의 성립여부와 관계없이 독립하여 성립한다는 견해이다.
논 거	**객관주의** 범죄론(구파)의 공범이론	**주관주의** 범죄론(신파)의 공범이론
공범의 미수	① 공범은 정범 실행행위가 있어야 종속적으로 성립되므로 미수범(=정범이 미수에 그친 경우)의 공범은 성립될 수 있으나 /공범의 미수(=교사행위 자체가 미수에 그친 경우)는 불성립한다. (7급 검찰) ② 기도된 교사(=효과 없는 교사와 실패한 교사)를, 공범의 미수를 처벌하는 특별규정(=예외규정)으	① 교사행위·방조행위 그 자체가 범죄실행 행위이므로 미수범의 공범과 공범 미수가 모두 가능하다. ② 제31조 제2항~·제3항은 공범의 미수를 처벌한 것으로 공범독립성설의 근거이자 당연규정이라고 본다.

	로 본다.	
간접정범	(직접정범이 물적 도구이용 이고) 간접정범은 인적 도구이용으로 차이가 없어, (공범이 아니라) 정범이므로 간접정범의 개념을 認定(인정)한다.	간접정범은 정범이 아니라 공범이므로 간접정범의 개념을 否定(부정)한다. (7급 검찰) 즉 교사범으로 본다.
공범과 신분	신분의 연대성을 규정한 제33조 본문[309]을 당연규정으로 본다.	신분의 개별성을 규정한 제33조 단서[310]가 원칙규정이라고 본다.
자살관여죄	공범종속성에 대한 예외로서, 제252조 제2항을 특별규정으로 본다.	공범독립성에 기초한 당연규정으로 제252조 제2항을 공범독립성설의 유력한 근거로 본다. (경감승진)

2. 종속성의 정도(=종속형식. /M.E. Mayer)

학 설	내 용
최소한 종속형식	정범의 행위가 구성요건에 해당하기만 하면 (그 행위가 위법·유책하지 않은 경우에도) 공범이 성립한다는 종속형식이다.
제한적 종속형식(통설·판례)	• 정범의 행위가 구성요건에 해당하고 위법하면 공범이 성립하(고 정범의 행위가 책임까지 있어야 할 필요는 없다)는 종속형식이다. • 이에 의하면 정당행위를 이용했을 때에는 (위법성이 조각되어) 공범이 성립될 수 없고 간접정범이 성립된다. (경정승진) • 이에 의하면 책임무능력자를 교사한 경우(예 12세의 어린이에게 절도 행위를 시켰을 경우)에 교사자는 공범(절도죄의 교사범)이 된다.
극단적 종속형식	• 정범의 행위가 구성요건에 해당하고 위법·유책해야만 공범이 성립한다는 종속형식이다. • 이에 의하면 책임무능력자를 교사한 경우(예 12세 된 어린이를 부추겨 물건을 절취해 오도록 한 경우)에 교사자는 공범(교사범)이 될 수 없고 간접정범(절도죄의 간접정범)이 된다. (경위승진, 경사승진)
초극단 종속형식(=확장적 종속형식)	정범의 행위가 구성요건에 해당하고 위법·유책할 뿐만 아니라 가벌성의 조건까지 모두 갖추어야 공범이 성립한다는 종속형식이다.

공범의 종속성이 완화될수록 공범의 성립범위가 넓어져 간접정범은 공범 속

309) 신분관계로 인하여 성립될 범죄에 가공한 행위는 신분관계없는 자에게도 공동정범·교사범·종범 규정을 적용한다.

310) 신분관계로 인하여 형의 경중이 있는 경우에는 중한 형으로 벌하지 않는다. 갑과 을이 공모해서 갑의 아버지를 살해한 경우, 존속살해의 공동정범에 모두 해당하지만, 처벌에서는 갑과 달리 을은 보통살인죄로 처벌한다.

에 흡수된다. (7급 검찰)

문제. 다음 중 틀린 기술은? (경찰 2차)

① 교사의 미수는 공범독립성설은 인정하나, 공범종속성설은 부정한다.[311]

② 공범종속성설에 의하면 피교사자의 실행의 착수가 있어야 교사범이 성립될 수 있다.

③ 교사를 받은 자가 범죄실행을 승낙하고 실행착수에 이르지 않은 때에는 교사자를 예비음모로 처벌한다.

④ 공범독립성설은 객관주의 입장이다.[312]

제 2 절 공동정범

第30條[공동정범] 2인 이상이 공동하여 죄를 범한 때에는 각자를 그 죄의 정범으로 처벌한다.

Ⅰ. 의 의

공동정범이란 2인 이상이 공동의 범행결의 하에 실행행위를 분업적으로 역할분담하여 **기능적으로 행위지배**[313]를 함으로써 전체적인 범행계획을 실현하는 정범형태이다.[314]

제30조의 공동정범은 각자가 구성요건의 일부만 실현한 때에도 전체범행에 대하여 책임을 지게 되어 그 죄의 정범으로 처벌된다(＝일부실행·전부책임)는 데에 존재의의가 있다.[315]

---

311) 정범의 실행착수 실행행위가 있어야 하니까.

312) 객관주의 ⇒ 주관주의

313) 교사와 방조는 (지배가 아닌) 가담에 속한다.

314) 예 갑과 을은 은행을 함께 털기로 합의 후 때에 따라 흉기도 사용하기로 하였다. 강도 현장에서 갑은 은행원을 찔러 중상을 입히고 을은 단지 돈뭉치만 들고 나온 경우? 갑을은 모두 강도상해의 공동정범이 된다.

315) 대판 2017.4.26., 2013도12592.

공동정범은 기능적 행위지배를 한다는 점에서 /단독으로 실행지배를 하는 단독정범과 구별되며, /의사지배를 하는 간접정범과 구별된다. 공동정범은 기능적 행위지배가 있는 정범이라는 점에서 /또한 정범에 가담할 뿐 행위지배가 없는 협의의 공범(＝교사범과 종범)과 구별된다.

Ⅱ. 공동정범의 본질

공동정범은 2인 이상이 공동하여 죄를 범한 경우인데, 여기서 공동정범은 무엇을 공동으로 하는가? 즉 공동정범의 本質(본질)이 무엇인가에 대하여 범죄공동설과 행위공동설이 대립하고 있다.

구 분	범죄 공동설	행위 공동설
내 용	여러 명이 특정한 범죄를 공동으로 행하는 것이 공동정범이라고 보는 견해이다.	수인이 행위를 공동으로 하여 각자가 자기의 범죄를 실현하는 것이 공동정범이라고 보는 견해이다.
이론적 배경	범죄의 정형성을 중시하는 객관주의 범죄론(구파)의 입장이다.	범죄를 행위자의 반사회적 성격의 징표로 보는 주관주의 범죄론(신파)의 입장이다.
異種(이종)·수개의 구성요건 사이의 공동정범	부정	인정
부분적 공동정범(고의를 달리하는 경우)	부정	인정
승계적 공동정범	부정	인정
과실범의 공동정범**	부정 (7급 검찰)	인정 (판례)
고의범과 과실범의 공동정범	부정	인정
공모공동정범*	인정 (판례)	부정 (경위승진)

Ⅲ. 성립여부(공동실행의사, 공동실행행위)

공동정범이 성립하기 위하여 ① 주관적 요건으로서 공동실행의 의사(＝공동의 의사, 공동 가공의 의사, 공동범행의 의사) ② 객관적 요건으로서 공동의 실

행행위(＝공동실행, 공동가공의 사실) 등이 필요하다. (경정승진, 법원서기보)

1. 주관적 요건

1) 공동실행의 의사(＝의사의 연락, 공동의 의사, 공동가공의 의사)

(1) 개 념

공동실행의 의사란 2인 이상이 공동하여 범죄를 실현하려는 의사를 말한다.[316] 따라서 공동정범 모두에게 각자의 역할분담과 공동작용에 대한 상호이해, 즉 의사의 연락이 있어야 한다.

즉 2인 이상이 죄를 범했어도 공동실행의 의사가 없으면 (공동정범은 성립할 수 없고) 同時犯(동시범)이 성립할 뿐이다.

공동가공의사는 행위자 상호간에 있어야 하므로, 어느 일방만이 공동가공의사를 가진 편면적 공동정범은 공동정범이 될 수 없다(통설・판례).[317] (경위승진, 법원서기보)

(2) 의사연락의 방법

의사의 연락 방법은 명시적이든 묵시적이든 불문하고, 직접적이든 간접적(연쇄적)이든 불문한다. (법원서기보)

(3) 의사연락의 성립시기

의사연락은 행위 이전에 있었음을 요하지 않으며, 공동의사의 성립시기에 따라 다음과 같이 구별된다.

① 예모적[318] 공동정범은, 공동실행의 의사가 실행행위 이전에 성립한 경우이다.

② 우연적 공동정범은, 공동실행의 의사가 실행행위시에 성립한 경우이다.

③ 승계적 공동정범은, 공동실행의 의사가 실행행위도중(즉 실행행위의 일부

---

316) 고의, 초과주관적 요소 등과는 다른 별개의 의사이다.

317) 대판 2000.4.7., 2000도576(주관적 요건인 공동가공의사는 타인 범행을 인식하면서도 제지 안하고 용인하는 것만으로는 공동정범으로 부족하다. 전자제품을 밀수입해 올테니 이를 팔아달라는 제의받고 승낙한 경우 그 승낙은 취득하거나 매각알선하겠다는 의사표시로 볼 수 있을뿐 밀수입 범행을 공동으로 하겠다는 공모의사표시로 볼수 없다) ; 대판 1993.3.9., 92도3204(장산곶매 사건도 동일한 취지 판시) 참조.

318) 예모적이란 예비 음모적이라는 의미이다.

종료 후 그 기수 이전)에 성립한 경우이다.

2) 승계적 공동정범

의사와 연락은 반드시 실행행위 이전에 존재할 필요는 없으므로 실행행위 도중에 공동의사가 성립한 승계적 공동정범의 경우[예 A(선행행위자)가 강도의 의사로 C에게 폭행을 가한 후 지나가던 B(후행행위자)에게 이제까지의 사정을 이야기 하고 A와 B가 함께 재물을 탈취한 경우]에도 공동정범이 성립할 수 있다(다수설 · 판례).

위 경우에 후행자(B)가 어느 범위에서 공동정범의 책임을 지느냐?

이에 대하여서는 적극설(후행자는 선행자의 행위를 포함한 전체범죄에 대한 공동정범 즉 A와 B는 강도죄의 공동정범이 된다는 견해)과 소극설(후행자는 자기가 개입한 이후의 행위에 대해서만 공동정범의 책임 즉 A는 강도죄·B는 특수절도죄책을 진다는 판례의 견해가 대립하고 있다.

3) 과실범의 공동정범

2인 이상이 공동의 과실로 인하여 과실범의 구성요건적 결과를 발생케 한 경우(예 옥상에서 일하던 인부 A와 B가 공동으로 목재를 나르던 중 실수로 목재를 떨어뜨려 지나가던 행인이 상해를 입은 경우)에 과실범의 공동정범의 성립이 인정할 것인가?

판례[319]의 입장인 행위공동설은, 공동정범의 공동은 구성요건단계 이전의 행위 공동을 의미하므로 과실범의 공동정범도 인정된다고 한다(=A와 B는 과실치상죄의 공동정범). (경정승진) /범죄공동설은 공동정범의 공동은 범죄(고의)의 공동을 의미하므로 과실범의 공동정범은 인정될 수 없고[320] 단지 동시범이 될 뿐이라고 한다(=A와 B는 과실치상죄의 동시범). (7급 검찰)

319) 대판 1997.11.28., 97도1740(성수대교 붕괴사건).

320) 과실범은 기능적 행위지배가 불가능하기 때문에 공동정범이 성립될 수 없다는 것이, (다수설인) 기능행위지배설의 입장이다.

2. 객관적 요건

1) 공동의 실행행위

공동의 실행행위란 공동참가자 각자가 전체 범행계획에 따라 분업적으로 실행행위를 분담하여 실행하는 것을 말한다.

각자가 구성요건의 전부 또는 일부를 실행한 경우 뿐만 아니라, 구성요건에 해당하는 행위가 아니더라도 전체적으로 볼 때 범죄를 실현하는데 불가결한 요건이 되는 기능을 실행한 경우(예 망보는 행위, 다른 공모자가 대피할 수 있도록 자동차를 대기하고 있는 경우)에도 공동실행의 행위 기여가 인정되어 공동정범이 성립한다.[321]

방법은 작위·부작위를 불문하며, 반드시 현장에서 행하여짐을 요하지 않는다.(법원서기보)

공동의 실행시기는 실행의 착수 이후부터[322] (기수가 아닌) 범행의 실질적 종료 이전까지 존재하여야 한다. 즉 공모 정범 중 어느 한 사람이 실행행위를 직접 개시한 순간부터 공동정범 모두에 대해 실행의 착수를 인정한다.

2) 공모공동정범

공모공동정범이란 2인 이상의 자가 공모하여 그 공모자 가운데 일부만이 범죄의 실행에 나아간 때에 실행행위를 하지 않은 공모자에게 공동정범이 성립한다는 이론이다.

공모공동정범이론은 원래 지능범의 배후자를 정범으로 처벌하기 위하여 판례에 의해 인정된 것이나[323] 오늘날 조직적·실질적 범죄에까지 널리 인정하고

321) 대판 1971.4.6., 71도311.

322) 공모자 중 1인이 다른 공모자가 실행행위에 이르기 전에 공모관계에서 이탈한 경우에는, 이탈 이후의 다른 공모자의 행위에 대하여는 공동정범이 성립하지 않는다(대판). 다만 예비음모는 가능하다.
또 다른 판례에 의하면 공모자가 주도적으로 공모에 참여하여 다른 공모자 실행에 영향을 준 경우는 단순히 이탈했다고 하여 공모관계이탈이라고 보지는 않는다(대판 2008.4.10., 2008도1274). 즉 범행의 저지를 위해서 적극적인 노력이 있어야 공모관계 이탈이라고 보게 될 것이다.

323) 이 이론은 실행행위를 전혀 가담하지 않은 배후자도 정범으로 처벌함으로써 공동정범의 성립요건 중 실행행위의 분담이라는 공동성의 요건을 완화하는 결과가 되었다.

있다.[324] (7급 검찰, 경감승진).

공모공동정범의 인정여부에 대해서는 ① 判例(판례)[325]의 입장인 공모공동정범 **인정설**(=공동의사주체설에 입각하여 일관되게 공모공동정범의 공동정범 성립을 인정)[326] ② **부정설**(형법 제30조의 해석상 실행행위를 분담한 때에만 공동정범의 객관적 요건이 충족되므로 /공동의 실행행위가 없는 공모공동정범의 개념은 인정할 수 없고 /공모자는 그 정도에 따라 교사범 또는 종범이 된다는 견해)의 대립이 있다. (경위승진)

Ⅳ. 처 벌

1. 일부실행 · 전부책임

공동정범은 각자를 그 죄의 정범으로 처벌한다. 즉 구성요건요소 중 일부만을 실행한 자(예 甲과 乙이 丙을 살해하기로 공모하고 丙을 향하여 발포하여 甲이 쏜 탄환에 의하여 丙이 사망하고 乙의 탄환은 명중되지 아니하는 경우)라도 공동의 범행결의 하에 기능적으로 역할분담하여 실현된 전체범죄에 대해서 정범(甲 및 乙은 모두 살인죄의 기수)의 책임을 진다(=일부실행 · 전부책임의 원칙). (7급 검찰, 경감승진)

여기서 각자를 정범으로 처벌한다는 것은 법정형이 동일하다는 의미일 뿐 / 구체적인 처단형이나 선고형은 각자 다를 수 있다. (법원서기보)

즉 책임조각사유 · 인적처벌조각사유 · 형의 가중 · 감경사유 등은 그 사유가 존재하는 자에게만 적용된다.

---

324) 특수강도범행을 모의한 후 실행에 가담하지 않고 강취해온 장물의 처분알선만 한 경우(장물알선죄가 아니고) 특수강도의 공동정범이 된다(대판). (경찰 1차)

325) 다만 부작위범사이의 공동정범은 다수 부작위범에게 공통 의무가 부여되어 있고 그 의무를 공통으로 이행할 수 있을 때에만 성립한다(대판 2008.3.27, 2008도89). (경찰 1차)

326) 그 외에도 **간접정범유사설**(개별적으로 보아 불실행 공모자도 타인과 공동하여 타인행위를 이용하여 자기범죄를 실행한 점에서 공동정범 인정이 가능하다는 설), **기능적 행위지배설**(공모자의 기능적 행위지배가 인정되는 경우 공모자도 공동정범이 가능하다는 설) 등이 있다.

2. 공동의사를 초과한 경우

공동정범은 공동의사의 범위 안에서만 성립한다. /따라서 공동정범 중 1인이 공동결의한 범죄를 초과하여 실현한 부분은 공동정범이 아니라 초과실현한 자만이 단독정범이 된다.

결과적 가중범의 공동정범에 대해서는, (과실범의 공동정범은 인정할 수 없으므로 결과적 가중범의 공동정범도 성립될 수 없다는 부정설이 있으나) 판례는[327] 긍정설(과실범의 공동정범이 가능하므로 결과적 가중범의 공동정범도 인정될 수 있다는 견해)의 입장이다.

3. 공동정범과 비신분자

비신분자는 단독으로 진정신분범의 정범이 될 수 없으나 /신분자와 공동으로는 진정신분범의 공동정범이 될 수 있다.

4. 공동정범의 미수

공동정범의 미수는 공동정범자의 모든 행위를 종합하여 볼 때 범죄를 완성하지 못한 경우에 가능하다.

따라서 공동정범의 1인의 행위가 미수에 그치더라도 다른 자에 의하여 범죄가 완성된 때(예 甲과 乙이 강도할 것을 공모하고 통행인 丙을 협박하던 중 甲은 후회하고 도망[328]하였으나 乙이 단독으로 丙의 금품을 강취한 경우)에는 공동정범의 전원이 기수(甲・乙은 강도죄의 공동정범)의 책임을 진다. (경정승진)

공동정범의 전원이 중지하지 않는 한 그 중 1인의 중지만으로는 중지미수가 되지 않는다. **중지범의 다른 공동자까지 중지시켜 결과가 발생하지 않은 경우** 스스로 중지한 자는 **중지미수범**으로, 다른 공동정범은 **장애미수범이** 된다.

---

327) 즉 행위공동설의 입장에서, 기본행위의 공동이 있는 이상, 다른 공동자도 결과적 가중범에 대한 책임을 면할 수 없다고 한다.

328) 실행의 착수이후의 도망이어서 강도죄의 공동정범.

5. 공동정범과 착오

공동정범의 일부 사람에게 사실의 착오가 있는 경우 /사실의 착오에 관한 이론이 그대로 적용된다.[329)]

한편 질적 착오문제를 보면, 예 甲 · 乙이 강도공모를 했는데 乙이 실행착수 후 마음을 바꿔 방화한 경우 甲 · 乙의 죄책은? 乙은 강도미수와 현주건조물방화죄의 경합범, 甲은 강도미수의 공동정범이 된다.

6. 공동정범과 협의공범(= 교사범 · 방조범)의 경합

교사자 또는 방조자가 교사 · 방조를 한 후 나중에 공동정범으로 행위를 한 때(예 회사원 甲이 친구 乙을 교사하여 밤에 함께 회사의 금고를 털었을 경우)에는 /교사 · 방조는 별도로 성립하지 않고 공동정범에 흡수되어 공동정범만이 성립한다. (법원서기보, 9급 검찰, 경위승진)

문제. 공동정범의 설명으로 틀린 것은?

① 승계적 공동정범설에서 이미 지난 행위과정을 사후 가담자가 지배한다는 것은 생각할 수 없으므로 선행사실에 대한 후행자의 기능적 행위지배를 인정할 수 없다. 후행자에게는 가담이후 사실에 대한 공동정범이 성립한다. 따라서 나중에 가담한 자도 그 이전 행위까지 가담한 것으로 본다는 말은 틀린 표현이다. (경찰 2차)

② 중고오토바이매매업을 경영하는 자가 범인들에게 오토바이를 훔쳐오면 사주겠다고 하고 진짜 대가를 주고 취득하였다. 이는 공동정범에 해당하지 않는다.[330)] (여경 2차)

③ 공모공동정범에 있어 그 공모자 중 1인이 다른 공모자가 실행행위에 이르기 전에 그 공모관계에서 이탈한 때는 그 이후 다른 공모자행위에 관해 공동정범으로서의 책임은 지지 않는다.

④ 공동가공 의사가 없는 과실범의 공동정범은 성립할 수 없다. (경찰 1차)

---

329) 즉 법정적 부합설에 의거 하면, 구체적 사실착오는 발생사실의 고의기수, 추상적 사실착오는 인식사실 미수와 발생사실 과실범의 상상적 경합이 이루어진다.

330) 공동가공의사가 없으므로, 공동정범이 아니다.

문제. 다음 판례의 기술 중 틀린 것은? (101단)

〈보기〉 공동정범은 (a) 2인 이상이 공동하여 죄를 범하는 것으로 공동가공의 의사를 그 객관적[331] 요건으로 하며 이 공동가공의사는 상호간에 특정한 범죄를 하기 위하여 일체가 되어 자기의사를 실행에 옮기려는 공동가공의 인식이 있으면 되는 것이고 암묵리에 의사가 상통해도 되며 사전에 반드시 어떤 모의과정이 있어야 하는 것은 아니다. (b) 2인 이상이 상호 의사연락없이 동시에 범죄구성요건에 해당하는 행위를 했을 때에는 원칙적으로 각인에 대해 그 죄를 논해야 하나 그 결과발생의 원인행위가 분명하지 않은 때에는 각 행위자를 기수범으로 처벌하고[332] (c) 이 독립행위가 경합하여 특히 상해결과를 발생하게 하고 그 원인행위가 밝혀지지 않은 경우에는 공동정범의 예에 따라 처단(동시범)하는 것이므로 (d) 공범관계에 있어 공동가공의 의사가 있었다면 이에는 동시범 등의 문제는 제기될 여지가 없다.

① (a)　　② (b)　　③ (b)(c)　　④ (a)(b)

문제. 다음의 판례사안 중 틀린 것은? (경찰 1차)

① 부작위범사이의 공동정범은 다수 부작위범에게 공통된 의무가 부여되어 있고 그 의무를 공통으로 이행할 수 있을 때에만 성립한다.

② 의료인일지라도 의료인 아닌 자의 의료행위에 공모하여 가공하면 의료법이 규정하는 무면허의료행위의 공동정범책임을 진다.

③ 운전병이 운전하던 짚차의 선임탑승자와 같이 음주한 후 음주로 인하여 취한 탓으로 사고가 발생한 경우 선임탑승자에게도 과실범의 공동정범이 성립한다.

④ 甲(갑)이 乙(을)에게 "너희들이 오토바이를 훔쳐라 그러면 그 장물은 내가 사 주겠다"고 말하고, 그 말을 들은 乙(을)이 오토바이를 훔친 뒤 그것을 甲(갑)에게 넘기고 그 대가를 취득한 경우 甲(갑)은 오토바이절도죄에 대한 공동정범의 책임을 진다.[333]

---

331) 主觀的(주관적)

332) 未遂(미수)

333) 공동정범에 필요한 공동가공의사가 있다고 보기 어렵다(대판). 즉 공동정범보다는 교사범에 가깝다.

V. 합동범

1. 개 념

2인 이상이 범죄현장에서 시간적 장소적으로 합동하여 죄를 범한 경우 가중처벌되는 범죄이다.

현행 형법상 합동범에는 특수강도죄(제334조 ②) · 특수절도죄(제331조 ②) · 특수도주죄(제146조)가 있을 뿐이다. (7급 검찰, 경사승진)

2. 합동범과 공동정범

1) 현장설(다수설)

(합동은 공동보다는 좁은 의미로) 합동이란 시간적·장소적 협동 즉 현장성을 의미한다.

(따라서 이 설에 의하면 공모공동정범 등 현장에서 공동하지 아니하는 경우에는 합동범이 될 수는 없으므로) 공모공동정범에서는 합동범의 공동정범은 성립할 수 없다(즉 교사범 · 방조범만이 가능하다).

2) 판 례

(현장설은 합동범의 공동정범은 성립할 수 없고 합동범의 공범-교사범 · 종범-만이 가능하다고 하였으나) 대법원은 "3인 이상이 합동절도를 공모한 후 적어도 2인 이상의 범인이 범행현장에서 시간적 · 장소적 합동관계를 이루어 절도범행을 한 경우에는 공동정범의 일반이론에 비추어 그 공모에는 참여하였으나 현장에서 절도의 실행행위를 직접 분담하지 아니하는 다른 범인에 대하여도 합동(특수)절도의 공동정범 성립을 부정할 이유가 없다"고 판시한 바 있다.[334)]

334) 甲 · 乙 · 丙이 절도를 모의한 후, 甲은 방법만 제시하고, 乙과 丙이 현장에서 재물을 절취한 경우 甲 · 乙 · 丙의 죄책은? 현장설은 乙 · 丙은 특수절도죄 · 甲은 절도죄의 공동정범(또는 특수절도의 종범)이지만, 판례는 甲 · 乙 · 丙은 모두 특수절도의 공동정범이라고 한다.

문제. 합동범이 아닌 것은? (101단, 경찰 1차)

① 특수강도, 특수절도[335] ② 특수강간[336]
③ 특수도주 ④ 특수폭행

Ⅵ. 동시범(=독립행위의 경합)

제19조[독립행위의 경합] 동시 또는 異時(이시)의 독립행위가 경합한 경우에 그 결과발생의 원인된 행위가 판명되지 아니한 때에는 각 행위의 미수범으로 처벌한다.

1. 의 의

동시범이란 2인 이상의 행위자가 의사의 연락(=공동의 의사) 없이 동시 또는 이시에 동일한 객체에 대해 각자 범죄를 실행하여 구성요건적 결과를 실현한 경우(예 甲과 乙은 각자 별개의 살인의 의사로 동시에 丙에게 발포하였는데 丙이 누군지 모르지만 탄환 일방에 명중되어 사망한 경우)를 말한다. 즉 동시범이란 단독범이 병존·경합한 경우이다(=독립행위의 경합).

동시범의 행위자가 두 사람 이상이라는 점에서 단독정범과 구별되고, 상호 의사연락(=공동실행의사)이 없다는 점에서 공동정범과 구별되며, 다른 행위자가 단순한 도구가 아니라는 점에서 간접정범과 구별된다. (9급 검찰)

2. 성립요건

1) 2인 이상의 실행행위가 있어야 한다.

2) 행위자 사이에 의사의 연락이 없어야 한다. 이 점에서 공동정범과 구별된다. (9급 검찰)

3) 행위객체는 동일해야 한다. 즉 2인 이상의 행위가 동일 객체를 향한 것이어야 한다.

4) 2인 이상의 행위가 시간적(제19조 동시 또는 이시)·장소적으로 반드시

335) 야간에 흉기 휴대하고 절도하면 특수절도, 흉기로 위협해서 재물취득하면 특수강도이다.
336) 형법이 아닌 성폭법(특별법) 규정 참조.

동일할 필요는 없다.

5) 결과발생의 원인된 행위가 판명되지 않아야 한다. 즉 만일에 원인된 행위가 판명되면 각자는 자기의 고의·과실의 범위 내에서 책임을 부담하면 되기 때문이다.

3. 효 과

1) 원인된 행위가 판명되지 않은 경우

예 甲과 乙이 각자 별개의 살인 의사로 이시에 丙에게 발포하였는데 丙은 탄환 일방이 명중되어 사망하였으나 누가 쏜 탄환에 맞은 것인지 불분명한 경우, 각 행위자는 발생된 결과에 대해서 미수범(甲·乙 모두 살인미수죄)으로 처벌된다. (법원서기보, 경위승진, 7급 검찰)

2) 원인된 행위가 판명된 경우

예 의사의 연락 없이 甲과 乙은 살해의 고의로 丙을 향해 총탄을 발사한 결과 甲이 쏜 총탄은 스쳐지나가고 乙이 쏜 총탄에 심장을 맞고 丙이 사망한 경우, 각 행위자는 독립하여 자기 책임의 한도 내에서 그 원인행위에 따라 甲은 살인미수범 그리고 乙은 살인기수범으로 처벌된다.

문제. 형법 제19조 설명으로 틀린 것은?

① 사전 모의없이 우연히 독립된 행위가 경합된 경우이다. (9급 검찰)
② 공동정범인 경우는 이에 해당하지 않는다.
③ 행위객체가 동일해야 한다.
④ 각 행위는 시간적 장소적으로 밀접하게 관련되어야 한다. (7급 검찰)

4. 동시범의 특례(=상해죄의 동시범)

제263조[동시범] 독립행위가 경합하여 상해의 결과를 발생하게 한 경우에 있어서 원인된 행위가 판명되지 아니한 때에는 공동정범의 예에 의한다.

1) 의 의

형법 제19조에서 동시범은 "각 행위의 미수범으로 처벌한다"고 규정하고 있으나 /상해의 동시범은 제263조에서 "공동정범의 예에 의한다"고 규정하여 그 예외[337]를 인정하고 있다.

2) 법적 성질

제263조는 (검사의) 거증책임의 예외로서 피고인에게 자기의 행위로 인하여 상해의 결과가 발생하지 않았음을 증명할 거증책임을 지우는 규정이다(=거증책임전환).

3) 효 과

원인된 행위가 판명되지 아니한 경우(예 甲과 乙이 의사의 연락 없이 상해로 고의로 丙에게 돌을 던져 丙이 상해를 입었으나 누구의 돌에 맞았는지 판명되지 아니한 경우)에는, 모두 공동정범(즉 甲·乙은 모두 상해죄 고의기수)으로 처벌된다. (9급 검찰, 경사승진)

원인된 행위가 판명된 경우(위의 예에서 丙이 甲의 돌에 맞아 상해를 입었으나 乙의 돌은 빗나간 경우)에는, 각 행위자는 독립하여 그 원인행위에 따라(즉 甲은 상해기수, 乙은 상해미수) 처벌된다.

4) 적용범위

(1) 상해죄와 폭행치상죄

상해죄의 동시범 특례규정(제263조)이 적용된다.

(2) 상해치사죄와 폭행치사죄

(반대견해가 있으나) 적용된다(판례).

주의. 강간치사죄와 강도치사죄[338]

적용되지 않는다(판례·통설).

문제. 동시범에 관한 설명 중 틀린 것은?

① 갑·을·병이 의사연락없이 A에게 폭행을 가해 상해를 입힌 경우, 갑·을

337) 이는 집단범죄에 대한 정책적 고려에서 나온 독립행위의 경합에 관한 특별규정이다.
338) 강간치상, 강도치상죄에도 263조가 적용되지 아니한다. (101단)

의 폭행에 의한 상해임이 분명하면 갑·을 중 누구에 의한 것인지 분명하지 않은 경우라도 병에 대해는 263조 상해죄 동시범특례가 적용되지 않는다. (경간부)

② 처음부터 의사연락이 있는 공범관계에 있어서는 결과발생의 원인행위가 불분명한 경우에도 263조가 적용되지 않는다. (7급 검찰)

③ 상해치사죄와 폭행치사죄에 263조가 적용된다. (경사승진)

④ 고의가 없는 사람도 상해죄가 성립한다. (101단, 경찰 1차)

제 3 절 간접정범

제34조[간접정범] ① 어느 행위로 인하여 처벌되지 아니하는 자 또는 과실범으로 처벌 되는 자를 교사 또는 방조하여 범죄행위의 결과를 발생하게 한 자는 교사(=정범과 동일한 형) 또는 방조(=필요적 감경)의 예에 의하여 처벌한다.

Ⅰ. 의 의

간접정범이란 타인을 (생명 있는) 도구로 이용하여 범죄를 실행하는 정범형태(예 의사가 그 사정을 모르는 간호사에게 독약이 든 주사를 놓게 하여 환자를 살해한 경우)를 말한다(의사지배).

(간접정범은 타인을 생명 있는 도구로 이용하여 간접적으로 범죄를 실현한다는 점에서) 자기 스스로 직접 또는 타인을 생명 없는 도구로 이용하여 구성요건을 실현하는 직접정범과 구별되고, (간접정범은 의사지배를 하는 점에서) 실행행위를 분담하여 공동으로 실행행위를 하는 즉 기능적 행위지배를 하는 공동정범과 구별되며, (간접정범은 정범이라는 점에서) 공범인 교사범과 구별된다.

(고의 정범으로 처벌되는 자를 이용한 경우도 예외로 간접정범이 될 수 있다는) 정범배후의 정범이론은,[339] 공범으로 처벌받을 자를 정범으로 처벌해야 한

339) (사법시험) 甲은 乙이 자신을 죽이려고 잠복하는 것을 알고 丙을 그 장소로 유도, 乙이 丙을 오인 사살하게 한 경우, 甲 · 乙의 죄책은? 구체적 사실의 착오 중 객체의 착오

다는 형사정책적 필요성을 배경으로 하나, 우리형법은 간접정범을 교사방조의 예에 의거 처벌하므로 우리는 **정범배후의 정범이론**을 인정할 실익이 없다고 본다.

Ⅱ. 간접정범의 본질

1. 간접정범의 정범성 여부

간접정범은 정범과 공범의 한계에 위치한 경우로 본질이 정범인가? 공범인가? 문제된다.

1) 공범설[340)]

제한적 공범개념이론	구성요건적 행위를 직접 실현한 자만이 정범이므로 /간접정범은 정범이 아니라 공범(＝교사범)이라는 견해이다.
공범독립성설	자기의 범죄수행을 위해 타인의 행위를 이용하는 모든 경우를 공범으로 보므로 간접정범개념은 (인정할 필요가 없고) 공범으로 보아야 한다는 견해이다.[341)]

2) 정범설[342)]

확장적 공범개념이론	구성요건적 결과발생에 조건을 준 자는 모두 정범이므로, 간접정범은 당연히 정범이다. 따라서 간접정범개념을 특별히 인정할 필요가 없다는 견해이다.
공범종속성설	간접정범은 인적 도구를 이용한다는 점에서 (물적 도구를 이용하는) 직접정범과 그 평가에 차이가 없으므로 정범이 된다는 견해이다.
행위지배설	간접정범은 우월한 사실인식을 토대로 피이용자의 행위를 지배·조종하고 이것을 통해 범죄를 실현하는 의사지배로 인하여 정범이 된다는 견해이다(다수설)

문제로, 乙은 살인죄가 될 것이다. 甲은 객체착오를 이용했기 때문에 (정범배후 정범이론에 따르면 살인죄의 간접정범이 된다고 하나), 행위지배가 인정되므로 살인죄의 직접정범이 된다.

340) 신동운 교수님의 공범설에 대해서는, 간접정범은 정범없는 공범이 되어 공범종속성설에 반한다는 비판이 따른다.

341) 이 설에 의하면, 10세 소년을 시켜 방화한 경우? 방화죄의 교사범 성립.

342) 대판 2011.7.14., 2009도13151.

2. 간접정범의 성립범위

다수설·판례의 입장인 공범종속성설에 의할 때 간접정범은 인정되므로, 그 성립범위도 종속성의 정도에 따라 다음과 같이 달라진다.

최소한의 종속형식	피이용자의 행위가 구성요건해당성만 갖추면 공범이 성립되므로 구성요건해당성을 결여한 때에 간접정범이 성립된다.
제한 종속형식 (다수설·판례)	정범(피이용자)이 구성요건해당성·위법성만 갖추면 그에 대하여 공범이 성립되므로 둘 중 하나를 결여한 자의 행위를 이용한 경우에는 간접정범이 된다.343)
극단적 종속형식	피이용자의 행위가 구성요건해당성·위법성·책임성 중 어느 하나라도 결여하면 간접정범이 성립된다.
초극단적 종속형식	피이용자의 행위가 범죄성립요건과 가벌성의 요건 중 하나라도 결여하면 간접정범이 성립된다.

그러나 간접정범은 정범이므로 먼저 정범요소를 구비하였는가를 검토하여야 하며(=정범개념의 우위성), 형식여하를 불문하고 행위지배의 유무로 결정해야 한다(다수설).

Ⅲ. 간접정범의 성립여부

간접정범은 ① 처벌되지 아니하는 자 또는 과실범으로 처벌되는 자를 ② 교사 또는 방조하여 ③ 범죄행위의 결과를 발생케 함으로써 성립한다. 여기에는 주관적 요소로 결과발생에 대한 **고의**와 **이용의사**가 있어야 한다.

출판물에 의한 명예훼손죄는 간접정범에 의해 범해질 수 있으므로 타인을 비방할 목적으로 허위의 기사재료를 그 과정을 모르는 기자에게 제공하여 신문보도되게 한 경우에도 간접정범이 성립할 수 있다.344) (경찰간부)

---

343) 6세의 아동을 이용하여 상점에서 상품을 훔친 경우 ⇨ 간접정범(의사지배가 인정되기 때문) (법원서기보, 9급 검찰) /시비의 변별능력이 있는 13세의 아동을 시켜 금품을 절취한 경우 ⇨ 절도죄의 교사범(의사지배가 없기 때문) (7급 검찰)

344) 대판 2002.6.28., 2000도3045 ; 대판 2008.9.11., 2007도7204 ; 대판 2007.9.6., 2006도3591 참조.

1. 피이용자의 범위

1) 어느 행위로 인하여 처벌되지 아니하는 자

어느 행위로 처벌되지 아니하는 자란 범죄의 성립요건(즉, 구성요건해당성, 위법성, 책임성) 중 어느 하나라도 없어 범죄가 성립되지 않는 경우를 말한다.

구 분	사 례
구성요건해당성이 없는 행위를 이용한 경우345)	① 객관적 구성요건에 해당하지 않은 경우(예 이용자의 강요·기망에 의하여 피이용자가 자살·자상한 경우) ② 피이용자의 고의 없는 행위를 이용한 경우(예 甲이 절도의사로 乙로 하여금 丙의 물건을 乙의 물건으로 오신케 하여 지참케 하는 경우, 갑은 절도 간접정범, 을은 과실절도로 무죄) ③ 진정신분범에서 비신분자를 이용한 경우, 즉 '신분 없는 고의 있는 도구'를 이용한 경우346)(예 공무원이 사정을 모르는 처를 이용하여 뇌물을 받게 한 경우)(법원서기보, 7급 검찰) ④ 목적범에서 목적 없는 자의 행위를 이용한 경우, 즉 목적 없는 고의 있는 도구를 이용한 경우(예 행사의 목적으로 행사의 목적이 없는 자로 하여금 통화를 위조하게 한 경우)
구성요건에 해당하지만 위법성이 없는 행위를 이용한 경우	① 국가의 적법한 행위를 이용한 경우(예 소송사기, 허위신고를 하여 현행범으로 체포되게 한 경우) ② 정당행위를 이용한 경우(예 甲이 허위사실을 신고하여 무고한 사람을 체포·구금시킨 경우)347) ③ 정당방위를 이용한 경우(예 甲이 乙을 살해하기 위하여 乙을 사주하여 丙을 공격하게 하고, 丙의 정당방위를 이용하여 乙을 살해하는 경우) (7급 검찰) ④ 긴급피난을 이용한 경우(예 낙태에 착수한 임산부가 생명의 위험이 발생하자 의사를 찾아가서 의사의 임산부 생명을 구하기 위한 낙태수술을 이용하여 낙태한 경우)
구성요건 해당하고 위법하나, 책임성이 없는 행위를 이용한 경우	① 책임무능력자를 이용한 경우(예 형사미성년자를 사주하여 금품을 절취한 경우) ② 피이용자의 강요된 행위를 이용한 경우(7급 검찰) ③ 피이용자의 정당한 이유있는 법률착오 이용한 경우 ④ 피이용자의 책임무능력상태나 초법규적 책임조각사유를 이용한 경우
범죄성립요건은 인정되나, 인적처벌조각사유로 불벌되는 자를 이용한 경우	책임성까지 있으므로 의사지배가 부정되기에 간접정범은 부정(되나, 사실관계에 따라 공동정범 교사범 방조범은 가능)

2) 과실범으로 처벌되는 자

과실범으로 처벌되는 자를 이용한 경우(예 의사가 간호사의 과실을 이용하여 환자에게 독을 주사하여 살해한 경우)에는 과실범 처벌규정이 있는 경우에 한해 피이용자인 간호사는 업무상 과실치사인 과실범으로 처벌되나 이용자인 의사는 살인죄의 간접정범으로 처벌된다.[348] (7급 검찰)

2. 이용행위(= 교사 또는 방조)

여기서 교사 또는 방조의 의미는 (교사범이나 종범의 교사·방조와 동일한 것이 아니고) 단순히 사주 또는 이용한다는 의미이다.

3. 범죄행위의 결과발생

범죄행위의 결과발생이란 구성요건에 해당하는 사실을 실현하는 것을 말하는 것이지 결과범에 있어서의 결과발생을 의미하는 것은 아니다. 거동범도 간접정범 형태로 범할 수 있다.

따라서 범죄행위의 결과가 발생하지 않아도 실행의 착수가 있으면 간접정범의 미수도 처벌한다.

---

345) 대판 2017.5.31., 2017도3894.

346) 대판 1997.4.17., 96도3376(전두환, 노태우 내란사건).

347) 대판 2006.5.25., 2003도3945.

348) 간접정범에 해당하지 않는 사례
1. 타인의 반사운동이나 물리적 강제하의 동작을 '생명 없는 도구'로 이용 ⇨ 직접정범
① 甲이 의도적으로 乙을 밀어 丙이 상해를 입은 경우 ⇨ 직접정범(상해죄)
② 맹견을 사주하여 사람을 물게 한 경우 ⇨ 직접정범(상해죄) (법원서기보, 9급 검찰)
2. 한정책임능력자(농아자, 심신미약자)나 책임능력을 이용한 경우 ⇨ 교사범
① 농아자를 시켜 방화하도록 한 경우 ⇨ 방화죄의 교사범
② 심신미약자를 사주하여 타인의 재물을 절취케 한 경우 ⇨ 절도죄의 교사범
3. 친족상도례 있는 도구를 이용하는 경우(고등학생을 교사하여 그 학생의 아버지의 돈을 훔치게 한 경우) ⇨ 절도죄의 교사범

Ⅳ. 처 벌

1. 간접정범의 기수 처벌

간접정범은 교사 또는 방조의 예에 의하여 처벌한다. (법원서기보, 9급 검찰). 즉 간접정범의 이용행위가 ① 교사에 해당하는 경우에는 (교사범의 예에 따라) 정범과 동일한 형으로 처벌되고 ② 방조에 해당하는 경우에는 (종범의 예에 따라) 정범의 형보다 감경한다.[349)]

2. 간접정범의 미수의 처벌

1) 간접정범의 실행의 착수시기

통설은 이용자가 이용행위를 개시한 때(=이용행위시설)에 실행의 착수가 있다(이용자 기준설)고 한다.[350)] (7급 검찰) 즉 이용자(간접정범)의 이용행위가 있었지만 피이용자가 거절하거나 승낙은 하였지만 실행의 착수에 나아가지 않은 경우, 피이용자가 실행에 착수하였지만 미수에 그친 경우에 간접정범의 미수가 성립한다.

2) 간접정범의 미수의 처벌

(교사·방조의 예에 의하여 처벌하는 것은 결과가 발생한 경우에 한정되므로) 간접정범의 미수는 일반적인 미수규정에 의하여 정범과 동일하게 처벌되어야 한다(다수설인 정범설).[351)]

---

349) 구성요건이 간접정범의 형태로 되어 있는 범죄 : 공정증서원본부실기재죄는 공무원에 대하여 허위신고를 하여 공정증서원본 등에 부실의 사실을 기재 또는 기록하게 함으로써 성립하는 범죄이다. 즉 甲이 정을 모르는 공무원 乙에게 허위신고를 하여 공정증서원본에 허위의 사실을 기재하게 한 경우 '처벌되지 아니한 자'(정을 모르는 공무원)를 이용한 甲을 처벌하는 간접정범의 형태로 규정되어 있다. (법원서기보)

350) 기타 피이용자기준설, 개별화설, 이분설(피이용자가 악의도구시 피이용자의 실행착수시 이용자도 있고 선의도구시 이용자기준으로 이용행위시 실행착수 인정) 등이 있다.

351) 한편 공범설은 간접정범미수도 협의공범 판례에 의해 피이용자가 실행착수한 경우만 인정한다. 이용자가 피이용자에게 이용행위를 한 후 피이용자가 실행착수 않는 상태라면 공범설은 교사의 경우에만 에비음모에 준해 처벌한다.

3. 특수 교사 · 방조

제34조[특수한 교사 · 방조에 대한 형의 가중] ② 자기의 지휘 · 감독을 받는 자를 교사 또는 방조하여 전항의 결과를 발생하게 한 자는 교사인 때에는 정범에 정한 형의 장기 또는 다액에 그 2분의 1까지 가중하고 방조인 때에는 정범의 형으로 처벌한다.

1) 의 의

특수교사 · 방조란 자기의 지휘·감독을 받는 자를 교사 · 방조하여 제34조 제1항의 범행결과를 발생하게 한 경우 형이 가중되는 범죄를 말한다.

2) 법적 성질

제34조 제2항을 특수공범(특수교사 · 특수방조)에 관한 규정으로 보는 견해도 있으나 제34조 제2항은 특수공범과 특수간접정범을 모두 규정한 것으로 보는 견해가 다수설이다.

3) 지휘 · 감독의 근거

그 근거가 법령에 규정된 경우에 한하지 않고, 사실상 지휘 · 감독을 받고 있는 자이면 계약 · 사무관리 · 관습 등에 의한 경우도 모두 포함된다.

4) 가중처벌

① 교사의 경우 : 정범에 정한 형의 장기 또는 다액의 1/2까지 가중처벌한다.
② 방조의 경우 : 정범의 형으로 처벌한다.

V. 관련문제

1. 간접정범과 착오

1) 피이용자의 성질에 대한 이용자의 착오

피이용자가 처벌되지 아니한 자(고의 또는 책임능력이 없는 자)임에도 불구하고 이용자는 피이용자를 처벌되는 자(고의 있는 책임능력자)라고 오인하고 이용한 경우에는 의사지배의 고의가 없기 때문에, 그 반대의 경우에는 의사지배를 인정할 수 없기 때문에 이용자에게 간접정범이 아닌 공범(교사범·종범)이 성립한다(다수설).

2) 실행행위에 대한 피이용자의 착오

① 피이용자가 실행행위에 사실의 착오를 일으킨 경우 : 사실의 착오이론으로 해결한다.

② 피이용자가 이용자가 의도한 범위를 초과하여 실행한 경우 : 이용자에게 초과부분에 대한 간접정범은 성립하지 않고 단지 실현된 부분에 대해서만 간접정범이 성립된다. (다만 그 초과된 결과에 대해 이용자에게 미필적 고의가 있었을 경우나 결과적 가중범일 경우 중한 결과에 대해 예견할 수 있었을 때에는 간접정범이 성립할 수 있다)

2. 간접정범의 한계

1) 신분범과 간접정범

① 신분자가 비신분자를 이용한 경우(예 공무원이 사정을 모르는 처를 이용하여 뇌물을 받게 한 경우) : 처벌되지 아니하는 자를 이용한 경우로 신분자(공무원인 남편)는 간접정범(수뢰죄의 간접정범)으로 처벌된다. (7급 검찰)

② 신분 없는 자(비신분자)가 신분자를 이용한 경우 : 비신분자는 신분범의 정범적격이 없으므로 신분 없는 자가 신분 있는 자를 이용하였기에 진정신분범의 간접정범이 될 수는 없다.

2) 자수범과 간접정범

자수범(위증죄, 준강간죄, 업무상비밀누설죄 등)이란 타인을 이용하여 범죄를 실현할 수 없고 행위자(정범) 자신이 구성요건적 행위를 직접 실행해야만 범할 수 있는 범죄를 말한다. 따라서 자수범에 대하여는 간접정범이 성립될 수 없다. (법원서기보)

문제. 간접정범은 무엇으로 처벌하나? (경찰 1차)

① 교사범 ② 종범
③ 정범과 동일하게 처벌 ④ 교사범 또는 종범

문제. 괄호안의 범죄의 간접정범을 인정하는 경우는 (판례)? (경찰 1차)

① 수표 수취인이 발행인에게 수표를 분실했다고 거짓말을 하면서 분실신고를 하라고 하자발행인이 은행에 분실신고를 한 경우[352] (부정수표단속법상 허위신고죄)
② 의사가 의료기기회사와 분쟁을 정치적으로 해결하기 위해서 국회의원에게 허위사실을 제보했는데 위 국회의원의 발표로 그 사실이 일간신문에 게재된 경우[353] (출판물에 의한 명예훼손죄)
③ 보조공무원이 허위공문서를 기안하여 그 정을 모르는 작성권자의 결재를 거치지 않고 임의로 허위내용의 공문서를 완성한 경우[354] (허위공문서작성죄) (경찰 1차・2차)
④ 경찰서 보안과장인 피고인이 甲의 음주운전을 눈감아주려고 그에 대한 음주운전자 적발보고서를 찢어버리고 부하로 하여금 일련번호가 동일한 가짜 음주운전자적발보고서에 乙에 대한 음주운전사실을 기재하게 하여 그 정을 모르는 담당경찰로 하여금 주취운전자 음주측정처리부에 乙에 대한 음주사실을 기재하도록 한 경우 (허위공문서작성죄[355])

352) 대판 2003.1.24, 2002도5939.
353) 대판 2002.6.28, 2000도3045.
354) 주의할 것은 (작성권자를 보조하는 직무에 종사하는 공무원은 허위공문서작성죄의 주체가 되지 못하나) 이 보조공무원이 허위공문서를 기안해서 허위인 정을 모르는 작성권자에게 제출하고 오신케 해서 서명・날인케 하여 공문서를 완성한 경우에는, 허위공문서작성죄의 間接正犯(간접정범)이 성립한다(대판).
355) 乙(을)이 처벌받았는지 여부와 관계없이 被告人(피고인)은 허위공문서작성 및 동행사죄의 間接正犯(간접정범)이 된다(대판).

제 4 절 교사범

제31조[교사범] ① 타인을 교사하여 죄를 범하게 한 자는 죄를 실행한 자와 동일한 형으로 처벌한다.

② 교사를 받은 자가 범죄의 실행을 승낙하고 실행의 착수에 이르지 아니한 때(효과없는 교사)에는 교사자와 피교사자를 음모 또는 예비에 준하여 처벌한다.

③ 교사를 받은 자가 범죄의 실행을 승낙하지 아니한 때(실패한 교사)에도 교사자에 대하여는 전항과 같다(=예비음모에 준해 처벌).

Ⅰ. 의 의

1. 의 의

교사범(Anstiftung)이란 타인을 교사하여 범죄실행의 결의를 생기게 하고 이 결의에 의하여 범죄를 실행하게 하는 자를 말한다. 이는 범행지배를 안하는 협의공범이다.

처벌근거에 대해서는 가담설[356]과 야기설[357]이 있으나, (공범은 정범의 법익침해를 야기 촉진했기 때문에 처벌받는다고 주장하는) 종속적 야기설이 타당하다.[358]

2. 구별해야 할 개념들

1) 간접정범

교사범은 정범에 가담하는 공범이라는 점에서, /타인을 도구로 이용하여 의사

356) 책임가담설, 불법가담설 등이 있다.
357) 순수야기설, 종속적 야기설, 혼합적 야기설 등이 있다.
358) 대판 2008.10.23., 2008도4852(자기무고는 불법이나 타인을 교사하여 자기를 교사하게 한 경우는 무고교사죄가 성립한다).

지배를 행하는 간접정범과 구별된다.

2) 공동정범

교사범은 행위지배가 없는 공범이라는 점에서, /기능적 행위지배를 하는 공동정범과 구별된다.

3) 종 범

교사범은 아직 범죄결의가 없는 자에게 범죄의 결의를 하게 한다는 점에서, /이미 범죄실행을 결의하고 있는 자의 실행을 용이하게 하거나 그 결의를 강화시키는 종범과 구별된다.

Ⅱ. 교사범의 성립요건

교사범이 성립되기 위한 요건을 보면, 먼저 **교사자**에 관한 요건으로 ① 교사자가 피교사자에게 범죄를 실행케 하려는 의사 ② 교사자의 교사행위가 있어야 하고, /**피교사자**에 관한 요건으로는 ③ 피교사자의 범행결의 ④ 피교사자의 실행행위 등이 있을 것을 요한다.

예 甲이 乙에게 피해자A의 불륜를 이용해 공갈할 것을 교사했고 이에 乙이 A를 미행하여 불륜현장촬영 후 甲에게 알렸으나 甲이 乙에게 그 동안 수고비를 줄테니 넘기고 A를 공갈하는 걸 단념하라 수차례 만류했음에도 乙은 제안을 거절하고 촬영동영상을 A에게 전송하고 현금을 안 주면 유포하겠다고 겁을 주어 A한테 500만원을 받은 경우 甲의 죄는? 공갈죄의 교사범[359] (법원행시)

1. 교사자에 관한 요건

1) 교사자의 고의(=2중의 고의)

교사범이 성립하려면 교사자에게 **교사의 고의**(정범에게 범행결의를 갖게 한다는 점에 대한 인식과 의사)와 **정범의 고의**[360](정범을 통하여 일정한 구성요건

359) 대판 2012.11.15., 2012도7407.
360) 기수의 고의이다.

적 결과를 발생시킨다는 점에 대한 인식과 의사)라는 2중의 고의가 필요하다.

과실에 의한 교사는 교사의 고의가 없기 때문에 인정되지 않는다(통설). 교사자의 고의는 특정한 정범(피교사자)과 특정한 범죄에 대한 고의(인식과 의사)여야 한다. 교사자의 고의는 정범을 통해 구성요건적 결과를 실현할 기수의 고의이어야 한다.

미수의 교사란 교사자가 처음부터 피교사자의 실행행위가 미수에 그칠 것을 예견하면서 교사하는 경우(예 甲이 A의 금고가 비어 있는 줄 알면서 乙에게 A의 금고에서 보석을 절취하도록 사주한 경우)를 말한다.[361] 현행 형법상 미수의 교사에 관한 명문규정이 없다. (7급 검찰·경위승진)

교사범의 고의는 기수의 고의여야 하는데 미수의 교사는 (기수의 고의가 없어서 교사범이 성립하지 않으므로) 교사자는 처벌되지 않는다(통설·판례). 다만 피교사자(=정범)는 미수범 처벌규정이 있으면 그 범죄의 미수범으로 처벌된다.[362]

2) 교사행위

범죄를 저지를 의사가 없는 정범(피교사자)에게 특정한[363] 범죄실행의 결의를 갖게 하는 행위를 교사행위라 한다.[364] 따라서 피교사자(정범)가 이미 범행을 결의하고 있을 때는 교사범은 성립하지 않고 그 교사행위가 범행결의를 강화했을 때 (예 甲이 乙에게 절도를 교사하자 이미 절도의 의사가 있었던 乙이 甲의 교사에 고무되어 절도를 행한 경우)에는 종범(절도죄의 종범)이 성립될 수 있다.

---

361) 함정수사(야장 쁘로뽀까뙤르 : agent probocateur) : 경찰관 甲이 乙에게 마약을 팔면 고가로 사주겠다고 한 후 乙이 甲에게 마약을 내주려고 하자 경찰관 丙이 乙을 체포한 경우와 같이/ 원래 범의를 가지지 않은 자에 대해 수사기관이 범죄를 행할 것을 사주하여 기수 전에 현행범으로 체포하는 수사방법으로 '미수의 교사'에 포함시킨다.

362) 교사자는 미수를 교사하였으나 그의 기대와는 달리 피교사자의 실행행위가 기수에 이른 경우에는 교사자에게 결과발생에 대한 교사자의 과실 유무에 따라 과실범의 죄책을 지울 수 있다는 견해와 방조범의 예로 처벌해야 한다는 견해가 대립하고 있다.

363) 따라서 막연히 범죄하라고 하는 것은 교사가 아니다.

364) 교사 긍정 판례 예 대판 1991.5.14., 91도542 (예전 사람처럼 절취해 오면 매수해줄테니 열심히 절도해오라 사건) : 대판 1997.6.24., 97도1075 (정신차릴 정도 때려줘라 상해교사 사건).

교사행위의 수단·방법에는 제한이 없다.[365] 다만 강요·위력·기망에 의한 경우에 의사지배가 인정되면 (교사범이 아닌) 간접정범이 될 뿐이다.

교사는 특정한 범죄에 대한 것이어야 하므로 막연히 범죄 일반에 대한 교사는 교사가 될 수 없다. 그러나 범행의 방법·일시 등을 세부적으로 지시할 필요는 없다.

교사란 범의를 유발시키는 의식적 행위이므로 부작위나 과실에 의한 교사는 불가능하다.

교사자 상호간에 공동의사가 있으면 공동교사는 가능하다.

2. 피교사자에 대한 요건

1) 피교사자[366]의 범행결의

피교사자는 교사에 의하여 비로소 범죄의 실행을 결의하여야 한다. 즉 교사행위와 피교사자의 결의 사이에는 인과관계가 있어야 한다.

과실범에 대한 교사는 (교사에 의한 범행결의라는 심리적 과정이 없으므로 교사범이 성립하지 않고) 간접정범이 된다.

피교사자(정범)가 교사 받고 사실을 알지 못하는 경우인 편면적 교사는 (피교사자에게 영향을 미칠 수 없기 때문에) 교사가 될 수 없다.

이미 범행결의를 하고 있는 자에 대하여 교사한 경우 (교사범은 성립하지 않고 제31조 제3항을 준용하여) 교사자는 예비·음모에 준하여 처벌된다.[367] 다만 이 경우에 그 교사행위가 범행결의를 강화했을 때는 종범이 성립할 수 있다.

2) 피교사자의 실행행위

① 실행의 착수

공범종속성설(통설·판례)에 따를 경우 교사범이 성립하기 위해서는 피교사자(정범)가 적어도 실행행위에 나아갈 것을 필요로 한다.[368]

---

365) 부탁·애원·유도·명령·이익제공·유혹 등을 불문하며, 명시적인 것은 물론 묵시적인 방법으로도 가능하다. 직접적 방법을 요하는 것은 아니다 (대판 2000.2.25., 99도1252).
366) 피교사자는 특정되어야 한다.
367) 대판 2012.8.30., 2010도13694.
368) 대판 2000.2.5., 99도1252.

② 실행의 정도

이 때 피교사자의 실행행위가 범죄성립요건을 어느 정도 갖추어야 하는가에 관하여 다수설·판례인 제한적 종속형식에 의하면 정범의 실행행위는 구성요건에 해당하는 위법한 행위이면 족하며 유책할 필요는 없다.

Ⅲ. 교사의 미수

교사의 미수란 교사자가 교사를 했으나, 피교사자가 ① 범죄의 실행을 승낙하지 않거나(=실패한 교사) ② 범죄의 실행을 승낙은 하였으나 실행의 착수에 나아가지 않거나(=효과 없는 교사) ③ 범죄의 실행을 승낙하고 실행에 착수하였으나 미수에 그친 경우(=효과 없는 교사)를 말한다.[369]

1. 협의의 교사의 미수

1) 의 의

교사자의 교사행위에 의하여 피교사자(정범)가 실행에 착수하였으나 범죄를 완성하지 못하고 미수에 그친 경우(예 甲은 乙에게 丙을 살해할 것을 교사하였으나 乙이 승낙을 하고 살해의사로 丙에게 권총을 발사하려다 후회하고 그만 둔 경우)를 협의의 교사의 미수라고 한다.

2) 효 과

이 경우에는 교사자와 피교사자를 모두 교사한 범죄의 미수범으로 처벌한다. /물론 중지미수(중지범)는 자의로 중지한 자에게만 적용된다.

위 사례는 甲은 살인교사의 장애미수범, 乙은 살인 중지미수범이 된다.

---

369) 미수의 교사(함정수사)는 애당초 미수에 그칠 것을 예견하면서 교사한 경우로 ⇨ 교사자는 불가벌, 피교사자는 미수범으로 처벌한다. /교사의 미수에는 협의의 교사의 미수(피교사자가 실행에 착수했으나 미수에 그친 경우 ⇨ 교사자·피교사자 모두 미수범으로 처벌), 기도된 교사 즉 효과 없는 교사(피교사자가 범죄의 실행은 승낙하였으나 실행의 착수에 나아가지 않은 경우 ⇨ 교사자·피교사자 모두를 예비·음모에 준해 처벌)와 실패한 교사(교사를 했으나 피교사자가 범죄 실행을 승낙하지 아니한 경우 또는 이미 범죄의 실행을 피교사자가 결의하고 있었던 경우 ⇨ 교사자를 예비·음모에 준해 처벌)다 있다.

2. 기도된 교사(실패한 교사 + 효과 없는 교사)

실패한 교사와 효과없는 교사를 합하여 기도된 교사라고 한다.

제31조[교사범] ② 교사를 받은 자가 범죄의 실행을 승낙하고 실행의 착수에 이르지 아니한 때에는 교사자와 피교사자를 음모 또는 예비에 준하여 처벌한다.

③ 교사를 받은 자가 범죄의 실행을 승낙하지 아니한 때에도 교사자에 대하여는 전항과 같다(=예비음모에 준해 처벌).

1) 실패한 교사(제31조 ③)

실패한 교사란 교사자가 교사를 하였으나 피교사자(정범)가 범죄의 실행을 승낙하지 아니한 경우(예 甲이 乙에게 절도를 교사하였으나 乙이 그 교사를 거절한 경우 ⇨ 乙은 무죄, 甲은 실패한 교사로 예비·음모에 준하여 처벌되지만 절도죄의 예비·음모 처벌규정이 없어 결국은 무죄)를 말한다.[370)]

이 경우에 피교사자는 불벌이고 교사자만을 예비·음모에 준하여 처벌한다(제31조 ③). 따라서 교사한 범죄의 예비·음모를 처벌하는 규정이 있을 때에만 교사자는 처벌받게 된다(제28조). (7급 검찰)

2) 효과 없는 교사(제31조 ②)

효과 없는 교사란 교사자가 교사를 하였으나 피교사자(정범)가 범죄의 실행을 승낙한 후 실행에 착수하지 않은 경우(예 甲이 乙에게 절도를 교사하였으나 乙이 그 교사를 승낙한 후 실행에 착수하지 않은 경우)를 말한다.

甲과 乙은 절도죄의 예비·음모죄에 해당하나 처벌규정이 없으므로 무죄가 된다(7급 검찰, 경감승진)

370) [사례보기] 실패한 교사 : 1. 甲이 乙에게 강도를 교사하였으나 乙 이 이를 거절한 경우 ⇨ 甲은 강도예비·음모죄, 乙은 무죄 / 2. 甲은 乙에게 위증을 하라고 설득하였으나 乙이 거절하는 바람에 성사되지 못한 경우 ⇨ 乙은 무죄, 甲도 위증죄의 예비·음모 처벌규정이 없으므로 무죄 (법원서기보) / 3. 甲은 乙에게 丙을 살해해 줄 것을 부탁하였으나 乙이 이를 거절한 경우 ⇨ 甲은 살인죄이 예비·음모죄

Ⅳ. 교사의 착오

1. 실행행위에 대한 착오

교사자의 교사내용과 피교사자의 실행행위가 일치하지 않는 경우를 말한다.

1) 구체적 사실의 착오

구체적 사실의 착오의 경우(예 甲이 乙에게 A의 금품절취를 교사했으나 乙은 B의 금품을 절취한 경우)에는 사실의 착오의 일반이론에 의하여 해결한다. 따라서 이 경우에 교사자의 고의에는 영향이 없고, 발생사실에 대한 교사범이 성립한다(법정적 부합설). ⇨ 甲은 절도죄의 교사범

2) 추상적 사실의 착오

착오 유형		효 과
피교사자(정범)의 행위가 교사내용보다 적게 실행된 경우		① 피교사자의 행위가 교사내용보다 적게 실행한 경우(예 특수강도를 교사하였으나, 강도를 범한 경우)에는 교사자는 피교사자가 실행한 범위 내에서만 책임을 진다(⇨ 강도죄의 교사범). ② 교사한 범죄의 예비·음모가 처벌되는 경우(예 강도를 교사하였으나 절도를 실행한 경우)에는 제31조 제2항의 효과 없는 교사에 해당되어 교사한 범죄의 예비·음모와 실행한 범죄의 교사범의 상상적 경합(⇨ 절도죄의 교사범과 강도의 예비·음모와의 상상적 경합)이 된다. 이 때 예비·음모의 죄의 형이 중한 때에는 예비·음모로 처벌받게 된다(⇨ 결국 강도 예비·음모로 처벌됨). (9급 검찰)
정범의 행위가 교사내용을 초과한 경우	질적 초과	① 실행된 범죄가 교사된 범죄와 전혀 다른 범죄인 경우(예 강도를 교사 받고 살인을 범한 경우)를 질적 초과라 한다. 이 경우 교사자에게 교사책임이 없고, 단지 제31조 제2항에 의해 교사한 범죄의 예비·음모(⇨ 강도죄의 예비·음모)에 준하여 처벌될 수 있다.(7급 검찰) ② 예외: 질적 차이가 본질적이 아닌 경우(예 사기를 교사하였는데 기망을 근거로 공갈을 한 경우)에는 양적 초과의 경우와 동일하게 취급하여 교사한 범죄에 대한 교사범 성립(⇨ 사기죄의 교사범)
	양적 초과	① 실행된 범죄가 교사된 범죄와 구성요건을 달리하나 공통적 요소를 지니고 있되 그 정도를 초과한 경우(예 절도를 교사했

		는데 강도를 실행한 경우)를 양적 초과라 한다. 이 경우에 실행된 범죄의 초과부분에 대해서는 책임이 없고, 단지 교사한 범죄의 교사범(⇨ 절도죄의 교사범)으로 처벌된다. (9급 검찰) ② 예외: 피교사자(정범)가 교사내용을 초과하여 결과적 가중범을 발생시킨 경우(예 상해를 교사하였는데 공격하다가 잘못하여 사망이 초래된 경우)에는 교사자에게 중한 결과에 대한 과실[371]이 있는 때에 결과적 가중범의 교사범(⇨ 상해치사죄의 교사범)이 성립된다.

[사례보기] 교사의 추상적 사실의 착오

양적미달실행	• 특수강도를 교사하였는데 단순강도를 실행한 경우 ⇨ 단순강도죄의 교사범 • 강간을 교사했는데 강제추행에 그친 경우 ⇨ 강제추행죄의 교사범 • 살인을 교사하였으나, 살인의 고의 없이 상해만 실행한 경우 ⇨ 살인의 예비·음모와 상해죄의 교사범의 상상적 경합 ⇨ 결국 살인 예비·음모로 처벌 • 강도를 교사하였는데 절도를 실행한 경우 ⇨ 절도죄의 교사범과 강도의 예비·음모의 상상적 경합 ⇨ 강도의 예비·음모로 처벌
양적초과실행	• 절도를 교사하였는데 강도를 실행한 경우 ⇨ 절도죄의 교사범 • 상해를 교사했는데 살인을 한 경우 ⇨ 상해죄의 교사범(⇨ 사망에 대한 예견가능성이 있는 경우에는 상해치사죄의 교사범) (9급 검찰)
질적초과실행	• 강도를 교사하였는데 강간을 할 경우 ⇨ 강도의 예비·음모 • 상해를 교사 받고 절도를 행한 경우 ⇨ 상해죄의 예비·음모(결국은 불벌) • 강도를 교사하였는데 방화를 한 경우 ⇨ 강도의 예비·음모 • 방화를 교사하였는데 살인을 한 경우 ⇨ 방화의 예비·음모 • 절도를 교사하였는데 방화를 한 경우 ⇨ 절도의 예비·음모(결국은 불벌) (9급 검찰) • 사기를 교사하였는데 공갈을 범한 경우 ⇨ 사기죄의 교사범 • 공갈을 교사하였는데 강도를 범한 경우 ⇨ 공갈죄의 교사범

2. 피교사자에 대한 착오

피교사자를 책임능력자로 알았으나 책임무능력자인 경우나 반대로 책임무능력자로 알았으나 책임능력자인 경우 모두 교사범이 성립한다.

그 이유는 피교사자의 책임능력에 대한 인식은 교사자의 고의의 내용이 아니

371) 예견가능성은 교사자기준으로 판단한다(대판 1985.2.26., 84도2987).

므로 이에 대한 착오는 고의를 조각하지 않기 때문이다.

문제. 교사범에 대해 틀린 것은?

① 피교사자가 이미 범죄결의를 하고 있는 경우 교사범은 성립하지 않는다.
② 절도를 결의하고 있는 자에게 특수절도를 교사한 경우 특수절도교사에 해당한다.[372)]
③ 공갈죄를 교사했으나 승낙하고 실행하지 않은 자는 공갈예비처벌이 형법에 없어 형법상 처벌할 수 없다. (사법시험)
④ 상대가 책임무능력자인 줄 알고 교사했으나 사실은 책임능력자였던 경우 간접정범에 해당한다.[373)] (경찰 1차)

Ⅴ. 교사범의 처벌

정범이 기수면 교사범도 기수 교사로 처벌되고 정범이 미수이면 교사범도 미수범 범위에서 처벌된다. 예 **갑이 을에게 절도를 교사한 경우** ① 을이 절도를 하면 **을은 절도죄, 갑은 절도교사죄**로 처벌된다. ② 을이 절도 실행착수는 했으나 실패했다면 **을은 절도미수, 갑은 절도교사의 미수**로 처벌된다.

1) 교사범은 정범과 동일한 형으로 처벌된다. 여기서 동일한 형이란 법정형을 말하므로 선고형은 달라질 수 있다.

2) 자기의 지휘·감독을 받는 자를/ 교사한 때에는 정범에 정한 형의 장기 또는 다액의 1/2까지 가중하고, 방조한 때에는 정범의 형으로 처벌한다.

Ⅵ. 관련문제

1. 교사의 교사(판례 긍정)

1) 의의 : 교사의 교사에는 간접교사와 연쇄교사가 포함된다.

① 간접교사 : 교사자와 피교사자 사이에 한 사람의 중간교사자가 개입되어

372) 무거운 죄에 대한 교사.
373) (간접정범의 착오문제) 간접정범-〉 교사범

있는 경우(예 甲이 乙에게 절도를 교사하였던바 乙이 스스로 실행하지 않고 다시 丙을 교사하여 그로 하여금 절도를 실행케 한 경우)를 말한다.

② 연쇄교사 : 교사의 피교사자 사이에 여러 사람의 중간 교사자가 개입되어 있는 경우(甲⇨ 乙 ⇨ 丙 ⇨ 丁)[374]

2) 가벌성

교사의 교사에 대하여는 형법상 명문의 규정이 없으나, 교사의 방법에는 제한이 없으므로 교사의 교사도 교사범으로 처벌된다고 본다(다수설 · 판례). ⇨ 甲도 절도죄의 교사범 (법원서기보)

2. 예비의 교사

① 旣遂(기수)의 고의 없이 단지 예비에 그치게 할 의사로 교사한 경우에는 미수의 교사와 마찬가지로 불가벌이다.[375]

② 범죄를 교사하였으나 정범의 행위가 단지 예비에 그친 경우에는 효과 없는 교사에 해당되어 교사자 · 피교사자를 모두 예비 · 음모에 준해 처벌한다.

제5절 종 범

제32조[종범] ① 타인의 범죄를 방조한 자는 종범으로 처벌한다.
② 종범의 형의 정범의 형보다 감경한다.

Ⅰ. 의 의

종범(=방조범)이란 타인(정범)의 범죄를 촉진이나 방조(정신적, 물질적 방조 포함)한 자를 말하며 방조범이라고도 한다.

---

374) 중간에 교사 고의가 없는 자가 있더라도, 전체적으로 교사 고의는 인정된다.

375) 교사행위는 기수의 교사여야 한다. 즉 기수의 고의가 있어야 한다. 따라서 (미수의 일반인의 관점에서 결과발생의 위험성이 인정되어 교사) 교사자가 미수에 그칠 것을 알고서 교사한 경우에는 (예비음모에 준해 벌하는 것이 아니고) 불가벌이다. (경찰 2차)

구별해야 할 개념으로는 교사범(종범은 이미 범행을 결의하고 있는 자에게 그 결의를 강화시키거나 실행을 용이하게 한다는 점에서, 처음 범행의사가 없는 자에게 특정범죄의사를 불러일으키는 교사범과 구별된다), 공동정범(종범은 정범의 범죄실행을 도와줄 뿐 행위지배가 없는 공범이라는 점에서, 분업적 역할분담에 의하여 기능적 행위지배가 있는 정범인 공동정범과 구별된다), 간접정범(종범은 정범을 전제로 이에 가담하는 공범이라는 점에서, 타인을 생명 있는 도구로 이용하여 그에 대한 의사지배를 하는 정범인 간접정범과 구별된다) 등이 있다.

방조행위 자체가 독립한 범죄유형으로 규정되어 있는 경우(예 제98조 ① 간첩방조죄, 제147조 도주원조죄, 제252조 자살방조죄, 제201조 ② 아편흡식장소제공죄)에는 그 방조행위가 정범의 실행행위가 되므로 총칙(제32조)의 종범규정이 적용되지 않는다(따라서 필요적 감경의 대상도 아니다).

Ⅱ. 종범 성립여부

종범성립을 위해서는 종범의 방조와 정범의 실행행위가 있을 것을 요한다.

1. 종범의 방조행위

1) 종범의 고의(=2중의 고의)

종범이 성립하려면 다음과 같은 2중의 고의(방조적 고의+정범의 고의)가 필요하다.[376)]

㉠ 방조의 고의 : 정범의 범죄실행을 방조한다는 인식과 의사를 말한다.

㉡ 정범의 고의 : 정범의 실행행위가 구성요건적 결과를 실현한다는 점에 대한 인식과 의사, 즉 기수의 고의를 말한다.

방조는 고의에 의한 것이어야 하므로, 과실에 의한 방조는 인정될 수 없다. (7급 검찰)

---

376) 대판 2003.4.8., 2003도382.

과실범의 공동정범	긍정(판례), 부정(다수설)
과실에 의한 교사	부정
과실에 의한 방조	부정
과실범에 대한 교사·방조	부정 (⇨간접정범이 된다)

① 미수의 방조

종범의 고의 중 정범의 고의는 기수의 고의이어야 한다. 따라서 정범의 행위가 미수에 그칠 것을 알면서 방조하는 '미수의 방조'의 경우에는 종범이 성립되지 않는다.[377]

② 편면적 방조

종범이 성립하기 위하여 종범(방조자)과 정범(피방조자) 사이에 의사의 연락을 요하지 아니한다. 따라서 정범이 방조행위를 인식하지 못하는 편면적 종범도 가능하다 (예 甲은 이웃집에 도둑이 든 것을 보고 도둑을 위하여 주위에서 망을 보았는데 그 도둑은 甲의 행위를 알지 못한 경우, 통설·판례의 입장 ⇨ 甲은 절도죄의 종범). (경위승진, 7급 검찰) 다만 편면적 종범에서도 정범의 범행없이 방조범만 성립될 수는 없다 (대판).

편면적 공동정범	부정(⇨ 경우에 따라 동시범 또는 종범 성립)
편면적 교사	부정
편면적 방조	**긍정**

2) 방조행위

방조행위란 정범의 범죄실행결의를 강화해주거나 범죄실행을 가능 또는 용이하게 해주는 방조자의 모든 행위를 말한다.

방조행위의 수단·방법에는 제한이 없다. 즉, 정신적[378] 수단에 의한 무형방

377)

미수의 교사(=함정수사)	교사범이 성립하지 않는다(피교사자는 미수범처벌규정이 있으면 미수범으로 처벌).
미수의 방조	종범이 성립하지 않는다(피방조자는 미수범처벌규정이 있으면 미수범으로 처벌).

조든 물질적 수단에 의한 유형방조든 불문하며 부작위[379]에 의한 방조도 가능하다. (경위승진)

예비로부터 범행의 실질적 종료시까지 방조가 가능하다.[380] 정범의 실행행위 착수 이전, 즉 예비단계에서 방조한 경우에는 그 후에 정범이 실행에 착수해야만 종범이 성립한다(대판).[381] 정범의 행위가 기수가 된 뒤에도 그 범죄가 종료되기 전까지(예 도주하는 절도범을 추격하는 소유자를 막아서 도주를 도와주는 행위)는 방조범이 성립한다.

정범의 범죄가 종료된 후(예 절취해 온 장물을 처분해 준 경우)에는 종범이 성립할 수 없으므로 범죄실행의 종료 후에 관여하는 **사후종범**[=범인은낙죄(제151조), 증거인멸죄(제155조), 장물에 관한 죄(제362조) 등]은 독립된 범죄이지 **종범이 아니다**.[382] (법원서기보, 7급 검찰)

방조행위와 정범의 범죄실행 사이에 인과관계가 필요하다. 따라서 정범의 실행행위와 직접적으로 밀접한 관계에 없는 행위를 도와주는 것은 방조에 해당되지 않는다.[383]

2. 정범의 실행행위

종범이 성립하기 위해서는 정범의 실행행위가 있어야 한다[공범종속성설(다수설·판례)].

---

378) 조언·충고·격려·정보제공·장물의 처분약속 등

379) 정범의 실행행위를 저지해야 할 보증인 지위에 있는 자가 이를 저지하지 않은 경우(예 건물의 수위가 절도범의 침입을 알면서도 이를 묵인한 경우)에 종범의 성립이 가능하다(⇨ 수위는 절도죄의 종범). (7급 검찰) 공무원이 사무원의 새로운 횡령을 방조 용인한 경우(작위에 의한 법익침해와 동등한 형법적 가치가 있다고 보아 그 담당공무원을 업무상 횡령죄의 종범을 처벌하는 등 대법원은, 부작위의 방조범을 인정하고 있다(대판 1996.9.6., 95도2551).

380) 즉 정범의 실행착수 이전이든, 실행행위시이든, 실행행위 도중이든, 기수에 이른 후 범죄 종료 전이든 불문하고 방조가 가능하다. 그러나 정범의 범죄가 종료된 후에는 방조가 성립할 수 없다.

381) 예비의 방조는, 처벌되지 않는다(대판).

382) 다만 간호보조원의 무면허진료가 있은 후 이를 의사가 진료부에 기재는 (정범실행종료 후 단순 사후행위로 볼 수 없고) 간호보조원의 무면허의료행위 방조에 해당한다(대판).

383) 대판 1990.12.11., 90도2178 폐기물관리법 위반사건(축산목장 월급장이 관리인이 지시에 따라 3-4명 노무자를 데리고 청소 등 단순 노무종사했을 뿐 경영문제까지는 관여 안 했다면 관리인이 업주의 정화시설설치의무위반 공모에 가담이나 방조했다고 할 수 없다).

1) 피방조자(정범)는 고의범일 것

피방조자(정범)의 행위는 고의행위임을 요한다. 정범은 고의범이어야 하므로 과실범을 방조하는 경우에는 간접정범이 성립한다(제34조 ①).

2) 정범의 실행행위

정범의 실행행위가 꼭 기수에 이를 필요는 없지만 공범종속성설에 의거 적어도 정범의 실행착수가 있어야 종범이 성립한다(대판). 따라서 실행착수가 없어도 처벌한다는 별도의 규정이 없는 방조범이어서 예비의 종범은 성립하지 않는다(대판).[384]

실행의 착수가 없는 기도된 방조(=실패한 방조+효과 없는 방조)는 처벌규정이 없어서 처벌할 수 없다.

정범의 실행행위는 구성요건에 해당하고 위법성이 있으면 족하고, 책임성까지 갖출 필요는 없다(=제한적 종속형식).

피고인이 인터넷 게임사이트의 온라인게임에서 통용되는 사이버머니 구입하려는 자를 유인하여 돈을 받고 게임사이트에 접속하여 일부러 패하는 방법으로 사이버머니를 판매한 경우, 정범인 게임사이트 개설자의 도박개장행위를 인정할 수 없는 이상 종범인 도박개장방조죄는 성립하지 않는다.[385] (경찰간부)

Ⅲ. 처 벌

1. 일반 종범: 필요적 감경

종범의 형은 정범의 형보다 감경한다(제32조 ②). 즉, 종범은 필요적 감경사유이다. (7급 검찰, 경사승진)

여기서 감경하는 형은 법정형을 의미하므로 구체적인 선고형에 있어서는 종범의 형량이 정범보다 무거울 수 있다.

---

384) 예비죄의 공동정범으로 처리한다.
385) 대판 2007.11.29, 2007도8050.

2. 특수 종범: 정범형으로 처벌

자기의 지휘·감독을 받는 자를 방조한 자는 정범의 형으로 처벌된다(예 형법 제98조 간첩방조죄, 관세법 제271조 밀수출입죄, 제270조 관세포탈죄).

3. 종범의 미수

1) 협의의 방조의 미수

정범이 실행에 착수하여 미수에 그친 경우에는 정범(피방조자)과 종범(방조자) 모두 다 미수범으로 처벌된다.

이 경우에 종범은 종범으로서 필요적 감경(제32조 ②)되고, 미수범으로서 임의적 감경(제25조 ②)되므로 이중의 감경이 가능하다.[386]

2) 기도된 방조(=효과 없는 방조+실패한 방조)

처벌규정이 없으므로 불가벌이다.

구 분	처 벌 내 용
공동정범	각자의 정범으로 처벌한다.
간접정범	교사 또는 방조의 예에 의하여 처벌
교사범	• 정범(실행한 자)의 형으로 처벌한다. • 효과 없는 교사 ⇨ 교사자와 피교사자를 음모 또는 예비에 준하여 처벌 • 실패한 교사 ⇨ 교사자를 음모 또는 예비에 준하여 처벌
종범(방조범)	정범의 형보다 감경한다(필요적 감경).
특수교사	정범에 정한 형의 장기 또는 다액에 그 1/2까지 가중처벌(자기의 지휘·감독을 받는 자를 교사한 경우)
특수방조	정범의 형으로 처벌(자기의 지휘·감독을 받는 자를 방조한 경우)

386) cf. 종범이 방조를 했어도 정범이 실제 도움을 받지 않았다면 방조의 미수에 그쳐서 처벌 대상이 아니다.

Ⅳ. 관련문제

1. 종범의 착오

원칙적으로 교사의 착오에 관한 이론이 그대로 적용된다.

1) 구체적 사실의 착오

구체적 사실의 착오(예 甲은 乙이 丙을 살해하는 줄 알고 방조하였는 바, 실은 丁을 살해한 경우)의 경우에 객체의 착오·방법의 착오를 불문하고 발생사실의 종범으로 처벌(법정적 부합설) ⇨ 甲은 丁에 대한 살인죄의 종범

2) 추상적 사실의 착오

① 종범이 방조한 내용보다 정범이 적게 실행한 경우
(예 甲은 乙의 강도행위를 방조하였는데, 실은 乙이 절도에 그친 경우)에는 정범이 실행한 절도범죄의 종범으로 처벌된다(⇨ 절도의 종범). (경감승진)
② 방조 내용을 초과하여 실행한 경우
㉠ 양적 초과의 경우(예 상해를 방조했는데 살인을 한 경우) : 방조한 범죄의 종범으로 처벌(⇨ 상해죄의 종범)
㉡ 질적 초과의 경우(예 절도를 방조하였는데 방화를 한 경우) : 기도된 방조의 처벌규정이 없으므로 불가벌 (7급 검찰)

2. 방조의 방조 · 교사의 방조 · 방조의 교사

1) 방조의 방조

종범과 정범 사이에 한 사람 또는 여러 사람의 중간 방조자가 개입하는 간접방조나 연쇄방조도 종범이 된다.

2) 교사의 방조

교사범을 방조한 경우에도 종범이 성립한다. 다만 (이 경우에 기도된 방조는 불가벌이기 때문에) 정범이 실행에 착수해야 교사의 종범이 성립된다.

3) 방조의 교사

(종범을 교사한 경우에는 실질적 정범을 방조한 것이기 때문에) 종범에 대한 교사도 종범이 성립된다. 방조의 교사는, 전체적으로 보면 결국 정범의 실행을 방조한 것이므로 방조범이 성립한다.

문제. 종범에 관한 설명으로 틀린 것은?

① 편면적 방조도 성립된다. (경장 승진)
② 부작위에 의한 종범도 가능하다. (경감 승진)
③ 무면허자에게 승용차를 제공하여 운전하게 했다면 도로교통법상 무면허운전범행의 방조에 해당한다.[387)]
④ 장래 실행을 용이하게 한 방조는 정범이 실행에 착수하더라도 종범이 안된다.[388)] (행시)

제6절 공범과 신분

제33조[공범과 신분] 신분관계로 인하여 성립될 범죄에 가공한 행위는 신분관계가 없는 자에게도 전3조(공동정범 · 교사범 · 종범)의 규정을 적용한다(진정 · 부진정 신분범의 성립근거). 단, 신분관계로 인하여 형의 경중이 있는 경우에는 중한 형으로 벌하지 아니한다(부진정신분범의 과형규정).

Ⅰ. 의 의

'공범과 신분'이란 행위자의 신분이 범죄의 성립이나 형의 가중 · 감경에 영향을 미치는 경우에 신분 있는 자(신분자)와 신분 없는 자(비신분자)가 공범관계에 있을 때 이를 어떻게 처리할 것인가의 문제를 말한다.

387) 대판 2000.8.18, 2000도1914.
388) 정범이 실행에 나가면 (용이하게 한 정도에 불과하더라도) 종범이 된다.

Ⅱ. 신분의 의의와 종류

1. 신분의 의의

신분이란 남녀의 성별, 공무원의 자격 등 일정한 범죄행위에 대한 범인의 인적 관계인 특수한 지위나 상태를 말한다(통설·판례).

① **일신적 특성**(인적 성질)

인간의 정신적·육체적·법적 요소가 되는 것(예 남녀성별, 연령, 친족관계, 내·외국인의 구별)

② **일신적 관계**(인적 관계)

사람의 타인, 국가 또는 사물에 대하여 갖는 사회적 지위 내지관계(예 공무원, 의사, 타인의 사무를 처리하는 자, 법률에 의하여 선서한 증인)

③ **일신적 상태**(인적 상태)

인적 성질이나 인적 관계에 속하지 않는 특별한 일신적 상태(예 영업성, 업무성, 상습성)

이처럼 신분은 '행위자'와 관련된 요소이어야 하므로 '행위'와 관련된 요소는 신분이 아니다. 따라서 일반적·주관적 구성요건요소(고의)나 초과주관적 구성요건요소(목적, 표현, 경향, 불법영득의사 등)는 행위관련요소이므로 신분에 포함되지 않는다(통설).

판례는 모해위증죄(제152조 ②)의 '모해할 목적'은 범인의 특수한 상태이므로 형법 제33조의 신분에 해당한다고 하여 목적범의 목적(초과주관적 구성요건요소)을 신분의 개념에 포함시켰다(대판).

신분은 반드시 계속성이 있어야 하는 것은 아니나, 신분이 범죄의 성립이나 형의 감경·가중에 영향을 미쳐야 한다.

2. 신분의 종류

일반적으로 신분은 그것이 범죄에 미치는 영향에 따라 구성적 신분(이러한 신분을 필요로 하는 범죄를 진정신분범이라 함), 가감적 신분(이러한 신분에 의한 범죄를 부진정신분범이라 함), 소극적 신분으로 분류한다(통설).

1) 구성적 신분과 가감적 신분

구 분	예	내 용
구성적 신분 (진정신분범)	• 일정한 신분이 있어야 범죄가 성립하는 경우의 신분을 말한다. • 신분의 착오는 고의를 조각하며 신분 없는 자는 단독으로 그 범죄의 주체가 되지 못한다.	수뢰죄의 공무원·중재인, 위증죄의 선서한 증인, 횡령죄의 보관자, 배임죄의 타인의 사무를 처리하는 자
가감적 신분 (부진정신분범)	• 신분이 없어도 범죄는 성립하지만 신분에 의하여 형벌이 가중 또는 감경되는 경우의 신분을 말한다. • 신분의 착오는 고의를 조각시킬 수 없고 제15조 제2항에 따라 경한 죄로 처벌한다.	존속살해죄의 직계비속 영아살해죄의 직계존속 업무상 횡령죄의 업무상 보관자

2) **소극적 신분**(신분으로 인하여 범죄의 성립 또는 형벌이 조각되는 경우의 신분)

유 형	내 용	예
위법조각적 신분	일반인에게 금지된 행위를 특정 신분자에게만 허용하는 경우의 신분	의사의 의료행위(의료법) 변호사의 변호행위(변호사법)
책임조각적 신분	신분자의 행위도 구성요건에 해당하는 위법행위가 되지만 특정 신분의 존재로서 책임이 조각되는 경우의 신분	14세 미만자인 형사미성년자의 신분, 범인은닉죄·증거인멸죄에서의 친족·호주·동거의 가족
형벌조각적 신분	범죄 자체는 성립하지만 특정신분의 존재로서 형벌이 면제되는 경우의 신분	친족상도례(제344조, 제328조)의 친족인 신분

Ⅲ. 형법 제33조의 해석론

1. 제33조의 본문과 단서의 관계

1) 통 설

제33조의 본문은 진정신분범의 성립과 과형의 근거, 단서는 부진정신분범의 성립과 과형의 근거에 관한 규정이라고 본다.

2) 판 례

제33조의 본문은 진정신분범은 물론 부진정신분범의 성립근거에 관한 것이고, 단서는 부진정신분범의 과형에 관한 규정이라고 본다.

제33조	통 설	판례소수설
본 문	진정신분범의 성립과 과형의 근거[389]	진정신분범·부진정신분범의 성립근거[390]
단 서	부진정신분범의 성립과 과형의 근거	부진정신분범의 과형의 근거[391]

2. 제33조 본문의 해석

신분관계로 인하여 성립될 범죄에 가공한 행위는 신분관계가 없는 자에게도 전3조(제30조의 공동정범, 제31조의 교사범, 제32조의 종범)의 규정을 적용한다(제33조 본문).

1) 비신분자가 신분자에게 가공한 경우

① '신분관계로 인하여 성립될 범죄'란 진정신분범을 의미한다. 제33조 본문은 진정신분범에 가공한 비신분자('신분관계가 없는 자')의 공범의 성립과 과형의 문제를 규정하고 있는 것이다(통설).

② 제33조의 본문에 의하여 진정신분범에 가공한 비신분자는 교사범·종범

389) 공무원인 남편과 부인이 같이 수뢰한 경우 성립은 본문에 따라 수뢰죄의 공동정범, 처벌도 본문에 의거 처벌한다.

390) 갑과 을이 같이 갑의 부친을 살해한 경우, 모두 존속살해의 공동정범이 성립한다.

391) 갑과 을이 같이 갑의 부친을 살해한 경우, 갑은 존속살인, 을은 보통살인으로 처벌된다.

또는 공동정범이 된다.(법원서기보)

㉠ 교사범·종범 : 공무원이 아닌 자가 공무원을 교사·방조하여 뇌물을 수수하게 한 경우 ⇨ 공무원은 수뢰죄, 공무원 아닌 자는 수뢰죄의 교사범·종범

㉡ 공동정범 : 공무원인 甲이 그의 처 乙과 공동으로 직무에 관련하여 친지의 청탁을 받고 뇌물을 수수한 경우 ⇨ 甲과 乙은 수뢰죄의 공동정범(법원서기보, 9급 검찰)

2) 신분자가 비신분자에 가공한 경우

제33조 본문은 비신분자가 신분자에게 가공한 경우만을 규정하고 있으므로 신분자가 비신분자에게 가공한 경우에는 적용될 수 없다(통설).

즉 신분자가 비신분자를 이용하여 진정신분범을 범한 때(예 공무원이 비공무원을 교사하여 뇌물을 수수하게 한 경우)에는 처벌되지 않는 자, 즉 '신분 없는 고의 있는 도구'를 이용한 간접정범(제34조 ①)이 성립(⇨ 공무원은 수뢰죄의 간접정범)한다.

3. 제33조의 단서의 해석

신분관계로 인하여 형이 경중이 있는 경우에는 중한 형으로 벌하지 아니한다(제33조 단서).

1) 비신분자가 신분자에게 가공한 경우

① 신분관계로 인하여 형의 경중이 있는 경우란 부진정신분범(가중적 신분범과 감경적 신분범)을 의미한다.

② 중한 형으로 벌하지 아니한다는 것은 가중적 신분범에게 가공한 경우뿐만 아니라 감경적 신분범에 가공한 경우에도 비신분자는 책임개별화원칙에 의하여 보통범죄의 형으로 처벌받는다는 의미이다(통설). (법원서기보)

③ 제33조 단서의 내용

통 설	제33조 단서는 부진정신분범의 공범(공동정범, 교사범, 종범) 성립과 과형을 규정한 것이라고 한다.
판 례	제33조 본문이 부진정신분범의 공범(공동정범, 교사범, 종범) 성립의 근거 규정이고, 제33조 단서는 그 과형을 규정한 것이라고 한다.

예 甲과 乙이 공모하여 乙의 부를 살해한 경우 (9급 검찰)

- 통설 : 甲은 보통살인죄의 공동정범, 乙은 존속살해죄의 공동정범 성립
  ⇨ 甲은 보통 살인죄, 乙은 존속살인죄로 처벌
- 판례·소수설 : 甲은 존속살해죄의 공동정범, 乙은 존속살해죄의 공동정범 성립(본문)하나, 처벌은 甲은 보통살인, 乙은 존속살해로 처벌(단서)

예 甲이 乙을 교사하여 乙의 아버지를 살해하게 한 경우(법원서기보)

- 통설 : 甲은 보통살인죄의 교사범, 乙은 존속살해죄의 정범 성립
  ⇨ 甲은 보통 살인죄, 乙은 존속살인죄로 처벌
- 판례·소수설 : 甲은 존속살해죄의 교사범, 乙은 존속살해죄의 공동정범 성립(본문)하나, 처벌은 甲은 보통살인, 乙은 존속살해 처벌(단서)

2) 신분자가 비신분자에게 가공한 경우

신분자가 비신분자에게 가공한 경우(예 甲이 乙을 교사하여 甲의 부를 살해하게 한 경우)에 제33조 본문과 달리 단서는 이 경우에도 적용된다(⇨ 甲은 존속살해죄의 교사범, 乙은 보통 살인죄의 정범). (7급 검찰)

Ⅳ. 소극적 신분과 공범

형법상 명문규정이 없으므로 공범의 종속성(제한 종속형식)이라는 일반이론에 따라 해결된다.

1. 불구성적 신분(위법조각신분)과 공범

1) 비신분자가 불구성적 신분자(예 의료법 위반죄의 의사)의 행위에 가공한 경우

의사의 의료행위는 적법행위가 되어 범죄가 성립하지 않으므로 제한 종속형식에 따라 비신분자의 경우도 범죄가 성립하지 않는다.

2) 불구성적 신분자가 비신분자의 행위에 가공한 경우

제33조 본문의 취지에 비추어 공동정범,[392] 교사범, 종범이 성립한다.

2. 책임조각신분과 공범

1) 비신분자가 책임조각신분자(예 친족상도례의 형 면제 친족)의 범죄에 가공한 경우

신분자는 책임이 조각되지만, 제한 종속형식에 따라 비신분자는 공동정범, 교사범, 종범으로 처벌된다.

2) 책임조각신분자가 비신분자의 범죄에 가공한 경우(예 甲이 乙을 교사하여 甲의 부의 재물을 절취하도록 한 경우)

비신분자는 정범(乙은 절도죄)으로 처벌되지만, 신분자의 경우 범죄는 성립하나 책임이 조각(甲은 절도죄가 성립하나 친족상도례에 의해 형이 면제)된다.

문제. 공범과 신분에 관한 설명으로 틀린 것은? (경찰 1차)

① 어머니와 아들이 아버지를 살해하면 어머니는 존속살해죄의 공동정범이 성립한다.

② 갑은 피고인 병을 모해목적으로 을에게 위증하게 한 경우 갑은 모해위증죄

---

392) 대판 2017.4.7., 2017도378(무면허의료행위의 공동정범).

의 교사범이 된다.[393]

③ 신분관계없는 자가 업무상 타인의 재물을 보관하는 자의 횡령행위에 가공한 경우 단순횡령죄로 처벌한다.[394]

④ 신분이 없는 자가 업무상 타인사무를 처리하는 자의 배임행위에 가공한 경우 업무상 배임죄가 성립하지 않는다.[395]

393) 그러나 판례(대판 1994.12.23., 93도1002. 모해위증 교사사건)와 달리, 다수설은 공범종속성설에 의거 정범 을이 단순위증에 불과하므로 갑은 단순위증의 교사범이라고 한다.

394) 업무상 횡령죄가 성립하나, 처벌은 단순횡령이라는 의미이다.

395) 업무상 배임죄가 성립하고, 처벌은 단순배임죄로 된다(판례).

제 7 장 죄수론

제1절 총 설

Ⅰ. 의 의

죄수론은 범죄의 수가 1개인가, 여러 개인가의 문제와 이 경우에 어떻게 처벌할 것인가의 문제는 논하는 이론이다. 따라서 죄수론은 범죄론과 형벌론의 중간에 위치한 이론이다.[396)]

Ⅱ. 죄수결정의 기준

1. 학 설

범죄의 수(일죄 · 수죄)를 어떻게 결정할 것인가? 즉 그 기준에 대한 견해에는 다음이 있다.

396) 죄수론은 실체법상 형벌의 적용에 있어서 뿐만 아니라, 소송법상으로도 공소의 효력 · 기판력의 범위를 결정하는데 중요한 의미가 있다.

학 설	내 용
행위 표준설	① 행위의 수에 따라 범죄의 수를 결정하는 견해로 행위가 1개이면 범죄도 1개, 행위가 수개이면 범죄도 수개가 된다. ② 상상적 경합은 1죄이고, 연속범은 수죄이다. ③ 판례 : 미성년자의제강간죄는 강간행위시마다 1개의 죄가 성립한다.
법익 표준설	① 보호법익(결과)의 수에 따라 범죄의 수를 결정하는 견해로 전속적 법익(생명, 신체, 자유, 명예)의 경우에는 법익주체마다 1개의 범죄가 성립하고, 비전속적 법익(재산권 등)의 경우에는 재산관리의 수만큼 범죄가 성립한다. ② 상상적 경합은 실질상 수죄이지만, 처벌상 1죄이다. ③ 판례 : 위조통화행사죄와 사기죄는 보호법익이 다르므로 위조통화를 행사하여 재물을 불법 영득한 때에는 위조통화행사죄와 사기죄의 경합범이 된다.
의사 표준설	① 행위자의 범죄의사의 수를 기준으로 범죄 수를 결정하는 견해이다. ② 상상적 경합, 연속범은 의사의 단일성이 인정되면 1죄이다. ③ 판례 : 수 개의 수뢰행위가 동일한 상대방의 사이에서 단일한 범의에 의해 계속되고, 또 피해법익도 동일하다면 이를 포괄1죄로 보아야 한다.
구성요건 표준설	① 구성요건 해당사실의 수를 표준으로 범죄 수를 결정하는 견해이다. ② 상상적 경합은 원래 수죄이지만 과형상 1죄이다. 따라서 다수행위를 하나의 죄로 처벌하므로 소송경제적 장점이 있다. ③ 판례[397] : 예금통장 및 인장을 절취한 행위와 저금환급금 수령증을 위조한 행위는, 별개의 구성요건을 충족하는 독립행위이기에 경합범이 성립한다.

2. 학설의 검토

대법원 판례는 구성요건표준설을 원칙으로 한다. 다만 연속범의 경우 의사표준설, 정조에 관한 죄·공갈죄에 관하여는 행위표준설을 취하고 있다.

1발의 탄환으로 1인을 살해했을 경우의 죄수? 하나의 의사에 의한(의사설) 하나의 행위로(행위설) 하나의 법익을 침해하여(법익설) 하나의 구성요건에 해당(구성요건설)하는 경우이므로 어느 설에 의하여도 1죄이다. (경사승진)

상상적 경합의 죄수는 ① 행위표준설과 의사표준설 ⇨ 1죄 ② 법익표준설과 구성요건표준설 ⇨ 실질상 수죄이나 처벌상 1죄에 해당한다.

397) 폭행이나 협박으로 부녀를 강간한 경우 강간죄만 성립하고 그와 별도로 강간수단인 폭행협박이 별도죄를 구성한다고 볼 수 없으며 강간죄와 이들은 법조경합관계일 뿐이다(대판 2002.5.16., 2002도51).

제 2 절 一罪(일죄)

Ⅰ. 의 의

일죄란 범죄행위가 1개의 구성요건에 1회 해당하는 경우를 말한다. 즉 범죄의 수가 실질적으로 1개인 경우를 말하며, 단순 1죄라고 한다.

단순1죄는 실질적으로 1죄라는 점에서, 실질상 수죄이지만 1죄로 처벌하는 과형상(=처벌상) 1죄인 상상적 경합과는 구별된다.

일죄의 유형에는 ① 1개의 행위로 1개의 구성요건을 실현하는 경우(=단순일죄) ② 법조경합 ③ 포괄1죄의 3가지가 있다.

Ⅱ. 법조경합

1. 의 의

1개 또는 수개 행위가 외형상은 수개 구성요건에 해당하는 것 같지만, 실제는 한 구성요건이 다른 구성요건을 배척하여 1개 구성요건에만 해당되어 단순1죄로 되는 경우이다(=외형적·실체적·상상적 경합, 부진정 경합). (9급 검찰)

법조경합은, 외관상으로만 **수죄**로 보일 뿐 실질적으로는 **1죄**라는 점에서,[398] /실질적으로도 수죄인 상상적 경합·실체적 경합과 구별된다.

---

398) **(택일관계)** 성질상 양립할 수 없는 두 개의 구성요건에 어느 하나만 적용되는 경우(예 절도죄와 횡령죄, 강도죄와 공갈죄)를 말하는데, 이는 법조경합으로 볼 수 없다(부정설) 것이 다수설이다.

2. 종 류

종 류	내 용	예
특별 관계	어떤 구성요건이 다른 구성요건의 모든 요소를 포함하는 이외에 다른 요소를 구비해야 성립하는 경우를 말한다. 이 경우에는 "특별법은 일반법에 우선한다"는 원칙에 따라 특별규정만 적용된다.	① 가중적(감경적) 구성요건과 기본적 구성요건과의 관계 • 존속살해죄(영아살해죄)와 보통살해죄 (경위승진) • 특수폭행죄와 폭행죄 ② 결합범 : 강도죄와 폭행죄·협박죄·절도죄 ③ 결과적 가중범 : 상해치사죄와 상해죄·과실치사죄 ④ 횡령죄와 배임죄
보충 관계	어떤 구성요건이 다른 구성요건의 적용이 없을 때에만 보충적으로 적용되는 경우를 말한다. 이 경우에는 "기본법은 보충법에 우선한다"는 원칙에 따라 기본법에만 적용된다.	① 명시적 보충관계(형법이 명시적으로 인정하는 경우) • 외환유치죄·모병이적죄·여적죄 등과 일반이적죄 • 현주건조물 공용건조물 등에의 방화죄와 일반건조물 등에의 방화죄 ② 묵시적 보충관계 ㉠ 불가벌적 사전행위(=경과범죄) • 예비·미수·기수의 관계(경위승진) • 상해죄와 살인죄(경감승진) • 위험범과 침해범 ㉡ 침해방법 : 종범·교사범·정범·과실범과 고의범, 부작위와 작위
흡수 관계	어떤 구성요건에 해당하는 행위의 불법과 책임내용이 다른 행위의 불법과 책임을 포함하면서 특별관계나 보충관계가 아닌 경우를 말한다. 이 경우에는 "전부법은 부분법을 폐지한다"는 원칙에 따라 전부법(흡수법)만 적용된다.	① 불가벌적 수반행위 • 문서위조 수반된 인장위조·동행사 • 도주죄에 수반되는 수의(죄수복) 절도 ② 불가벌적 사후행위 • 절취·횡령·사취한 물건의 손괴 • 횡령물의 매각행위(경감승진, 9급 검찰, 법원서기보)

3. 불가벌적 사후행위

1) 의 의

불가벌적 사후행위란 범죄에 의하여 획득한 위법한 이익을 확보하거나 사용·처분하는 사후행위가 다른 구성요건에 해당하더라도 이미 주된 범죄에 의하여 완전히 평가되었기 때문에 별죄를 구성하지 않은 경우(예 절도범이 절취한 물건을 손괴한 행위)를 말한다.

2) 요 건

사후행위가 구성요건에 해당해야 한다(따라서 절도범의 재물소비는 횡령죄의 구성요건에 애당초 해당되지 않으므로 불가벌적 사후행위가 아니다).

사후행위가 주된 범죄와 보호법익을 같이 하거나 그 침해의 양을 초과하지 않아야 한다(따라서 절취한 문서로 피해자의 재물을 편취한 행위는 새로운 법익의 침해가 있으므로 불가벌적 사후행위가 아니고 사기죄가 성립된다).

주된 행위가 반드시 처벌받았을 것을 요하지 않는다.

구분	내용
불가벌적 사후행위가 인정되는 예	• 절취 · 강취 · 사취 · 갈취 · 횡령한 재물을 손괴·단순매각·소각한 행위 • 횡령물의 매각행위(경감승진. 9급 검찰, 법원서기보) • 절취한 현금으로 물건을 구입한 경우 • 절취한 자기앞수표로 음식대금을 지불하고 거스름돈을 받은 경우 (법원서기보) • 절취한 자기앞수표를 현금으로 교환하는 행위 (법원서기보) • 절취한 열차승차권으로 기차역 직원으로부터 대금환불을 받은 경우 • 장물을 취득한 자가 이를 보관 중 임의소비하는 경우[399] (경찰 1차)
부정되는 예	• 절취 또는 강취한 예금통장으로 현금 인출(⇨ 사문서위조 · 동행사죄 및 사기죄 성립) (경감승진, 법원서기보) • 절취한 전당표로 전당물을 편취한 경우(⇨ 사기죄) • 절취한 장물을 자기의 소유물인 것처럼 속여서 제3자에게 팔거나 담보로 제공하고 돈을 교부받은 경우(⇨ 사기죄) • 절취한 타인의 주민등록증을 자기의 주민등록증을 만드는 행위(⇨ 공문서위조죄) (법원서기보) • 남편을 살해 후 보험금을 편취한 행위(⇨ 사기죄) (9급 검찰) • 사람을 살해하고 사체를 은닉·손괴한 경우(⇨ 사체은닉죄 · 손괴죄) (법원서기보) • 갈취한 권총으로 강도에 사용하는 행위(⇨ 강도죄)

문제. 불가벌적 사후행위는?(여경 2차)

① 사람살해 후 사체유기

② 대마절취 후 흡입목적 소지

③ 신용카드절취 후 백화점물건을 구입하는 행위

399) 별도의 횡령죄가 되지 않는다.

④ 절취한 자기앞수표를 현금으로 교환하는 행위

3) 효 과

불가벌적 사후행위가 되면 그 사후행위는 처벌하지 않는다. 그러나 사후행위에만 관여한 자에게는 공동정범 · 교사범 · 종범의 성립이 가능하다.

4. 법조경합의 처리

법조경합관계에서는 행위자는 배제되는 법률에 의하여 처벌되지 않는다.
다만 배제되는 법률의 범죄에 대해서 제3자가 공범 가담하는 것은 가능하다.

문제. 판례가 법조경합을 인정하지 않는 경우는? (여경 1차)

① 강간죄와 폭행죄의 관계
② 인장위조와 그 위조인장을 사용한 사문서위조죄
③ 공무원이 직무상 의무에 위배해서 허위공문서를 작성한 경우 허위공문서작성죄와 직무유기죄
④ 살인 후 범죄흔적을 은폐하기 위해 시체를 다른 곳에 운반하여 유기한 경우, 살인죄와 사체유기죄[400)]

Ⅲ. 포괄일죄

1. 의 의

포괄1죄란 수개의 행위가 포괄적으로 1개의 구성요건에 해당하여 1죄를 구성하는 경우를 말한다.

400) 경합범이다. 즉 사체유기가 불가벌적 사후행위가 아니다.

2. 유 형

종 류	의 의	예
결합범	개별적 독립된 범죄의 구성요건에 해당하는 수개의 행위가 결합하여 1개의 범죄를 구성하는 경우를 말한다.	• 강도죄(＝폭행죄 또는 협박죄+절도죄) • 강도살인죄(＝강도죄+살인죄) • 강도강간죄(＝강도죄+강간죄)
접속범	단독으로 범죄의 기수가 될 수 있는 수개의 행위가 동일한 기회에 시간적·장소적으로 불가분하게 접속하여 같은 법익을 침해하는 경우를 말한다.[401]	• 절도범이 차를 세워두고 재물을 수회 반출한 경우 • 甲녀를 협박하여 간음하고 200m쯤 가다가 다시 1회 간음한 경우(9급 검찰) • 하나의 문서에 같은 사람의 수개의 명예훼손 사실을 적시한 경우
연속[402] 범	연속한 수개의 행위(구성요건적 일치나 시간적·장소적 접속을 요하지 않는다)가 동종의 범죄에 해당하는 경우를 말한다.	• 절도범인이 수일에 걸쳐서 매일 밤 쌀 한가마씩을 훔치는 경우 • 1개월 반 사이에 16회에 걸쳐 동일인으로부터 받은 뇌물수수행위(7급 검찰) • 4년여에 걸쳐 계속된 업무상 횡령행위
집합범	다수의 동종의 행위가 동일한 의사에 의해 반복되지만 일괄하여 일죄를 구성하는 경우를 말한다.	• 영업범(예 무면허의사의 진료) • 상습범(예 상습도박죄) (경감승진)
협의의 포괄1죄	1개의 구성요건에 수개의 행위양태가 규정되어 있는 경우를 말한다.	• 동일인을 체포하여 감금하는 경우⇨ 감금죄만 성립(제276조 ①) (7급 검찰) • 동일한 장물을 운반 또는 보관하여 취득한 경우⇨ 장물취득죄만 성립(제362조) • 공무원이 뇌물을 요구하고 수수한 경우⇨뇌물수수죄만 성립(제129조 ①)(경장승진) • 범인을 은닉하여 도피하게 한 경우 ⇨ 포괄1죄(제151조 ①)

3. 포괄1죄의 처리

포괄1죄는 (실질적으로 1죄이므로) 실체법상으로나 소송법상으로 1죄로 취급한다.

401) 전속적 법익의 피해자를 달리할 경우는 (접속범이 아니라) 새로운 죄가 성립한다(대판 1991.8.27., 91도1637).

402) 시간적 · 장소적 범의의 계속성을 의미한다.

구성요건을 달리하는 행위가 포괄1죄로 되는 경우(예세 번의 특수절도, 한 번의 절도와 야간주거침입절도 등이 상습적으로 반복되는 경우)에는 가장 중한 1죄만 성립(⇨가장 중한 상습특수절도죄만 성립)한다. (경감승진)

포괄1죄에 해당하는 개개 행위가 법개정 전후에 걸쳐서 행한 경우 **법정형 경중비교 없이** 진행 중에 법률의 변경이 있으면, 신법(재판시법)에 의한다.[403)]

포괄1죄의 일부분에 대한 공범도 성립가능하다.

공소제기의 효력과 기판력은,[404)] 포괄1죄의 내용이 된 행위의 전부에 미친다.

문제. 포괄일죄를 인정한 경우는?(경사승진)

① 피고인이 횡령과 배임 후 사기를 쳤다.[405)]

② 단일한 범의와 동일한 범행방법으로 수인의 피해자에 대해 각 피해자별로 기망을 해서 각각 재물을 편취했다.[406)]

③ 신협전무가 수개의 거래처로부터 각기 다른 일시에 조합정관상의 대출한도를 초과하여 대출을 하여 달라는 부탁을 받고 부당대출을 해 주었다.[407)]

④ 절도습벽의 발현으로 절도죄 외에 자동차불법사용도 함께 저질렀다.[408)]

문제. 다음 중 판례의 태도로 틀린 것은?(경찰 2차)

① 길이 99센티 두께 8센티의 각목으로 피해자머리를 3회 강타하고 피해자가 비틀거리며 쓰러져 있는데도 계속해서 더 세게 머리를 2회 때려 피해자가 두개골 골절로 인한 뇌출혈 등으로 사망한 것이라면 피고인에게 살인의 범의가 인정된다.

② 7세 3세 남짓된 어린자식들에게 함께 죽자고 권유하여 물속으로 따라들어오게 하여 어린자식들을 익사하게 한 경우 피고인에게 살인의 범의가 인정된다.

③ 3주간 치료를 요하는 우측흉부자상은 형법상 중상해로 보기 어렵다.

---

403) 대판 2009.4.9., 2009도321.

404) 사실심 판결선고시까지 행해진 사실에 모두 미친다.

405) 구성요건이 달라서 포괄일죄가 될 수 없다.

406) 수개 사기죄의 경합범

407) 수개 업무상 배임죄의 경합범

408) 대판 2002.4.26, 2002도429(상습절도죄에 흡수).

④ 직계존속인 피해자를 폭행하고 상해를 가한 것이 존속에 대한 동일한 폭력 습벽의 발현에 의한 것으로 인정되는 경우 피고인에게 상습존속폭행죄와 상습존속상해죄가 각각 별도로 성립한다.409)

제3절 수 죄

Ⅰ. 상상적 경합

제40조[상상적 경합] 1개의 행위가 수개의 죄에 해당하는 경우에 가장 중한 죄에 정한 형으로 처벌한다.

1. 의 의

상상적 경합(=관념적 경합)이란 1개의 행위가 수개의 죄에 해당하는 경우(예 1개의 폭탄을 던져서 여러 명을 살해한 경우)를 말한다. (경장승진)

상상적 경합은 수죄간의 진정한 경합이라는 점에서, 외관상의 경합인 법조경합과 구별된다.

상상적 경합은 행위가 1개인 점에서, 행위가 수개인 실체적 경합과 구별된다.

상상적 경합이 1죄인가 수죄인가에 대하여 (통설·판례는) 실질적으로 수죄이나 과형상 1죄로 취급하는 것이라고 한다.

상상적 경합 ┬ 행위표준설, 의사표준설 ⟹ 1죄
└ 구성요건표준설, 법익표준설 ⟹ 수 죄

409) 법정형이 더 중한 상습존속상해죄만 포괄하여 포괄일죄가 성립한다(대판 2003.2.28, 2002도7335).

2. 상상적 경합의 요건

1) 행위의 단일성(1개의 행위가 있을 것)

행위가 1개이어야만 상상적 경합이 되는데, 여기서 1개의 행위란 무엇을 의미하는가에 대해 판례는 사물 자연의 상태에서 사회통념상 행위가 1개인 경우를 의미한다는 견해(자연적 행위단일성)를, 다수설은 구성요건적 의미에서 구성요건적 행위가 1개임을 의미한다는 견해를 취한다(구성요건적 행위단일성).

① 행위의 완전동일성 : 구성요건적 실행행위가 완전히 같을 때(예 1개의 폭탄을 던져 살인과 재물손괴죄의 결과가 발생한 경우)에는 언제나 1개의 행위가 된다. 고의범과 과실범, 수개의 부작위범 사이에는 동일성이 인정되면 상상적 경합의 성립이 가능하나 다만, 작위범과 부작위범 사이에는 행위의 단일성이 인정되지 않아 상상적 경합이 있을 수 없다.

② 행위의 부분적 동일성 : 수개의 죄의 구성요건을 충족하는 실행행위가 부분적으로 일치하는 경우(예 직무집행중인 공무원을 폭행하여 상해를 입힌 경우)에도 1개의 행위가 되어 상상적 경합(⇨ 공무집행방해죄와 폭행치상죄의 상상적 경합)을 인정할 수 있다. 계속범과 그 중에 범한 죄(예 절도·강간·강도를 위해 주거에 침입하여 이들 범죄를 범한 경우)에 대해서는 원칙적으로 경합범(⇨ 절도·강간·강도죄와 주거침입죄의 경합범)이 되지만, 위법상태의 계속이 다른 범죄를 실현하기 위한 수단이 되는 경우(예 감금죄가 동시에 강도·강간의 수단이 된 경우)에는 상상적 경합(⇨ 감금죄와 강도·강간죄의 상상적 경합)이 성립한다.

2) 수개의 죄

상상적 경합이 되기 위해서는 1개의 행위가 '수개의 죄'에 해당해야 한다. 즉, 1개의 행위가 '수개의 구성요건'에 해당해야 한다.

① 이종의 상상적 경합

수개의 죄가 서로 상이한 구성요건적 해당하는 경우(예 1발의 탄환을 발사하여 1명을 살해하고 재물을 손괴한 경우)의 상상적 경합(⇨ 살인죄와 재물손괴죄의 상상적 경합)이다.

② 동종의 상상적 경합

수개의 죄가 동일한 구성요건에 해당하는 경우에는 그것이 전속적법익인 경우(예 1발의 탄환으로 수인을 상해한 경우)에는 상상적 경합(⇨ 상해죄의 상상적 경합)이 가능하지만, 비전속적인 법익인 경우(예 1개의 행위로 수개의 건조물에 방화한 경우)에는 단순1죄(⇨ 1개의 방화죄)가 성립한다.

3. 상상적 경합의 법적 효과

1) 실체법적 효과

① 처벌 : 상상적 경합이 인정되면 수개의 죄 가운데 가장 중한 죄에 정한 法定(법정)형으로 처벌한다(제40조). 즉, 수 죄 가운데 가장 중요한 죄에 정한 형은 적용하고 다른 경한 죄에 정한 형을 여기에 흡수시키는 흡수주의를 취한 것이다(경정승진, 법원서기보). 여기서 가장 중한 형이란 법정형을 의미하며 형의 경중은 형법 제50조에 따라 정한다.

② 형법 제38조 제2항의 준용여부 : 상상적 경합은 형의 경중을 제50조에 따라 정해야 하므로 경합범에 있어서 징역과 금고를 동종의 형으로 간주하여 징역형으로 처벌하도록 한 형법 제38조 제2항의 규정은 상상적 경합의 경우에 준용될 수 없다(판례).

③ 형의 경중의 비교방법 : 수 죄의 법정형 가운데 상한이 하한이 모두 중한 형에 의하여 처벌한다(전체적 대조주의 : 통설·판례).

2) 소송법적 효과

상상적 경합은 소송법적으로도 1죄로 취급되므로 수개의 죄 중에서 어느 1개의 죄에 대한 확정판결(기판력)과 공소제기의 효력은 전체에 대하여 효력이 미친다.

상상적 결합은 실질적으로 수 죄이므로 친고죄의 고소와 공소시효 등은 각 죄별로 따로 논해야 한다.

문제. 절도범 甲(갑)이 체포를 면하려고 경찰관에게 폭행을 가해 공무집행을 방해한 경우, 甲(갑)의 죄책은?[410] (경찰 1차)

① 절도죄와 공무집행방해죄의 실체적 경합
② 준강도죄와 공무집행방해죄의 실체적 경합
③ 절도죄와 공무집행방해죄의 상상적 경합
④ 준강도죄와 공무집행방해죄의 상상적 경합

Ⅱ. 실체적 경합

제37조[경합범] 판결이 확정되지 아니한 수개의 죄 또는 금고이상 형에 대한 판결이 확정된 죄와 그 (항소심)판결 확정 전에 범한 죄를 경합범으로 한다.[411]

1. 의 의

경합범(실체적 경합)이란 한 사람에 의해 범해진/ 판결이 확정되지 아니한 수개의 죄(=동시적 경합범) 또는 판결이 확정된 죄와 그 판결확정 전에 범한 죄(=사후적 경합범)를 말한다.[412] 소송법적으로 별개의 죄(범죄사실)로 취급된다.

경합범은 수개의 행위가 수개의 죄에 해당하는 경우라는 점에서, 1개의 행위가 수개의 죄에 해당하는 경우인 상상적 경합과 구별된다.

410) 갑은 소매치기 도중 경찰에게 발각되자 체포면탈할 목적으로 경찰을 칼로 찔러 상처를 입히고 도주한 경우, 갑의 죄? 강도상해죄와 공무집행방해죄의 상상적 경합범 (경사승진)

411) 금고 이상 형에 대한 판결이 확정된 죄와 그 (항소심)판결 확정 전에 범한 죄, 즉 제37조 후단에 의해 제39조 ①에 의거 형을 감경할 때도 법률적 감경에 관한 제55조 ①이 적용되어 유기징역 감경 시는 형기 1/2 미만으로는 감경할 수 없다.

412) 어떻든 실체적 경합범이 되기 위해서는 동시에 판결할 가능성이라는 소송법적 요건이 충족되어야 한다.

2. 종 류

1) 동종의 경합범과 이종의 경합범

① 동종의 경합범

한 행위자가 같은 범죄를 여러 차례 범한 경우(예 동일인에게 수회에 걸쳐 협박하여 여러 차례 금전을 갈취한 경우⇨ 공갈죄의 경합범)를 말한다.

② 이종의 경합범

한 행위자가 수개의 행위를 통하여 서로 다른 범죄를 범한 경우(예 강간이 미수에 그치자 살의를 느껴 피해자를 살해한 경우⇨ 강간미수죄와 살인죄의 경합범))를 말한다.

2) 동시적 경합범과 사후적 경합범

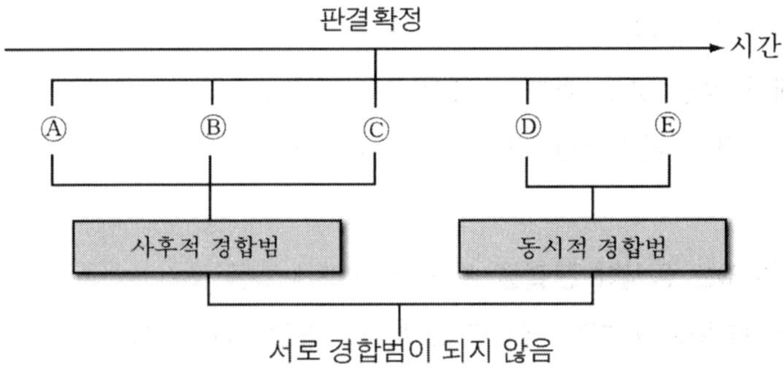

① 동시범 경합범(제37조 전단)

수 죄가 확정판결을 받지 않아 동시에 심판될 수 있는 경우[413](예 甲이 ABC의 3개의 죄를 범하고 그 어느 것도 확정판결을 받지 아니한 경우의 ABC 죄, 또는 甲이 범한 ABCDE의 5개의 죄 가운데 C죄에 대하여 판결이 확정된 경우의 DE죄)를 말한다. (경장승진)

413) 가장 중한 죄 형이 ① 사형 무기이면 흡수주의에 따라 사형 무기, ② 가장 중한 죄 형이 사형 무기 외의 동종 형이면 가중주의, 이종 형이면 병과주의를 취한다.

② 사후적 경합범(제37조 후단, 임의적 감면)

동일인이 범한 수 죄 중에서 일부의 죄에 관하여 확정판결이 있는 경우에, 판결이 확정된 범죄와 그 판결이 확정되기 전에 범한 죄(예 甲이 범한 ABCDE의 5개 죄 가운데 C죄에 대하여 판결이 확정된 경우의 ABC 죄)를 말한다.

3. 경합범의 요건

1) 동시적 경합범의 요건

동시적 경합범이란 동일인이 범한 수개의 죄 전부가 판결이 확정되지 아니한 경우 그 수죄를 말한다.

① 수개의 행위로 수개의 죄를 범할 것

1개의 행위로 수개의 죄를 범하거나 수개의 행위로 1개의 죄를 범한 때에는 경합범이 될 수 없다.

② 수개의 죄는 모두 판결이 확정되지 않았을 것

여기서 판결의 확정이란 상소 등 통상의 불복절차로써는 다툴 수 없는 상태를 말한다.

③ 수개의 죄는 동시에 판결될 수 있는 상태에 있을 것

1심에서 별개로 판결된 후 항소심에서 병합심리된 경우 동시적 경합범으로 판결한다(대판). 추가기소되어 병합심리된 경우 동시적 경합이 가능하다.

수개의 죄가 같이 판결될 상태에 있지 않으면, 동시적 경합범이 될 수 없다.

2) 사후적 경합범의 요건

사후적 경합범이란 금고 이상의 판결이 확정된 죄와 그 판결 확정 전에 범한 범죄를 말한다.

① 판결확정 전에 범한 죄란 이론상 항소심 판결선고 이전에 범한 죄를 말한다.

② 계속범이나 포괄1죄의 경우 (중간에 확정판결이 있을지라도 그 범죄는 확정판결 후에 종료되었으므로) 사후적 경합범에 해당하지 않는다.

문제. 상상적 경합 및 실체적 경합에 관한 다음 설명 중 틀린 것은?(판례)

① 무면허운전자가 과실로 사람을 다치게 한 경우 ⇨ 무면허운전죄(도로교통법 위반)와 업무상 과실치상죄의 실체적 경합 (7급 검찰)

② 살인 후 범죄를 은폐하기 위하여 사체를 유기한 경우 ⇨ 살인죄와 사체유기죄의 실체적 경합 (7급 검찰)

③ 공무집행중인 경찰관에게 폭행을 가하여 상해를 입힌 경우 ⇨ 공무집행방해죄와 폭행치상죄의 상상적 경합 (법원서기보, 경위승진)

④ 상해의 고의로 두 사람에게 각각 칼을 휘둘러 그 중 1인은 사망에 이르고 다른 자는 상해를 입은 경우 ⇨ 상해치사죄와 상해죄의 상상적[414] 경합 (경감승진)

4. 경합범의 처벌

1) 동시적 경합범의 처벌

① **흡수주의**(가장 중한 죄의 형이 사형 · 무기인 때)

가장 중한 죄에 정한 형이 사형 또는 무기징역이나 무기금고인 때에는, 가장 중한 죄에 정한 사형 · 무기형으로 처벌한다.

② **가중주의**(가장 중한 죄의 형이 사형 · 무기 외 동종 형인 때)

각 죄에 정한 형이 사형 또는 무기징역이나 무기금고이외의 동종의 형인 때에는, 가장 중한 죄에 정한 장기 또는 다액에 그 2분의 1까지 가중하되, 각 죄에 정한 형의 장기 또는 다액을 합산한 형기 또는 액수를 초과할 수 없다. 단 과료와 과료, 몰수와 몰수는 병과할 수 있다.

징역과 금고는 동종의 형[415]으로 간주하여 징역형으로 처벌한다. 징역 또는 금고는 무기 또는 유기로 하고, 유기는 1개월 이상 30년 이하로 한다. 단, 유기징역 또는 유기금고에 대하여 형을 가중하는 때에는 50년까지로 한다.

---

414) 상상적-> 실체적

415) 동종의 형이란 형벌의 종류가 같은 것(예 징역과 징역, 벌금과 벌금)을 말한다. 징역과 금고는 동종의 형으로 간주하여 징역형으로 처벌한다(제38조 ②). / 동시적 경합범에서 각 죄에 정한 형이 징역이나 금고시 금고 형기만큼 징역형으로 처벌할 수 없다(X). (경찰 1차)

경합범의 각 죄에 선택형이 있는 때에 그 중에서 처단할 형종을 선택한 후에 선택된 형의 장기 또는 다액의 2분의 1까지를 가중한다(판례). 예 법정형이 10년 이하의 징역인 A죄와 3년 이하의 징역인 B죄를 실체적 경합범으로 동시에 판결할 경우에는 동종(징역형)의 형인 경우이므로 가중주의에 의해 장기의 1/2까지 가중하면 10년+(10×1/2)년=15년까지 선고가능하나, 양 죄의 장기의 합산형(10년+3년=13년)을 초과할 수 없다. 따라서 13년 이하의 징역, 즉 선고할 수 있는 최고형은 13년이다. (법원서기보)

③ **병과주의**(가장 중한 죄의 형이 사형·무기 외 이종의 형인 때)

각 죄에 정한 형이 무기징역이나 무기금고 외 이종 형[416)]인 때는 병과한다.

병과해야 할 경우는 각 죄에 정한 형이 이종인 경우뿐만 아니라 일죄에 대하여 이종인 형을 병과할 것을 규정한 때에도 적용된다.(판례)

2) 사후적 경합범의 처벌

금고이상 형에 처한 판결이 확정된 죄와 그 판결확정 전에 범한 죄에 있어 판결확정전에 범한 죄를 심판하는 경우를 말한다. 예 범인이 A, B죄를 범하고 B죄에 대해 판결 확정 후에 법원이 A죄를 심판하는 경우이다.

판결이 확정된 죄와 동시에 판결할 경우와의 형평성을 고려해 선고한다.[417)] 이 경우 형을 감경 또는 면제할 수 있다. 살인과 절도를 범한 후 절도죄에 대해 판결확정 후 살인죄를 심판할 경우, 양죄를 동시심판할 경우와의 형평성을 고려하여 살인죄에 대해 형을 선고한다. (경찰간부)

---

416) 이종의 형이란 형벌의 종류가 다른 경우(예 징역과 벌금, 자격정지와 구류 등)를 말한다. 징역과 금고는 동종의 형으로 간주하여 징역형으로 처벌한다(제38조 ②).

417) 대판 2014.5.16., 2013도12003.

[참고파일]

1. 1죄인가? 수 죄인가?

<1개의 자연적 의미의 행위로 1개의 구성요건을 실현한 경우>

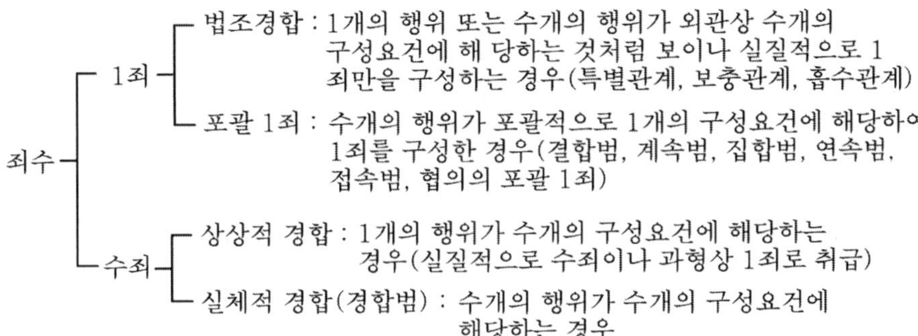

2. 수죄의 경우 처벌

구 분	내 용	형 법 규 정
흡수주의	수 죄 가운데 가장 중한 죄에 정한 형을 적용하고, 다른 경한 죄에 정한 형은 여기에 흡수시키는 주의	① 상상적 경합(제40조) ② 경합범 가운데 중한 죄에 정한 형이 "사형 또는 무기징역이나 무기금고인 때" 흡수주의를 취함(제38조 ① 1호).
가중주의	각죄의 형벌 중 가장 중한 죄에 정한 형을 가중하는 방법으로 전체형을 만들어 적용하는 주의	경합범에서 각죄에 정한 형이 "사형 또는 무기징역이나 무기금고 이외의 동종형"인 경우에 가중주의를 채택(제38조 ② 2호)
병과주의	각죄에 대하여 독자적인 형을 확정한 후 이를 합한 형을 부과하는 주의	경합범에서 각죄에 정한 형벌이 "무기징역이나 무기금고 이외의 이종의 형"인 경우에 병과주의를 채택(제38조 ① 3호)

제 3 편

형 벌 론

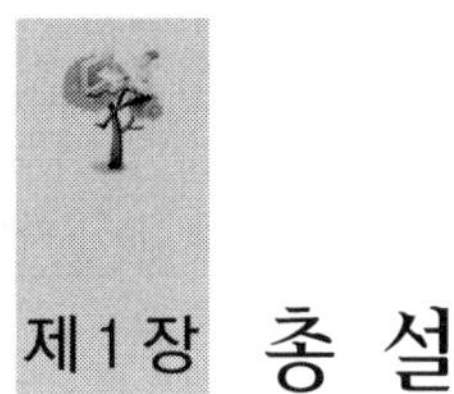

제1장 총 설

Ⅰ. 형벌의 의의

형벌이란 국가가 형벌권의 주체가 되어 범죄에 대한 법률상의 효과[1]로서 범죄자에게 과하는 법익의 박탈을 말한다.

Ⅱ. 형벌의 목적

1. 응보형주의

응보형주의는 형벌 본질을 범죄에 대한 응보로서의 해악으로 이해하는 사상이다. 즉 형벌 본질은 응보 그 자체가 목적이라고 한다(=절대주의, 절대설).

2. 목적형주의

목적형주의는 형벌은 그 자체가 목적이 아니라 범죄로부터 사회를 방어·보호하는 목적을 달성하기 위한 수단이라고 한다(=상대주의).

목적형주의는 범죄예방의 대상이 누구냐에 따라 一般(일반)예방주의[2]와 特別

1) 일반적으로 범죄에 대한 법률효과에는 형벌과 보안처분이 포함된다.

(특별) 예방주의[3]로 나눈다.

우리 형법상 특별예방의 형벌목적을 수용한 사례에는 다음이 있다. (경사승진, 9급 검찰, 법원서기보)

특별예방주의에 기초하는 것	특별예방에 부합하지 않는 것
• 집행유예, 선고유예, 가석방 • 단기자유형의 제한 • 상대적 부정기형제도(소년법 제60조) • 누범가중 • 형의 양정 • 형의 실효와 복권	• 사형제도 • 과실범의 금고형

3. 결합설(=절충설)

형벌은 본질상 해악에 대한 응보로서의 성질을 가지면서도, 예방의 목적을 달성할 수 있어야 한다는 다수설이다.

Ⅲ. 형벌의 종류

제41조(형의 종류) 형의 종류는 다음과 같다.

1. 사형 2. 징역 3. 금고 4. 자격상실
5. 자격정지 6. 벌금 7. 구류 8. 과료
9. 몰수

현행법상 형벌의 종류는 제41조에 규정된 9종이 있다. 이를 박탈되는 법익에 따라 분류하면 생명형(사형), 자유형(징역 · 금고 · 구류), 명예형(자격상실 · 자격정지), 재산형(벌금 · 과료 · 몰수)으로 분류할 수 있다.

과료(科料)는 형법상의 형벌이지만, 과태료(過怠料)는 형벌이 아니고 행정상의 목적달성을 위한 행정질서벌에 불과하다. (9급 검찰, 법원서기보)

---

2) 형벌의 목적은 '일반인'을 위하하여(겁을 주어) 범죄가능성이 있는 잠재적 범죄인이 장차 범죄를 범하지 않도록 예방함에 있다고 보는 견해이다.

3) 형벌의 목적은 '범죄인'을 개선·교화하여 다시는 범죄를 범하지 않도록 再社會化(재사회화)하는데 있다고 보는 견해이다.

추징(追徵)은 형법상의 형벌이 아니고 몰수의 취지를 관철하기 위한 일종의 사법처분이지만 실질적으로는 부가형 성격이다. (법원서기보, 경장승진)

1. 사 형

사형(death penalty)은 수형자의 생명을 박탈(=생명형)하는 것을 내용으로 하는 형벌로, 형법에 규정된 형벌 중 가장 중한 형벌이다. 사형을 감경하면 무기 또는 10년 이상 징역 · 금고로 한다.

(범행시) 18세 미만자에게는 사형 · 무기형을 과하지 않는다(소년법).

사형은 교도소(형무소) 내에서 교수(絞首)하여 집행한다(형집행 및 수용자처우법).[4] 다만 軍刑法(군형법)은 총살형을 인정하고 있다.[5]

절대적 법정형으로 사형만이 규정된 형법상 범죄는 여적죄[6]이다. (경사승진)

상대적 법정형으로 형법상 사형과 자유형이 선택적인 범죄에는 다음이 있다.

국가적 법익	• 내란죄(제87조) • 외환유치죄(제92조) • 시설제공이적죄(제95조) • 간첩죄(제98조)	• 내란목적살인죄(제88조) • 모병이적죄(제94조) • 시설파괴이적죄(제96조)
사회적 법익	• 폭발물사용죄(제119조)	• 현주건조물 등 방화치사죄(제164조 ②)
개인적 법익	• 살인죄(제250조) • 강도살인죄(제338조)	• 강간 등 살인죄(제301조의 2) • 해상강도살인·치사·강간죄(제340조 ③)

4) 사형집행의 (법무부장관)명령은 판결 확정일로부터 6월 내 하되, 법무부장관이 명령한 때에는 5일 내 집행한다(형소법). 행형에 대해서는 형집행 및 수용자처우법이 적용된다.

5) 군인에 대한 사형은 국방부장관 명령으로 집행한다(군사법원법).

6) 적국과 합세하여 대한민국에 항적한 자는 사형에 처한다.

사형존폐론의 논거를 보면 다음과 같다.

사형폐지론[7]의 논거	사형존치론[8]의 논거
-사형은 (인간의 존엄과 가치의 근원인 생명권을 박탈하는 것이므로) 헌법이념에 반하며, 현대국가의 형법이념에 배치된다. -인도주의에 반한다. -사형은 일반인이 기대한 것보다 위하력이 적고, 형벌의 개선·교육적 기능을 전혀 가지지 못한다. -사형은 오판에 의해 집행된 경우 도저히 회복될 수 없다. -사형은 피해자의 감정에 응보적 만족만 줄 수 있을 뿐, 피해자의 구제에는 아무런 도움도 주지 못한다. -(범죄의 원인으로 사회환경적 요인도 큰데) 사형은 범죄원인을 범죄인에게만 돌리는 불합리한 형벌이다.	-사형은 일반국민의 응보관념 또는 정의관념에 합치한다. -생명은 인간이 가장 애착을 갖는 것이므로 사형은 위하적 효과를 가질 수 있다. -형벌의 본질이 응보에 있고, 국사 사회의 방위를 위해서는 극악한 범죄인에게는 사형이 필요하다.

2. 자유형

자유형이란 수형자의 신체적 자유를 박탈하는 것을 내용으로 하는 형벌로서, 현행 형법은 징역·금고·구류라는 3가지의 자유형을 인정하고 있다.[9]

징역은 정역에 복무하게 한다. 금고와 구류는 정역에 복무하지 않는다(다만 수형자의 신청이 있으면 행형법에 따라 정역을 과할 수 있다).[10] (법원서기보)

---

7) 베카리아(최초) 하워드 리프만 몽테스키외 서덜랜드가 주창자이며, 미국 프랑스 독일 오스트리아 영국 등이 대표적 사형폐지 국가이다.

8) 칸트 루소 로크가 주창자이며, 아시아 남아메리카 아프리카가 대표적 사형존치 국가이다.

9) 第42조[징역 또는 금고의 기간] 징역 또는 금고는 무기 또는 유기로 하고 유기는 1개월 이상 30년 이하로 한다. 단, 유기징역 또는 유기금고에 대하여 형을 가중하는 때에는 50년까지로 한다.
第46조[구류] 구류는 1일 이상 30일 미만으로 한다.
第67조[징역] 징역은 형무소내에 구치하여 정역에 복무하게 한다.
第68조[금고와 구류] 금고와 구류는 형무소에 구치한다.

10) cf. 법원은 법원조직법 제61조에 의거 법정내 법정질서유지를 위해 20일 내 감치(행정형벌이 아닌 법원내부질서벌)를 할 수 있다.

징역 · 금고의 형기	구류[11]의 형기
• 무기[12] • 유기 : 1월 이상 30년 이하 (다만 가중 시에는 50년까지)[13]	• 1일 이상 30일 미만

3. 재산형

재산형이란 범죄인으로부터 일정한 재산을 박탈하는 것을 내용으로 하는 형벌이다. 형법은 재산형으로 벌금 · 과료 · 몰수[14]의 3가지를 인정하고 있다.

1) 벌금과 과료

벌금은 5만원 이상으로 한다(감경하는 경우에는 5만원 미만 가능). 다만 벌금등임시조치법상 법령상 산출되거나 규정된 벌금다액이 10만원 미만인 때에는 그 다액을 10만원으로 한다. 과료는 2천원 이상 5만원 미만으로 한다.

감경시에는 그 다액의 1/2로 한다.

벌금과 과료는 판결확정일로부터 30일내에 납입하여야 한다. 다만 (과료는 아니고) 벌금을 선고할 때에는 동시에 그 금액을 완납할 때까지 노역장에 유치할 것을 명할 수 있다.

벌금을 납입하지 아니한 자는 1일 이상 3년 이하, 과료를 납입하지 아니한 자는 1일 이상 30일 미만의 기간 노역장에 유치하여 작업에 복무하게 한다. 다만 2009년 300만원 이하 벌금미납은 노역장유치를 사회봉사명령으로 대체할 수 있도록 했고, 2014년 1억 이하 벌금선고는 노역장유치 하한을 법정하였다. 2016년 500만원 이하 벌금의 집행유예 제도를 도입하여 2018년부터 시행하고 있다. 일수벌금제 역시 도입하여 시행하고 있다.

벌금 또는 과료를 선고할 때는 납입하지 아니하는 경우의 유치기간을 정해

11) 구속 · 구인(형소법상 구속에는 구인구금이 포함됨)은 형사절차인 수사와 재판의 원활한 진행과 증거확보를 위하여 부과되는 형소법상 강제처분이다(재판확정전 처분이므로 미결구금이라고 할 수 있다) 한편 감치는 법원조직법상 개념으로 재판질서유지를 위한 법원내부 질서벌 성격이다.

12) 감경시 7년 이상 징역으로 한다.

13) 유기징역 감경시 그 형기의 1/2로 한다.

14) 몰수는 형식적으로는 형벌이나 실질적으로는 대물적 보안처분의 성질을 가진다(통설).

동시에 선고하여야 한다. 다만 벌금 또는 과료의 선고를 받은 자가 그 일부를 납입한 때에는 벌금 또는 과료액과 유치기간의 일수에 비례하여 납입금액에 상당한 일수를 공제한다.

2) 몰 수

범인 이외의 자의 所有(소유[15]))에 속하지 아니하거나[16] 범죄 후 범인 이외의 자가 정을 알면서[17] 취득한[18] 즉 범죄행위에 제공하였거나 제공하려고 한 물건·범죄행위로 인하여 생겼거나 이로 인하여 취득한 물건·범죄로 취득한 물건의 대가로 취득한 물건은 전부 또는 일부를 몰수할 수 있다.[19] 다만 이 물건의 몰수가 불능한 때에는 그 가액을 추징[20]한다.[21]

몰수는 범죄의 반복을 방지하거나 범죄로부터 이득을 얻지 못하게 할 목적으로 범행과 관련된 재산을 박탈하여 국고에 귀속시키는 재산형이다.

몰수는 형벌 일반에 적용되는 비례원칙의 제한을 받는다(대판[22]).

몰수는 원칙적으로 타형에 부가하여 과하는 부가형이지만(=몰수의 부가성), 다만 행위자에게 유죄의 재판을 하지 아니할 때에도 몰수의 요건이 있는 때에는 예외적으로 몰수만을 선고할 수 있다.

---

15) 누구의 소유인가 결정시기는 판결선고시가 기준이다. (따라서 범행후 판결선고전에 범인이 사망하여 소유권이 상속인에게 이전된 경우에는 몰수할 수 없다)

16) 공범(공범에 해당하는 행위를 한 자 포함)소유 물건은 몰수할 수 있다(대판).

17) 몰수대상인 사실을 알면서.

18) 원래 범인외의 자의 소유에 속하는 물건은 몰수할 수 없으나 범죄 후 범인외의 자가 정을 알면서 취득한 물건은 몰수할 수 있다.

19) 즉 몰수대상물은 범죄와 관련된 물건이어야 하는 것이다. (따라서 피고인에게 환부한 물건도 몰수할 수 있다)

20) 추징은 형법상의 형벌이 아니지만 실질적으로 부가형으로서의 성질을 가진다. 추징가액을 산정하는 기준은 판결선고시를 기준으로 한다. 한편 검사가 추징을 구하는 의견을 진술해야 추징이 가능한 것은 아니다(대판).

21) 대판 2001.10.12, 99도5294(피고인이 증뢰자와 함께 향응을 하고 증뢰자가 이에 소요되는 금원을 지출한 경우, 이에 관한 피고인의 수뢰액을 인정함에는 먼저 피고인의 접대에 들어간 비용과 증뢰자가 소비한 비용을 가려내어 피고인접대비용을 피고인의 수뢰액으로 해야 하고 만일 각자 든 비용액이 불분명하다면 평등분할액을 가지고 피고인 수뢰액으로 인정해야 할 것이다. 피고인이 향응받은 자리에 피고인이 스스로 제3자를 초대해서 함께 접대받은 경우 제3자가 피고인과는 별도 지위에서 접대를 받은 공무원이라는 특별한 사정이 없는 한 그 제3자의 접대에 든 비용도 피고인의 접대에 든 비용에 포함시켜 피고인의 수뢰액으로 보아야 한다). (여경, 101단)

22) 대판 2013.5.23., 2012도11586.

몰수에는 임의적 몰수(=몰수의 여부는 원칙적으로 법관의 자유재량[23]) 와 필요적 몰수(=뇌물죄의 뇌물, 아편에 관한 죄에 제공한 아편, 몰핀이나 그 화합물 또는 아편흡식기, 배임수재죄에 의하여 범인이 취득한 재물은 반드시 몰수)가 있다. 또한 이익박탈적 몰수(형법, 변호사법)와 징벌적 몰수(마약류관리법, 특정경제범죄가중처벌법상 재산국외도피죄, 관세법, 외국환관리법)가 있다.

몰수의 要件(요건)에는 대물요건과 대인요건이 있다.

對物(대물)적 요건 즉 몰수대상은 물건(=유체물에 한하지 않고 권리 또는 이익 포함)이다.[24]

내 용	例
범죄행위에 제공하였거나 제공하려고 한 물건	• 절도범인이 휴대하고 있던 그 소유의 칼 • 절도물건을 절도범이 자신의 승용차에 싣고 간 경우에서 승용차[25] • 권총과 단도를 준비했다가, 권총을 사용하여 살인한 경우의 단도 • 무면허의료행위에 사용하려고 준비한 약품 • 강간범행의 장소로 이용된 범인소유의 차량 • 도박죄에 있어서 도박판 판돈 • 사기도박에 유인을 위해 제시된 고액수표 • 사행성 게임기의 기판과 본체
범죄행위로 인하여 생겼거나 이로 인하여 취득한 물건	• 문서위조죄의 위조문서 • 위조통화 (단 위조통화속에 섞인 진정통화 ⇨ 몰수×) • 도박에 의하여 취득한 금품 • 공무원이 뇌물로 받은 자기앞수표
범죄행위의 대가로 취득한 물건	• 장물 매각 대금 • 인신(부녀) 매매 대금

23) 배임증재죄의 경우는 (필요적 몰수가 아니고) 임의적 몰수이다.
24) [함정피해가기] 몰수할 수 없는 것
1. 절도죄에 있어서 절취한 또는 강도죄에서 강취한 타인의 의복 (법원서기보)
2. 살인행위에 차용한 권총 (법원서기보)
3. 강취한 타인의 자동차 (법원서기보)
4. 강간과정에서 찢어진 피해자의 옷 (법원서기보)
5. 위조통화 중에 섞인 진정통화
6. 피해자를 발로 찰 때 신은 구두
7. 부실기재된 등기부, 허위신고에 의하여 작성된 가호적부
8. 주운 타인의 주민등록증에 사진을 바꿔 붙인 경우의 주민등록증 (법원서기보)
9. 관세법상 수입신고를 하면서 허위신고하여 관세법상 허위신고죄의 대상이 된 물건
25) 대판 2006.9.14., 2006도4075.

對人(대인)的 요건에는 다음이 있다.

내 용	例
범인 이외의 자의 소유에 속하지 아니할 것[26]	• 무주물, 소유자 불명의 물건, 아편·위조통화 등 禁制品(금제품) • 공범의 소유에 속하는 물건[27]
범죄 후 범인 이외의 자가 정을 알면서 취득할 것	이는 범행 후 제3자가 취득 당시에 그 물건이 제48조 제1항 각호에 해당함을 알면서 취득하였음을 의미한다.

몰수의 대상인 물건을 몰수하기 불능한 때에는[28] 그 가액을 추징하고[29](제48조 ②), 문서·도화·전자기록 등 특수매체기록 또는 유가증권의 일부가 몰수에 해당하면 그 부분을 폐기한다.

문제. 몰수할 수 없는 것은? (여경, 101단)

① 수뢰죄에서 수뢰한 뇌물[30]
② 범인을 은닉한 사례로 받은 돈[31]
③ 권총과 단도를 준비했으나 권총으로 살인한 경우의 단도[32]
④ 살인죄를 범할 때 사용한 피해자소유의 과도

4. 명예형

명예형(=자격형)이란 범인의 명예 또는 자격을 박탈하거나 제한하는 형벌로서, 형법은 자격상실과 자격정지를 두고 있다.

---

26) 따라서 범인외의 자의 소유에 속하는 것은 몰수할 수 없다(예 부실기재된 등기부, 허위기재된 부분이 있는 공문서, 장물, 국고에 환부해야 할 국고수표).
27) 형벌은 공범 전원에게 각각 별도 선고해야 하므로, 공범 중 1인 소유에 속하는 물건 몰수에 대해서도 개별 선고해야 한다(대판 2013.5.23., 2012도11586).
28) 몰수하기 불능한 때란 (소비·분실·훼손 등의) 사실상의 원인 또는 (혼동·선의취득 등의) 법률상 원인으로, 판결당시에 몰수할 수 없는 경우를 말한다.
29) 다만 몰수할 물건이 특정되지 않은 경우는 모수할 수 없으며 그 가액을 추징할 수도 없다(대판 2015.10.29., 2015도12838). 추징할 가액이 몰수선고를 받았다면 잃어버리게 될 이득상당액을 초과해서는 안된다(대판 2017.9.21., 2017도8611).
30) 필요적 몰수.
31) 범죄행위 대가로 받은 돈이어서, 임의적 몰수.
32) 단도는 범죄에 제공하려한 물건이므로, 임의적 몰수.

1) 자격상실

사형, 무기징역 또는 무기금고의 판결을 받은 자는 공무원이 되는 자격[33] 등이 당연히 상실된다. 다만 기업체의 장은 상실되는 자격(지위)에 포함되지 않는다. (경감승진)

자격상실을 감경할 때에는, 7년 이상 자격정지로 한다.

2) 자격정지

자격정지란 일정기간 동안 일정한 자격의 전부 또는 일부를 정지시키는 것을 말한다. 형법은 자격정지를 선택형 또는 병과형으로 규정하고 있다.

자격정지의 유형에는 당연정지와 선고정지 등이 있다.

① 당연정지

유기징역 또는 유기금고의 판결을 받은 자는, 그 형의 집행이 종료하거나 면제될 때까지 공무원이 되는 자격·공법상의 선거권과 피선거권·법률로 요건을 정한 공법상 업무에 관한 자격 등이 당연 정지된다. 다만 2016년 공직선거법 개정으로, 공직선거법 제18조 ①항은 **1년 미만 징역·금고 형 집행을 선고받아 수형 중인 사람과** 형 집행유예를 받고 그 **집행유예기간 중인 사람에게는 선거권**을 부여하고 있다.

② 선고정지

판결선고로 자격(전부·일부에 대한) 정지는, 1년 이상 15년 이하로 한다.

유기징역 또는 유기금고에 자격정지를 병과한 때[34]에는 징역 또는 금고의 집행을 종료하거나 면제된 날로부터 정지기간을 기산한다.[35]

형법상 복권은 자격정지를 받은 자만을 그 대상으로 한다.

---

33) 1. 공무원이 되는 자격 2. 공법상의 선거권과 피선거권 3. 법률로 요건을 정한 공법상의 업무에 관한 자격 4. 법인의 이사, 감사 또는 지배인 기타 법인의 업무에 관한 검사역이나 재산관리인이 되는 자격

34) 다만 선택형으로 자격정지만 선고된 경우에는 유죄판결이 확정된 날로부터 정지기간을 기산한다.

35) 자격정지감경은 그 형기의 1/2로 한다.

Ⅳ. 형의 경중

1. 형의 경중을 가려야 할 필요성이 있는 경우

형법의 시간적 적용범위와 관련하여 新舊(신구)법의 경중을 비교해야 할 때(제1조 ②), 상상적 경합과 경합범의 처벌에 관련하여 중한 죄가 무엇인가를 결정해야 할 때(제40조, 제38조 ①·②), 형사소송법상의 불이익변경금지의 원칙과 관련하여 형소법(제368조)상 법정형의 경중을 비교해야 할 때 등이 있다.

2. 형의 경중 기준

형의 경중은 제41조 기재의 형벌종류 순서에 의한다. 다만 무기금고와 유기징역은 금고를 중한 것으로 하고, 유기금고의 장기가 유기징역의 장기를 초과하는 때에는 금고를 중한 것으로 한다.

同種(동종)의 형은 장기의 긴 것과 다액의 많은 것을 중한 것으로 하고, 장기 또는 다액이 동일한 때에는 그 단기의 긴 것과 소액의 많은 것을 중한 것으로 한다. 기타 이 외에는 죄질과 범정에 의하여 경중을 정한다.

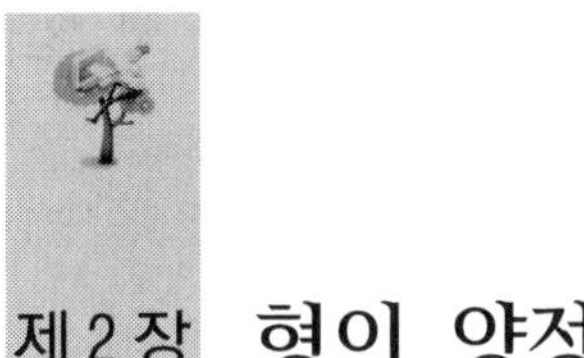

제 2 장 형의 양정

Ⅰ. 의 의

협의의 형양정은, 구체적인 사건에서 법관이 형법에 규정된 형벌의 종류와 범위 내에서 범인에게 선고할 형을 정하는 것을 말한다.[36] 광의의 형양정은, 법정형에서 출발하여 처단형 선고형을 결정하는 모든 과정을 말한다.

양형은 법관의 재량에 속하지만, 양형의 성격에 대해서는 기속재량설과 법관의 자유재량설이 대립하고 있다.[37]

Ⅱ. 양형의 3단계

구체적인 사건을 통하여 추상적인 형벌이 다음의 3단계를 거쳐 구체화된다.

36) 양형(= 형의 양정) 또는 형의 적용이라고 한다.
37) 형의 양정이 부당하다고 인정할 사유가 있는 때에는 항소이유가 된다(형소법 제361조의 5).

法定刑(법정형)		處斷刑(처단형)		宣告刑(선고형)
개개의 범죄에 대하여 법률에 추상적으로 규정되어 있는 형벌을 말한다. 형법은 상대적 법정형을 원칙으로 한다[예외적으로 형법상 여적죄는 사형만을 규정하여 절대적 법정형으로 하고 있다]	⇨	법정형에 법률상·재판상의 가중·감경을 한 형을 말한다.[38] 일반적으로 법정형이 선택형이면 우선 형의 종류를 정하고 여기에 필요한 가중·감경을 하여 처단형을 정한다. 이는 선고형의 최종적 기준이 된다.	⇨	법원이 처단형의 범위내에서 구체적으로 선고하는 형을 말한다. 선고형은 정기형이 원칙이나, 소년범에 대하여 상대적 부정기형을 인정하고 있다.

Ⅲ. 형벌의 加重(가중)·減輕(감경)·免除(면제)

1. 형의 가중

죄형법정주의 원칙상 **법률상의 필요적 가중**만을 인정한다. 따라서 재판상의 가중은 허용되지 않으며, 법률상의 가중도 임의적 가중은 인정되지 않는다.

법률상의 가중에는 일반적 가중사유와 특수한 가중사유가 있다.

일반적 가중사유	모든 범죄에 공통되는 가중사유로서 형법 총칙에 규정되어 있다.	① 특수교사·방조의 가중(제34조 ②) 교사는 장기·다액의 1/2까지 가중, 특수방조는 정범의 형으로 처벌.[39] ② 누범[40] 가중(제35조) : 장기2배까지 가중 ③ 경합범가중(제38조) : 장기·다액의 1/2까지 가중
특수한 가중사유	특정범죄에 대해서만 가중할 수 있도록 형법각칙이 규정하고 있는 사유를 말한다.	① 상습범 가중(제203조, 제264조, 제279조, 제285조, 제332조 제351조 등) ② 특수범죄의 가중[41] 특수공무방해죄(제144조)는 1/2까지 가중 특수체포·감금죄(제178조)는 1/2까지 가중

38) 예 강도죄의 법정형은 3년 이상 징역이므로, 단기 3년 장기 30년 징역이 되나, 법률상 감경사유가 있으면 법정형의 1/2인 단기 1년 6월 장기 15년의 유기징역이 된다. 이것이 강도죄의 처단형이다.

39) 일반적인 방조는 필요적 감경.

40) 금고 이상을 받아 집행종료나 면제 후 3년 이내에 금고 이상에 해당하는 죄를 범한 자.

41) 단기와 장기를 모두 1/2 가중해야 한다(대판).

2. 형의 감경

1) 법률상 감경

법률상의 감경이란 법률규정에 의해 형이 감경되는 경우이다.

① 필요적 감경과 임의적 감경

필요적 감경	총칙	• 농아자(제11조) • 방조범(=종범)
임의적 감경	총칙	• 미수범(장애미수 : 제25조 ②) • 심신미약자(제10조 ②)
	각칙	• 범죄단체조직죄(제114조 ① 단서) • 약취 · 유인죄(제295조의 2), 인질강요죄(제324조의 6) ⇨ **피해자를 안전한 장소로 풀어준 때**

문제. 갑에게 필요적 감경사유만 있는 것은?(경찰 1차)

① 갑은 A를 살해하려고 그의 목과 가슴을 수회 칼로 찔렀으나 많은 피가 흘러 나오는 것을 보자 겁을 먹고 그만두는 바람에 미수에 그쳤다.[42)]

② 갑은 친구 A로부터 그의 아버지가 회사창고에서 절취한 물건을 운반하는 데에 도와달라는 부탁을 받고 A와 같이 가서 해당물건을 그의 아버지가 지정한 장소까지 운반했다.[43)]

③ 갑은 미성년을 약취했다가 다음날 안전한 장소로 풀어주었다.[44)]

④ 갑은 A에게 자동차운전면허가 없다는 사실을 알면서도 A의 부탁에 따라 승용차를 제공했고 A는 이를 운전했다.[45)]

42) 장애미수는 임의적 감경
43) 장물운반죄의 공범
44) 안전장소 풀어준 경우, 임의적 감경
45) 무면허운전 방조범으로, 필요적 감경

② **필요적 감면**(필요 감경 또는 면제)**과 임의적 감면**(임의 감경 또는 면제)[46]

필요적 감면	총 칙	• 중지미수(제26조) (법원서기보)
	각 칙	• 내란죄·외환죄·외국에 대한 사전죄·방화죄·통화위조죄·폭발물사용죄에서 실행에 이르기 전에 自首(자수)한 때[47] • 위증죄·허위감정통역번역죄·무고죄에 있어서 재판 또는 징계처분이 확정되기 전에 자백 또는 자수한 때 • 장물죄에 있어서 장물범과 본범간에 일정한 친족관계[48] 있을 때 • 외국에서 받은 형의 집행
임의적 감면	총 칙	• 과잉방위(제21조 ②) • 과잉피난(제22조 ③) • 과잉자구행위(제23조 ②) • 불능미수(제27조) • 자수·자복[49] (제52조) • 실체적 경합범 중 사후적 경합범 (제37조)

2) 재판상 감경(=작량감경)

작량감경이란 법률상의 감경사유가 없을지라도 범죄의 정상에 참작할 만한 사유가 있는 때에 작량하여 (법원의 재량으로) 그 형을 감경할 수 있는 것을 말한다.

정상에 참작할 만한 사유에는 제51조(양형의 조건[50])가 기준이 된다.

재판상 작량감경사유가 수개 있을 경우 거듭 감경할 수는 없다.

---

46) 형법 총칙상의 임의적·필요적 감경·감면 사유(법원서기보)

구 분	임의적	필요적
감경사유	• 심신미약자 • 장애미수	• 농아자 • 종범
감면사유	• 과잉방위·피난·자구행위 • 불능미수 • 自首(자수)·自服(자복) : 반의사불벌죄에서만 해당.	• 중지미수 • 외국에서 받은 형의 집행

47) 일수예비죄의 경우, 그 목적한 죄의 실행전에 자수한 때에 필요감면대상이 아니다. (경찰 1차)

48) 직계혈족 배우자 동거친족 동거가족 또는 그 배우자.

49) 이는 그 의사표시를 행한 자에게만 효력이 있고 다른 공범에게는 영향이 없다.

50) 범인의 연령 성행(성격과 행실) 지능 환경, 피해자와 관계, 범행의 동기 수단 결과, 범행 후의 정황.

3. 형의 면제[51)]

범죄가 성립되어 형벌권은 발생하였으나 재판확정 前(전)의 사유로 인하여 유예기간 없이 刑(형)만을 과하지 않는 것을 말한다.

cf. 형집행 면제란 재판확정 後(후) 사유로 형집행이 면제되는 것을 말한다.

형 면제에는 임의적 면제와 필요적 면제[52)]가 있다(모두 감경과 택일적이다).

구 분	임의적	필요적
면제 (감경과 택일적)	• 불능미수 • 過剩(과잉) 방위·피난·자구행위 • 자수·자복 (제52조)	• 중지미수 • 외국에서 받은 형집행 • 친족상도례[53)]

4. 자수 · 자복[54)]

자수란 범죄인이 자발적으로 자신의 범죄사실을 수사기관에 신고하여 소추를 구하는 의사표시를 말한다. 자수한 때에는 형을 감경 또는 면제할 수 있다(=임의적 감면사유).[55)]

자복(반의사불벌죄만 해당)은 피해자의 명시한 의사에 반하여 처벌할 수 없는 반의사불벌죄에서 범죄인이 피해자에게 자신의 범죄를 고백하는 것이다. 자복한 때에는 그 형을 감경 또는 면제할 수 있다(=임의적 감면사유)[56)]

자수·자복은 자발적이라는 점에서, (자발이 아닌) 수사기관의 신문을 받고 범죄사실을 인정하는 진술을 하는 자백과 구별된다. (경정승진)

---

51) 유죄판결의 일종으로, 법률상 규정된 사유에 대해서만 인정된다.

52) 예 범인은닉에서 친족간특례(친족 동거가족이 본인을 위해 범인은닉도피죄를 범한 경우), 증거인멸에서 친족간특례(친족 동거가족이 본인을 위해 증거의 인멸·은닉·위조·변조·증인을 은닉·도피시킨 경우) 등

53) **장물범과 피해자** 사이에, 동거친족 → 형면제, 별거친족 → 상대적 친고죄. /**장물범과 본범** 사이에, 동거친족 → 필요적 감면, 별거친족 → 원래대로 처벌한다.

54) 제52조 (자수, 자복) ① 죄를 범한 후 수사책임이 있는 관서에 자수한 경우 그 형을 감경 또는 면제할 수 있다. ② 피해자의 의사에 반하여 처벌할 수 없는 죄에 있어서, 피해자에게 자복한 때에도, 그 형을 감경 또는 면제할 수 있다.

55) 자수요건을 갖추지 않은 경우, 자수이유로 형의 감면은 위법이다(대판).

56) 강간치상에서 수사기관에 구속 전 부모를 찾아가서 사죄한 경우, 자복이 아니다(대판).

구 분	자 수	자 백	자 복
의 의	범인이 스스로 자기의 범죄사실을 수사기관에 신고하여 소추를 구하는 의사표시	수사기관의 신문을 받고 범죄 사실을 자인하는 것 (자발 아님)	반의사불벌죄(＝해제조건부범죄)에서, 범죄인이 피해자에게 자신의 범죄를 고백
주 체	범인자신, 제3자를 통해서도 가능	범인자신만	범인자신, 제3자를 통해서도 가능
상대방	수사기관	수사기관 또는 법원	피해자
시 기	범죄사실의 발각 전후 불문, 소송단계 이전이면 가능	소송단계도 가능(대판)	자수와 동일
효 과	총칙 : 임의적 감면 각칙 : 필요적 감면[57]	특정범죄에서 필요적 감면사유	자수와 동일(임의적 감면)

Ⅳ. 형의 加減例(가감례)

형의 가중·감경의 순서, 정도 및 방법에 관한 준칙을 형의 가감례라고 한다.

1. 형의 가중·감경의 순서

1) 刑種(형종)의 선택

제54조(선택형과 작량감경) 1개의 죄에 정한 형이 수종인 때에는 먼저 적용할 형을 정하고 그 형을 감경한다.

2) 가중·감경하는 사유가 경합하는 경우에서 가중·감경 순서 (제56조)

형을 가중 감경할 사유가 경합된 때에는 다음 순서에 의한다.

1. 각칙본조에 의한 가중
2. 제34조 제2항[58]의 가중
3. 누범가중

57) 형법 제154조 허위감정죄의 자수자백, 제153조 위증죄의 자수자백, 제157조 무고죄의 자수자백 등이 있다.

58) 자기의 지휘감독을 받는 자를 교사 방조하여 범죄결과를 발생하게 한 자는, 교사인 때는 정범에 정한 형의 장기 또는 다액의 1/2까지 가중하고, 방조인 때는 정범의 형으로 처벌한다.

4. 법률상 감경
5. 경합범 가중
6. 작량감경

2. 형의 가중 · 감경의 정도

1) 형의 가중

유기징역이나 유기금고를 가중한 경우에는 50년까지로 한다.

특수교사(장기 · 다액의 1/2까지 가중), 특수방조(정범의 형으로 처벌), 경합범(장기 · 다액의 1/2까지 가중), 누범(장기의 2배까지 가중) 등은 형법 총칙이 규정하는 일반적 가중사유이다.

2) 법률상 감경(第55條)의 정도

구 분	減輕(감경)例
사 형	무기 또는 20년 이상 50년 이하의 징역 또는 금고
무기징역 · 무기금고	10년 이상 50년 이하의 징역 또는 금고
유기징역 · 유기금고	형기의 2분의1[59] (가중시 상한은 50년까지)
자격상실	자격상실을 감경할 때는 7년 이상의 자격정지로 감경
자격정지	그 형기의 2분의 1[60]
벌 금	그 다액의 2분의 1
구 류	그 장기의 2분의 1
과 료	그 다액의 2분의 1

법률상 감경할 사유가 수개 있는 때에는 거듭 감경할 수 있다(제55조 ②).

몰수는 법률상 감경규정이 없다.

3) 재판상의 감경(작량감경)의 정도

현행 형법은 작량감경의 정도에 관하여 직접적인 명문규정을 두고 있지 않으나, 법률상 감경례에 준한다(통설 · 판례[61]).

---

59) 형기의 상한뿐 아니라 하한도 1/2로 감경한다.
60) 형기의 상한뿐 아니라 하한도 1/2로 감경한다.

다만 재판상 작량감경에서는 작량감경사유가 수개 있는 경우라도 거듭 감경할 수 없다.

V. 양형의 조건

제51조(양형의 조건) 형을 정함에 있어서는 다음 사항을 참작하여야 한다.

1. 범인의 연령, 성행,[62] 지능과 환경
2. 피해자에 대한 관계
3. 범행의 동기, 수단[63]과 결과[64]
4. 범행후의 정황 (합의, 배상, 반성 등)

범인의 성별(남·여), 건강, 체격, 전과여부, 국적여부 등은 양형의 조건이 아니다.

하나의 양형조건이 책임 또는 예방관점에 따라 형벌가중적·감경적으로 작용할 수 있다.

Ⅵ. 미결구금과 판결의 공시

1. 미결구금

판결선고전 구금(=미결구금)이란 범죄의 혐의를 받고 있는 자를 재판이 확정될 때까지 구금하는 것을 말한다.

판결선고전의 구금일수[65]는 그 전부 또는 일부를 유기징역·유기금고·벌금이나 과료에 관한 유치 또는 구류에 산입한다.

---

61) 대판 2006.3.23, 2006도1076(이종의 형 병과시 하나의 형만 작량감경할 수 있다. 例 징역과 벌금병과시 징역만 작량감경하고 벌금은 작량감경을 안할 수 있다).

62) 성격과 행실.

63) 행위불법요소.

64) 결과불법요소.

65) 구금일수의 1일은 징역, 금고, 벌금이나 과료에 관한 유치 또는 구류의 기간의 1일로 계산한다.

미결구금일수를 어느 정도까지 산입하느냐 하는 것은 법원의 재량이나, 전혀 산입하지 않거나 미결구금일수보다 많은 일수를 산입하는 것은 위법이다(판례).

2. 판결의 공시

판결의 공시[66]는 피해자의 이익이나 피고인의 명예회복을 위해 형의 선고와 동시에 관보 또는 일간신문 등을 통하여 판결의 전부·일부를 공적으로 주지시키는 제도이다.

66) 第58조(판결의 공시) ① 피해자의 이익을 위하여 필요하다고 인정할 때에는 피해자의 청구가 있는 경우에 한하여 피고인의 부담으로 판결공시의 취지를 선고할 수 있다. ② 피고사건에 대하여 무죄 또는 면소의 판결을 선고할 때에는 판결공시의 취지를 선고할 수 있다.

제3장 누 범

제35조(누범) ① 금고 이상의 형을 받아 그 집행을 종료하거나 면제를 받은 후 3년 내에 금고 이상에 해당하는 죄[67]를 범한 자는 누범으로 처벌한다.
② 누범의 형은 그 죄에 정한 형의 장기의 2배까지 가중한다.

Ⅰ. 의 의

누범이란 범죄를 누적적으로 범하는 것을 말한다. 누범은 전과를 요건으로 하나, 상습범은 전과가 요건이 아니다.

광의로는 일단 확정판결을 받은 범죄(前犯)가 있는 경우에 그 후에 다시 범한 범죄(後犯)를 의미한다.

협의로는 광의의 누범 중 형법 제35조 제1항[68]의 요건을 갖춘 경우를 말한다. 형법상의 누범이란 협의의 누범을 말한다.

누범은 반복된 處罰(처벌)을 의미한다는 점에서, 반복된 범죄에 징표된 犯罪(범죄)경향을 의미하는 상습범과 구별된다.

양자의 구체적 차이점은 다음과 같다.

67) 즉 그 죄에 정한 형 중 선택한 형이 벌금인 경우에는 누범가중의 대상이 될 수 없다(대판).
68) 금고이상의 형을 받아 집행종료나 면제 후 3년내에 금고이상 해당하는 죄를 범한 경우.

구 분	누 범	상 습 범
의 미	반복된 처벌	반복된 범죄에 징표된 범죄경향
판단기준	범죄의 수	상습적 습벽
요 건	전과를 요건으로 함.	전과가 요건이 아님. 동일죄명 또는 동일죄질의 범죄 반복요구
처벌의 근거	행위책임	행위자 책임(상습범)
형법규정	총칙에서 규정(제35조, 제36조)	각칙에서 규정(제246조 ②, 제332조 등)

누범은 여러 개의 범죄가 누적적 관계에 있는 경우라는 점에서, 여러 개의 범죄가 병행적 · 병립적 관계에 있는 경합범과 구별된다.

Ⅱ. 누범가중의 조건

1. 前犯(전범)은 금고 이상의 형을 선고받았을 것

1) 금고 이상의 형은 선고형을 의미한다.

자격상실, 자격정지, 벌금, 구류, 과료, 몰수 등은 누범전과에 해당하지 않는다.

사형 또는 무기형의 선고가 유기징역이나 유기금고로 감형되거나 특별사면 또는 형의 시효로 인하여 그 집행이 면제된 때에는 누범의 요건을 충족할 수 있다.

前犯(전범)의 고의범인가 과실범인가를 불문하며, 또한 그 적용 법률이 형법이든 특별법이든 불문한다.

2) 형의 선고는 유효해야 한다.

일반사면 · 집행유예기간의 경과는 누범전과가 될 수 없다. 다만 특별사면을 받아서 형집행면제가 된 경우 또는 복권된 경우, 복권은 형의 선고로 인하여 상실 또는 정지된 자격을 회복시킴에 불과하므로 누범전과가 될 수 있다.

2. 前犯(전범)의 형집행 종료 · 면제받은 후 3년 이내에 후범이 있을 것

형의 집행을 종료하였다는 것은 형기가 만료된 경우를 의미한다. 가석방이 취소되지 않고 잔여형기를 경과한 때에도 형집행 종료가 된다.

형집행 면제로는 ① 형의 시효가 완성된 때(제77조) ② 외국에서 형의 집행을 받았을 때(제7조) ③ 특별사면에 의해 형의 집행이 면제된 때(사면법 제5조) 등이 있다.

후범은 전범의 집행을 종료·면제받은 후 3년 내에 행해져야 한다. 따라서 형집행 종료 후 3년이 경과된 후 다시 죄를 범한 경우는 누범이 아니다.

3. 後犯(후범)이 (선고형상) 금고 이상에 해당하는 죄일 것

금고 이상에 해당하는 죄란 법정형을 의미하는 것이 아니라 선고형을 의미한다(통설·판례).

후범은 전범과 같은 죄명이나 죄질을 같이하는 범죄일 것을 요하지 않으며 고의범인가 과실범인가도 불문한다.

Ⅲ. 누범의 효과

누범의 형은 그 죄에 정한 형의 장기의 2배까지 가중한다. 다만 장기는 50년을 초과할 수 없다.

누범은 장기만 가중되므로[69] 단기는 당해 범죄의 형이 그대로 적용된다.

누범에 대해 법률상·재판상 감경이 가능하다.

Ⅳ. 판결선고 후의 누범발각

판결선고 후 누범인 것이 발각된 때에는 그 선고한 형을 통산하여 다시 형을 정할 수 있다.[70] 다만 선고한 형의 집행을 종료하거나 그 집행이 면제된 후에는 예외로 한다.

69) 실형 선고를 받아 복역 중 특사로 출소한 후 3년 내 다시 범죄저지른 자에 대한 누범가중은 정당하다(대판).

70) 다시 재판한다는 의미가 아니라 집행중인 형에 누범으로 인하여 가중되는 형만을 추가한다는 의미이다. (법원서기보)

문제. 누범의 설명으로 틀린 것은?

① 누범에 해당하는 살인죄를 범한 경우 처단형은 사형 무기 또는 5년 이상 50년 이하 징역에 처한다.

② 형법 제35조 제1항 금고이상에 해당하는 죄란 유기금고 유기징역으로 처단할 경우에 해당하는 죄를 가리킨다.

③ 상습범 중 일부가 누범기간 내에 이루어진 이상 나머지가 누범기간 경과 후에 행해졌더라도 그 행위의 전부가 누범관계에 있는 것은 아니다.

④ 징역선고를 받고 복역하다가 특별사면으로 출소한 후 3년 내에 금고이상에 해당하는 죄를 범한 경우 누범가중할 수 없다.[71] (여경, 101단)

71) 없다 -> 있다. (이유는 특사를 받아도 형선고 효력이 상실되는 것이 아니기 때문이다)

제 4 장 선고유예 · 집행유예 · 가석방

Ⅰ. 선고유예

1. 의 의

형의 유예제도는 경한 범죄에 대해 형의 선고나 집행을 일정기간 유예하고 취소없이 그 기간을 경과한 경우 형 효력을 상실시키는 제도이다. 그 유형에는 형의 선고유예와 집행유예가 있다.

선고유예란 범정이 경미한 범죄에 대하여 일정기간 동안 형의 선고를 유예하고 그 유예기간(2년)이 실효됨이 없이 경과하면 면소[72)]된 것으로 간주하는 제도를 말한다.

이는 피고인이 처벌받았다는 오점을 남기지 않음으로써 장차 피고인의 사회복귀를 용이하게 하는 특별예방적 목적을 달성하기 위한 제도이다.

선고유예는 유죄판결[73)]이지만 형을 선고하지 않고 일정기간 유예한다는 점에서 형법상의 제재 중 가장 가벼운 제재라고 할 수 있다. (경감승진)

---

72) 면소는 소추나 처벌의 필요성이 인정되지 않는 일정한 경우에 판결로써 선고되는 것인데 선고유예판결이 선고되면 별도의 면소판결선고없이 면소간주로 된다.

73) 따라서 선고유예판결에서도 선고가 유예된 형의 종류와 양을 판결이유에서 명백히 언급해야 한다(예 벌금선고유예시 판결이유에 벌금액과 환형처분인 노역장유치기간 명시).

2. 선고유예의 조건[74)]

1) 1년 이하의 징역이나 금고, 자격정지 또는 벌금의 형을 선고할 경우일 것

1년 이하의 징역 · 금고(자유형) 이외에 자격정지 · 벌금형에 대해서도 선고유예가 가능하다. (법원서기보, 경위승진)

주형을 선고유예하는 경우에 부가형(몰수 · 추징)도 선고유예할 수 있으나, 주형에 대하여 선고를 유예하지 않으면 이에 부가하는 몰수 · 추징에 대해서만 선고를 유예할 수는 없다(대판).

형을 병과할 경우에도 형의 전부 · 일부에 대하여 선고를 유예할 수 있다. (경감승진)

2) 개전의 정이 현저할 것

개전의 정상이 현저하다고 하는 것은 행위자에게 형을 선고하지 않아도 재범의 위험성이 없다고 인정되는 경우이다. 재범의 위험성이 없다고 인정되는 경우라면 뉘우치지 않거나 범행부인해도 선고유예가 긍정되고 있다(대판).

그 판단기준은 제51조의 양형조건이며, 판단의 기준시기는 판결선고시이다.

3) 자격정지 이상의 형 선고를 받은 전과가 없을 것

선고유예는 (재범의 위험성이 가장 적은) 초범에 대하여만 인정될 수 있다는 의미이다.[75)]

3. 선고유예와 보호관찰

형의 선고를 유예하는 경우에 재범방지를 위하여 지도 및 원호가 필요한 때에는 보호관찰을 받을 것을 명할 수 있다.[76)]

---

74) 제59조(선고유예의 요건) ① 1년 이하의 징역이나 금고, 자격정지 또는 벌금의 형을 선고할 경우에 제51조의 사항을 참작하여 개전의 정상이 현저한 때에는 그 선고를 유예할 수 있다. 단, 자격정지 이상의 형을 받은 전과가 있는 자에 대하여는 예외로 한다. ② 형을 병과할 경우에도 형의 전부 또는 일부에 대하여 그 선고를 유예할 수 있다.

75) 집행유예를 받은 사람이 유예기간을 무사히 경과하여 형선고 효력이 상실됐어도 형선고 자체가 삭제되는 것은 아니므로 (제59조 ①항 단서 결격에 해당되어) 선고유예를 할 수 없다(대판).

76) (입법불비로) 수강명령 · 사회봉사 규정이 없다.

위 보호관찰 기간은 1년[77]으로 한다.

4. 선고유예의 효과

형 선고유예를 받은 날로부터 2년 경과한 때는 면소된 것으로 간주한다.[78]

선고유예 판결여부는 법원 재량에 속하나, 선고유예기간은 언제나 2년이다.

형의 선고유예를 받은 날로부터 선고유예의 실효(제61조) 없이 2년을 경과하면 면소된 것으로 간주한다. (법원서기보, 경감승진)

5. 선고유예의 실효

형의 선고유예를 받은 자가, 유예기간중 자격정지 이상의 형에 처한 판결이 확정되거나 자격정지 이상의 형에 처한 전과가 발견된 때에는 유예한 형을 선고한다(=필요적 실효).[79]

보호관찰을 명한 선고유예를 받은 자가, 보호관찰 기간중에 준수사항을 위반하고 그 정도가 무거운 때에는 유예한 형을 선고할 수 있다.[80] (=임의적 실효)

Ⅱ. 집행유예

1. 의 의

집행유예란 일단 유죄를 인정하여 형을 선고하되 일정한 요건 아래 일정한 기간 동안 그 형의 집행을 유예하고 그것이 취소 또는 실효됨이 없이 유예기간을 경과하면 형의 선고의 효력을 상실하게 하는 제도이다.

단기 자유형의 집행으로 인한 폐해를 방지하고 피고인의 능동적인 사회복귀를 도모한다는 점에서 특별예방의 목적을 달성하기 위한 제도이다.

---

77) 집행유예의 보호관찰기간은 유예기간으로 한다.

78) 면소간주시, 실효시킬 선고유예 판결이 부존재하며 법원은 다시 유죄판결을 할 수 없다.

79) 이 경우 검사의 청구에 의해 청구유예실효결정을 하게 되는데 이 결정에 대해 즉시항고나 재항고가 제기되어 상소심진행 중 선고유예기간 2년이 경과한 때에는 면소로 간주되어 선고유예실효결정이 필요없게 된다(대결 2007.6.28, 2007모348).

80) 이 역시 검사의 청구로 법원이 결정한다.

집행유예는 자유형이 선고되고 그 집행만 유예되는 것에 지나지 않는 형집행의 변형이다(= 형집행 변형설).

2. 집행유예의 조건[81)]

1) 3년 이하의 징역 또는 금고 또는 5백만원 이하 벌금 형을 선고할 경우일 것

3년 이하의 징역 또는 금고 또는 5백만원 이하 벌금 형을 선고할 때에만 집행유예를 할 수 있다. 여기서 형은 선고형을 의미한다. (9급 검찰, 경위승진)

하나의 형의 일부에 대한 집행유예는 허용되지 않으나, 다만 형을 병과할 경우에는 그 형의 일부에 대하여 집행유예할 수 있다. (9급 검찰, 법원서기보)

2) 정상에 참작할 만한 사유가 있을 것(법원서기보, 9급 검찰, 경위승진)

정상참작의 사유란 형의 집행 없이 형의 선고만으로도 피고인에게 충분한 경고기능이 되어, 장래에 재범을 하지 않을 것으로 인정되는 경우를 말한다.

이 때 제51조의 양형조건을 종합 · 판단하여 참작하여야 하며, 판단의 기준시기는 판결선고시이다.

3) 금고 이상의 형을 선고받아 집행을 종료하거나 면제된 후 3년이 경과하였을 것

금고 이상의 형을 선고 받은 때란 실형의 선고 뿐만 아니라 집행유예의 선고도 포함하며, 따라서 집행유예기간중의 범죄에 대해서는 집행유예를 다시 할 수 없음이 원칙이다(통설 · 판례).

다만 수죄가 경합범 관계에 있어 동시에 심판할 수 있는데도 별도로 기소되어 어느 하나가 집행유예로 확정된 경우에는 다른 하나도 집행유예를 할 수 있다. 따라서 이 경우 위 "금고이상의 형선고"에 집행유예가 포함되지 않는다(대결). (101단)

---

81) 제62조(집행유예의 요건) ① 3년 이하의 징역 또는 금고의 형을 선고할 경우에 제51조의 사항을 참작하여 그 정상에 참작할 만한 사유가 있는 때에는 1년 이상 5년 이하의 기간 형의 집행을 유예할 수 있다. 다만, 금고 이상의 형을 선고한 판결이 확정된 때부터 그 집행을 종료하거나 면제된 후 3년까지의 기간에 범한 죄에 대하여 형을 선고하는 경우에는 그러하지 아니하다. ② 형을 병과할 경우에는 그 형의 일부에 대하여 집행을 유예할 수 있다.

3. 집행유예와 보호관찰 · 사회봉사명령 · 수강명령

형의 집행을 유예하는 경우에는 보호관찰을 받을 것을 명하거나 사회봉사 또는 수강을 명할 수 있다.

보호관찰의 기간은 집행을 유예한 기간으로 한다. 다만 법원은 유예기간의 범위 내에서 보호관찰기간을 정할 수 있다.

사회봉사명령 또는 수강명령은 집행유예기간 내에 이를 집행한다. 사회봉사명령과 수강명령은 (선고유예 · 가석방에는 할 수 없고) 집행유예를 하는 경우에만 할 수 있다. (법원서기보)

4. 집행유예의 효과[82)]

집행유예의 선고 여부는 1년 이상 5년 이하의 범위 내에서 법원의 재량에 맡겨져 있다. (경위승진, 법원서기보)

집행유예의 선고 후 그 선고의 실효 또는 취소됨이 없이 유예기간이 경과된 때에는 형선고는 효력을 잃는다.[83)] (9급 검찰, 경위승진, 법원서기보)

5. 집행유예의 실효

집행유예의 선고를 받은 자가 유예기간 중 고의범으로 금고 이상의 실형을 선고받아 그 판결이 확정된 때에는 집행유예의 선고는 효력을 잃는다.

금고 이상의 형선고라 실형 선고뿐만 아니라 집행유예의 선고도 포함된다.

집행유예가 실효되면, 유예된 형이 집행된다.

6. 집행유예의 취소

집행유예의 선고를 받은 후 제62조 제1항의 사유가 발각된 때에는 집행유예의 선고를 (필수적으로) 취소한다.

---

82) 제65조(집행유예의 효과) 집행유예의 선고를 받은 후 그 선고의 실효 또는 취소됨이 없이 유예기간을 경과한 때에는 형의 선고는 효력을 잃는다.

83) 즉 유죄판결이 없었던 것과 동일한 상태로 되어 전과자로 되지 아니한다. 그러나 선고가 있었다는 사실까지 없어지는 것은 아니므로 선고에 의하여 이미 발생한 법률효과에는 영향을 미치지 않는다.

제62조 제2항의 규정에 의하여 보호관찰이나 사회봉사 또는 수강을 명한 집행유예를 받은 자가 준수사항이나 명령을 위반하고 그 정도가 무거운 때에는 집행유예의 선고를 (임의적으로) 취소할 수 있다.

집행유예의 선고를 받은 후 금고 이상의 형을 받아 집행을 종료한 후 또는 집행이 면제된 후부터 3년을 경과하지 아니한 자라는 것이 발각된 때에는 집행유예의 선고를 (필수적으로) 취소한다(제64조 ①). 그러나 제64조 제2항[84]의 취소는 임의적이다. (경위승진)

집행유예가 취소되면 유예된 형을 집행하게 된다.

문제. 집행유예에 관한 설명으로 틀린 것은?(101단, 여경)

① 형법에 의해 집행유예를 선고하는 경우 보호관찰과 사회봉사를 동시에 명할 수 있다.

② 형법 제37조의 경합범 중 어느 한 사건에서 먼저 집행유예가 선고된 후 다시 여죄에 대해 금고 이상 집행유예가 선고된 경우 먼저의 집행유예는 실효되지 않는다.

③ 징역의 집행유예와 벌금이 병과된 자에 대해 징역 집행유예의 효력을 상실하게 하는 내용의 특별사면이 그 벌금선고의 효력까지 상실하게 하는 것은 아니다.[85]

④ 징역형의 집행유예와 추징선고를 받은 자에 대해 징역형선고효력을 상실하게 하는 동시에 복권하는 특별사면이 있은 경우 추징에 대한 형선고효력도 상실된다.[86]

---

84) 보호관찰 사회봉사 수강을 명한 집행유예를 받은 자가 준수사항이나 명령을 위반하고 그 위반정도가 무거운 때에는 집행유예의 선고를 취소할 수 있다.

85) 대법원 결정.

86) 상실된다 -> 상실된다고 볼 수 없다(대결).

Ⅲ. 가석방

1. 의 의

가석방이란 자유형의 집행을 받고 있는 자가 수형생활을 통해 개전의 정이 현저하다고 인정되는 때에 형기만료전에 조건부로 수형자를 석방하고, 그것이 취소 또는 실효됨이 없이 일정한 기간을 경과한 때에는 형의 집행이 종료한 것으로 간주하는 제도이다.

가석방의 기간은 무기형에 있어서는 10년으로 하고, 유기형에 있어서는 남은 형기로 하되, 그 기간은 10년을 초과할 수 없다.

가석방은 형의 집행을 단축하여 수형자의 사회복귀를 용이하게 하고, 형집행에 있어서 수형자의 사회복귀를 위한 자발적이고 적극적인 노력을 촉진한다는 특별예방적 관점에서 인정하는 제도이다.

가석방은 법원의 판결이 아닌 법무부장관의 행정처분에 의하여 이루어진다. (법원서기보, 7급 검찰)

2. 가석방의 요건[87)]

1) 징역 또는 금고의 집행 중에 있는 자가 무기에 있어서는 20년, 유기에 있어서는 형기의 3분의 1을 경과한 후일 것[88)]

가석방은 징역 또는 금고 이외의 형벌에 대해서는 인정되지 아니한다. 다만 벌금은 납입하지 않아 노역장유치가 된 경우 가석방이 가능하다(통설).

87) 第72조(가석방의 요건) ① 징역 또는 금고의 집행중에 있는 자가 그 행상이 양호하여 개전의 정이 현저한 때에는 무기에 있어서는 20년, 유기에 있어서는 형기의 3분의 1을 경과한 후 행정처분으로 가석방을 할 수 있다. ② 전항의 경우에 벌금 또는 과료의 병과가 있는 때에는 그 금액을 완납하여야 한다.
第73조(판결선고전구금과 가석방) ① 형기에 산입된 판결선고전구금의 일수는 가석방에 있어서 집행을 경과한 기간에 산입한다. ② 벌금 또는 과료에 관한 유치기간에 산입된 판결선고전 구금일수는 전조 第2항의 경우에 있어서 그에 해당하는 금액이 납입된 것으로 간주한다.

88) 少年犯(소년범)은 무기는 5년, 15년 유기형은 3년, 부정기형은 단기 1/3 경과해야 한다.

무기의 경우 20년, 유기의 경우 형기의 3분의 1을 경과하여야 한다. 여기서 형기는 선고형을 의미하며, 사면 등에 의해 감형된 때에는 감형된 형을 기준으로 한다. 형기에 산입된 판결선고 전 구금일수는 집행을 경과한 기간에 산입한다.

범죄의 종류와 죄질은 문제되지 않는다.

2) 行狀(행상[89]) 이 양호하여 개전의 정이 현저할 것

이는 수행자가 규율을 준수하고 회오하고 있음을 인정할 만한 정상이 있어 수형자에게 잔형을 집행하지 않아도 재범의 위험성이 없다는 예측이 가능해야 한다.

3) 벌금 또는 과료의 병과가 있는 때에는 그 금액을 완납할 것

다만 벌금 또는 과료에 관한 유치기간에 산입된 판결선고 전 구금일수는 그에 해당하는 금액을 납입한 것으로 간주한다.

3. 가석방의 효과

가석방의 처분[90]을 받은 후 그 처분이 실효 또는 취소되지 아니하고 가석방 기간을 경과한 때에는 형의 집행을 종료한 것으로 본다.[91]

가석방된 자는 가석방기간중 보호관찰을 받는다.[92] 다만 가석방을 허가한 행정관청이 필요가 없다고 인정한 때에는 보호관찰을 받지 않는다.

4. 가석방의 실효 및 취소

1) 가석방의 실효

가석방 기간 중 금고 이상의 형의 선고를 받어 그 판결이 확정된 때에는 가석방처분은 효력을 잃는다. 다만 과실로 인한 죄로 형의 선고를 받았을 때에는 가석방처분은 유효하다.

---

89) 몸가짐이나 행동.

90) 가석방의 요건이 구비된 경우 가석방심사위원회의 신청에 의하여 법무부장관이 행정처분으로 가석방을 할 수 있다. (법원서기보, 7급 검찰)

91) 국가의 형벌집행권이 소멸할 뿐 형의 선고 또는 유죄판결의 효력이 없어지는 것은 아니다. (경위승진, 법원서기보)

92) 이때는 가석방자에 대한 지도감독 목적의 처분이 된다.

2) 가석방의(임의적) 취소

가석방처분을 받은 자가 감시규칙을 위배하거나, 보호관찰의 준수사항을 위반하고 그 정도가 무거운 때에는 가석방처분을 취소(행정처분)할 수 있다.

3) 가석방의 실효 및 취소의 효과

가석방이 실효 또는 취소되면 가석방 당시의 잔여형기의 형을 집행한다. 이 때 가석방 중의 일수는 형기에 산입하지 않는다.

구 분	선고유예	집행유예	가석방
요 건	① 1년 이하 징역, 금고, 자격정지 또는 벌금의 형을 선고할 경우	① 3년 이하 징역 또는 금고의 형을 선고할 경우	① 징역 또는 금고의 집행중에 있는 자가 무기의 경우 20년, 유기의 경우 형기의 3분의 1이 경과한 후일 것
	② 개전의 정이 현저할 것	② 정상에 참작할 만한 사유가 있는 때	② 행장이 양호하여 개전의 정이 현저한 때
	③ 자격정지 이상의 전과가 없을 것	③ 금고 이상의 형을 선고받아 집행을 종료하거나 면제된 후 3년이 경과하였을 것	③ 벌금 또는 과료의 병과가 있는 때에는 그 금액을 완납할 것
기 간	2년	1년 이상 5년 이하	무기는 10년, 유기는 잔형기
결 정	법원의 재량	법원의 재량	행정처분
효 과	면소된 것으로 간주	형선고의 효력상실	형집행이 종료된 것으로 간주
보호관찰	보호관찰 ① 임의적 ② 기간은 1년	보호관찰, 사회봉사·수강명령 ① 임의적 ② 기간은 보호관찰은 집행유예기간(단, 법원의 재량 인정). 사회봉사·수강명령은 집행유예기간 내에 집행	보호관찰 ① 필요적(단, 가석방을 허가한 행정관청이 필요 없다고 인정한 때에는 제외) ② 기간은 가석방기간중
실 효	① 유예기간중 자격정지 이상의 형에 대한 판결이 확정된 경우나 자격정지 이상의 형에 대한 전과가 발견된 경우 ⇨ 필요적(유예한 형을 선	유예기간중 금고 이상의 형의 선고를 받아 그 판결이 확정된 때	가석방중에 금고 이상의 형을 선고받아 그 판결이 확정된 때(단, 과실범의 예외)

	고한다)② 보호관찰 중에 준수사항을 위반하고 그 정도가 무거운 때 ⇨ 임의적(선고할 수 있다)		
취 소		① 위의 요건 중 금고이상 형선고 받아 집행종료·면제 후 5년 경과가 안 된 것이 발견된 때 ⇨ 필요적 취소 ② 보호관찰, 사회봉사·수강명령을 받은 집행유예자가 준수사항이나 명령을 위반하고 그 정도가 무거운 때 ⇨ 임의적 취소	감시에 관한 규칙에 위반한 때, 보호관찰의 준수사항을 위반하고 그 정도가 무거운 때 ⇨ 임의적 취소

문제. 가석방의 설명으로 틀린 것은 (다툼이 있으면 판례)? (7급 검찰, 9급 법원직)

① 가석방은 형집행을 포기하는 행정처분이다.

② 가석방기간은 무기는 10년으로 한다.

③ 가석방 중 금고이상 형을 선고받아 판결이 확정되면 가석방처분은 효력을 잃지만(=필요적 실효) 과실범으로 형선고를 받은 경우에는 그렇지 않다.

④ 가석방처분을 받은 후 실효·취소되지 않고 가석방기간을 경과한 때에는 나머지 형의 집행을 면제한다.[93]

93) (면제가 아닌) 형집행 종료로 간주한다.

제 5 장 형의 시효 · 소멸 · 기간

Ⅰ. 형의 시효

1. 의 의

형사(법)시효에는 형의 시효(형법)와 공소시효(형사소송법)[94]가 있다.

형의 시효(=형집행의 시효)란 형의 선고를 받은 자가 재판이 확정된 후 그 형의 집행을 받지 않고 법률이 정한 일정한 기간을 경과하면 그 형의 집행이 면제되는 것을 말한다. 형의 시효는 형의 소멸원인의 하나이다.

2. 형의 시효기간

제78조(시효의 기간) 시효는 형을 선고하는 재판이 확정된 후 그 집행을 받음이 없이 다음의 기간을 경과 함으로 인하여 완성된다.[95]

1. 사형은 30년
2. 무기의 징역 또는 금고는 20년
3. 10년 이상의 징역 또는 금고는 15년
4. 3년 이상의 징역이나 금고 또는 10년 이상의 자격정지는 10년

94) 공소시효는 (미확정된 형벌을 청구하는) 공소권을 소멸시키는 것이다.

95) 2013년 공무원범죄몰수특례법 개정으로, 공무원이 뇌물로 형성한 불법재산에 대한 추징 시효가 (3년에서) 10년으로 연장되었다.

5. 3년 미만의 징역이나 금고 또는 5년 이상 10년 미만의 자격정지는 7년
6. 5년 미만의 자격정지, 벌금, 몰수 또는 추징은 5년
7. 구류 또는 과료는 1년

형의 시효기간은 판결이 확정된 날로부터 진행되어 그 말일의 24시에 종료하여 시효가 완성된다. 초일은 (시간을 계산함이 없이) 1일로 산정한다.

연 · 월로 정한 기간은 역수에 따라 계산한다.

3. 시효의 효과

형의 선고를 받은 자는 시효의 완성으로 인하여 (별도 재판 없이) 그 형집행이 면제된다.

시효의 완성으로 (형의 집행이 면제될 뿐이지) 형의 선고 자체가 실효되는 것은 아니다. (경정승진)

4. 시효의 정지 · 중단 · 배제

1) 시효의 정지

시효는 형의 집행유예나 집행정지 또는 가석방 기타 집행할 수 없는 기간[96]은 진행되지 아니한다.

시효의 정지는 시효의 진행이 일시 멈추는 것이므로 정지사유가 소멸한 때로부터 잔여 시효기간이 계속 진행된다는 점에서 아래의 시효의 중단과 구별된다.

2) 시효의 중단

시효는 사형 · 징역 · 금고와 구류에 있어서는 수형자를 체포함으로, 벌금 · 과료 · 몰수와 추징에 있어서는 강제처분을 개시함으로 인하여 중단된다.

시효의 중단은 중단 후 새로 처음부터 진행하여 시효의 全(전)기간이 경과되어야 시효가 완성된다[97]는 점에서 시효의 정지와 구별된다.

---

96) 기타 집행할 수 없는 기간이란 천재 · 지변 기타 사변으로 형을 집행할 수 없는 기간을 말하며, 형의 선고를 받은 자의 도주 또는 소재불명의 기간은 이에 해당하지 않는다.

97) 즉 체포일 또는 강제처분개시일로부터 시효기간이 처음부터 진행된다.

3) 시효의 배제

국제형사재판소 관할범죄의 처벌법 제6조는 집단살해죄 등에 대한 공소시효와 형법 제77조-제80조 규정에 따른 형 시효 규정은 적용하지 않는다.

Ⅱ. 형의 소멸, 실효와 복권, 사면

1. 형(집행권)의 소멸

형의 소멸이란 유죄판결의 확정에 의하여 발생한 형의 집행권을 소멸시키는 제도이다.

형의 소멸은 유죄판결의 확정에 의한 형의 집행권을 소멸시키는 것이라는 점에서, 검사의 형벌청구권을 소멸시키는 공소권 소멸과 구별되고 형선고의 효력 자체를 소멸시키는 형의 실효와도 구별된다. (법원서기보)

형의 소멸 원인에는 ① 형집행의 종료 ② 형집행의 면제 ③ 가석방기간의 만료, ④ 형의 시효의 완성[98] ⑤ 범인의 사망[99] 및 법인의 소멸[100] ⑥ 사면 및 복권[101] 등이 있다. (경장승진, 법원서기보)

형이 소멸되어도 전과사실은 그대로 남아 형선고의 법률상 效果(효과)는 소멸되지 않는다.

2. 형의 실효 및 복권

형이 소멸되더라도 형선고의 법률상 효과가 소멸하는 것이 아니어서 전과사실은 그대로 남게 되어 여러 가지 자격의 제한이나 사회생활상의 불이익이 발생할 수 있으므로, 전과사실을 말소시켜서 그 자격을 회복시키고 사회복귀를 용

98) 예 사형 30년.

99) 수형자 사망으로 형집행권이 소멸하나 다만 몰수 조세 전매 기타 공과에 관한 법령에 의해 재판한 벌금·추징은 그 재판을 받은 자가 사망한 경우에도 그 상속재산에 대해 집행할 수 있다(형소법).

100) 법인에 대해서도 벌금 과료 몰수 추징을 선고하거나 소송비용 또는 비용배상을 명한 경우에 법인이 합병으로 소멸한 때에는 합병후 설립된 법인에 대해 집행할 수 있다(형소법 제478조-제479조 참조).

101) 다만 복권 후에도 형 선고의 효력은 소멸하지 않는다.

이케 하기 위한 형사정책적 목적에서 둔 제도로 형의 실효[102] 및 복권이 있다.

1) 형의 실효

① 재판상의 실효

징역 또는 금고의 집행을 종료하거나 집행이 면제된 자가 피해자의 손해를 보상하고 자격정지 이상의 형을 받음이 없이 7년을 경과한 때에는 본인 또는 검사의 신청에 의하여 그 재판의 실효를 선고할 수 있다.

실효의 대상은 징역형과 금고형에 한하며 (기간의 경과로 자동적으로 실효되는 것이 아니라) 재판에 의해서만 실효될 수 있다(＝전과 소멸).[103]

② **재판없이 당연실효**(형의 실효 등에 관한 법률 제7조)

수형인이 자격정지 이상의 형을 받지 아니하고 형의 집행을 종료하거나 그 집행이 면제된 날부터 다음의 구분에 따른 기간이 경과한 때에 그 형은 실효된다. 다만 구류와 과료는 형의 집행종료 · 집행면제된 때에 그 형이 실효된다.

1. 3년을 초과하는 징역 · 금고: 10년
2. 3년 이하의 징역 · 금고: 5년
3. 벌금: 2년

당연실효는 (피해자에게 손해보상을 하지 않았어도) 재판없이 일정한 기간의 경과로 자동적으로 형이 실효되는 것을 말한다. 형법 제81조와 달리 실효의 대상을 벌금, 구류, 과료까지 확대하고 있다.

③ 형의 실효의 효과

재판상의 실효에 있어서 (실효의 재판이) 확정되거나 당연실효에 있어서 형이 실효되면, 형의 선고에 의한 법적 효과인 전과사실은 장래에 향하여 소멸된다.

2) 복 권

자격정지 중 당연정지의 경우에는 사면법에 의해 자격이 회복되고, 선고정지의 경우에는 형법에 의해 자격이 회복된다.

복권은 형의 선고에 의하여 (자격의) 상실 · 정지된 자격을 회복시킬 뿐 형선

102) 예 전과기록 말소.
103) 전과가 소멸된다.

고의 효력자체를 상실시키는 것이 아니므로 그 전과사실은 누범가중사유에 해당된다.

① 형법 제82조(법원서기보)

자격정지의 선고를 받은 자가 피해자의 손해를 보상하고 자격정지 이상의 형을 받음이 없이 정지기간의 2분의 1을 경과한 때에는 (본인 또는 검사의 신청에 의하여) 자격의 회복을 선고할 수 있다.

② 사면법 제5조 제1항 제5호

당연정지의 경우 형집행의 종료나 면제받은 후 복권에 의하여 상실 또는 정지된 자격을 회복한다.

3. 사 면

1) 일반사면(＝대사면)

죄를 범한 자에 대하여 미리 罪(죄) 또는 刑(형)의 종류를 정하여 (사면법에 근거하여) 대통령이 (국회동의를 얻어) 행하는 사면이다. (법원서기보)

형 선고를 받은 자에 대하여는 그 형의 선고효력이 소멸되며, 형의 선고를 받지 아니한 자에 대해서는 공소권을 소멸시킨다.

2) 특별사면(＝특사)

형의 선고를 받은 특정인에 대하여 (사면·감형·복권법에 의거) 대통령이 행하는 사면으로 (사면심사위원회심사는 거치나) 국회동의를 요하지 않는다.[104)]

특별사면에 의해 원칙적으로 형의 집행이 면제된다. (법원서기보)

Ⅲ. 기간계산

기간의 계산은 연 또는 월로써 정한 기간은 역수에 따라 계산한다. 역수에 따라 계산한다는 것은 (중간의 일 · 시 · 분 · 초를 정산하지 않고) 년 · 월 · 일 · 단위로 계산하라는 것이다.[105)]

104) 헌법 제89조 대통령이 사면 감형 복권을 할 때에는 국무회의 심의를 거쳐야 한다.

형기의 기산에서 형기는 판결이 확정된 날로부터 기산한다.

징역, 금고, 구류와 유치에 있어서는 구속되지 아니한 일수는 형기에 산입하지 아니한다.

유기징역 또는 유기금고에 자격정지를 병과한 때에는, 징역 또는 금고의 집행을 종료하거나 면제된 날로부터 자격정지기간을 기산한다.

석방(일)은 형기종료일에 하여야 한다.

105) 예 6월의 기간을 3월 1일부터 계산하면 8월 31일에 만료된다.

제 6 장 보안처분

Ⅰ. 의 의

보안처분이란 형벌로써는 행위자의 사회복귀와 범죄로부터 사회방위가 불가능하거나 부적당한 경우에 범죄행위자 또는 장래 범죄의 위험성이 있는 자에 대하여 과해지는 형벌 이외의 범죄예방처분을 말한다.[106]

헌법 제12조 제1항은 "누구든지 법률과 적법한 절차에 의하지 아니하고는 보안처분을 받지 아니한다"라고 규정하여 보안처분에 대한 근거를 마련하고 있다(=보안처분법정주의). (경감승진)

보안처분에는 책임주의(=책임원칙)가 적용되지 않지만, 일반적인 법원칙인 비례성의 원칙(=적합성 · 필요성 · 균형성의 원칙)이 적용되는 범위에서만 정당화될 수 있다.

1) 이원주의(=형벌과 보안처분의 이원론,[107] 구파의 견해)

형벌과 보안처분이 동시에 선고되고 중복적으로 집행되는 주의이다. 이원주의

106) E.F. Klein에 의하여 최초로 주장된 보안처분은 F.V. Liszt에 의해 체계화되었다. 보안처분을 처음 刑法典(형법전)에 도입한 것은 Carl Stoos가 기초한 스위스 형법 예비초안이다. (경감승진)

107) 예 독일형법상 보안감호

에서는 (장래의 위험성에 기해 과해지므로) 보안처분은 형벌의 집행종료 후에 집행되는 것이 보통이다(예 우리나라 舊 사회보호법상 보호감호).

2) 일원주의(= 형벌과 보안처분의 일원론,[108] 신파의 견해)

형벌과 보안처분 중 어느 하나만을 인정하거나 구체적인 행위의 결과에 대해 형벌 또는 보안처분의 어느 하나만을 적용하는 주의이다.

3) 대체주의(= 절충주의[109])

형벌은 언제나 책임의 정도에 따라 선고되지만(= 일원론의 입장), 그 집행단계에서 보안처분의 집행에 의하여 대체되거나 보안처분의 집행이 종료된 후에 집행하는(= 이원론 입장)주의를 말한다.

---

108) 예 영국, 벨기에, 스웨덴.

109) 예 독일 형법상 보안감호 이외의 보안처분, 스위스형법, **우리나라** 치료감호법 제18조의 치료감호.

Ⅱ. 보안처분의 종류 (경감승진)

구 분		例
대인적 보안처분(장래의 범죄행위를 방지하기 위하여 특정인에게 선고되는 보안처분)	자유**박탈**보안처분(대상자의 자유를 박탈하여 일정한 시설에 수용하여 범죄적 위험성을 제거하거나 치료하여 재사회화와 사회방위를 도모하려는 처분)	① 치료감호처분(치료감호법) ② 보호감호처분(구 사회보호법) ③ 교정처분(교정소 또는 금단시설수용처분) ④ 노동시설수용처분(노동개선처분, 노작처분[110])) ⑤ 사회치료처분
	자유**제한**보안처분(대상자의 자유를 제한함으로써 효과적인 범죄예방을 기하려는 처분)	① 보호관찰(보호관찰법) ② 운전면허박탈, 취업금지, 善行(선행)보증 ③ 주거제한, 국외추방, 주점출입금지, 성폭력범 위치추적 전자장치 부착 (특정범죄자에 대한보호관찰및전자장치부착법) ④ 아동청소년성보호법상 공개명령 및 고지명령[111] ⑤ 성충동 약물치료(치료감호법, 성폭력범죄자 성충동 약물치료에 관한 법률)
대물적 보안처분(범죄와 법익침해의 위험을 방지하기 위한 범죄와 관련된 물건에 과해지는 보안처분)		① 물건의 몰수 ② 영업소의 폐쇄, 법인의 해산

110) 걸인 부랑자 매춘부 등 노동혐오자가 상습적으로 범죄를 범하는 경우 형선고와 동시에 일전한 시설에 수용하여 직업에 종사하게 하는 처분으로, 우리는 인정하지 않고 있다.
111) 대판 2012.5.24, 2012도2763.

Ⅲ. 우리 법상 보안처분

1. 구 사회보호법상의 보안처분

법 률	종 류	내 용
구 사회보호법[112]	보호감호	동종 또는 유사한 수개의 형을 받거나 수개의 죄를 범하여 상습성 있고 인정되는 자에 대하여 적용한다. 7년을 초과할 수 없다.
	치료감호	심신장애자와 마약류·알코올중독자를 치료감호시설에 수용하여 치료하는 보안처분이다. 기간은 완치되어 사회보호위원회의 종료결정을 받은 때까지 한다.
	보호관찰	가출한 피보호감호자와 치료위탁된 피치료감호자를 감호시설 밖에서 지도·감독한다. 기간은 3년이다.

2. 기타 보안처분[113]

법 률	종 류	내 용
형 법	보호관찰	宣告猶豫(선고유예)시 법원의 재량으로 (1년) 보호관찰을 명할 수 있다. 執行猶豫(집행유예)시 법원의 재량으로 (집유기간) 보호관찰을 명할 수 있다. 가석방된 자는 가석방기간중 보호관찰을 받는다. 다만 가석방을 허가한 행정관청의 판단에 따라 보호관찰을 부과하지 않을 수 있다.
	사회봉사명령·수강명령[114]	執行猶豫(집행유예)시 법원의 재량으로 사회봉사 또는 수강을 명령할 수 있다. 명령은 유예기간내에 집행한다.
소년법	보호처분	① 보호자 또는 적당자에게 감호위탁 ② 보호관찰관의 (단기)보호관찰 ③ 아동복지시설이나 소년보호시설에 감호위탁 ④ 병원·요양소에 위탁 ⑤ (단기)소년원에 송치[115]

112) 보안감호처분은 우리나라 현행 법제상 인정되지 않는다. (9급 검찰, 법원서기보)

113) 우리나라 현행 법제상 인정되지 않는 보안처분에는 ① 노작처분(노동개선처분) ② 보안감호처분 ③ 주거제한처분 등이 있다. (9급 검찰, 경감승진, 법원서기보)

保安(보안)관찰법	보안관찰처분	보안관찰 해당범죄에는 내란목적살인(미수)죄와 예비·음모·선동·선전죄, 외환죄, 여적죄, 간첩죄, 모병·시설제공·시설관리·물건제공·이적죄와 미수범 및 예비·음모·선동·선전죄가 있다. 기간은 2년이다.
保護(보호)관찰법	보호관찰처분	죄를 범한 자에 대해 선고유예나 집행유예 혹은 가석방이나 가퇴원을 하는 경우, 지도감독 분류처우 원호 응급구호 등이 있다.116)

문제. 보안처분에 관한 설명으로 틀린 것은(다툼이 있으면 판례)? (경간부)

① 신파가 형벌과 보안처분 일원론을 주장한다.

② 보안처분은 범죄자의 사회적 위험성에 초점을 두고 사회방위와 범죄인의 개선을 주목적으로 한다.

③ 집행유예시 명하는 사회봉사명령은 형벌 자체가 아니라 보안처분의 성격을 가진다.117)

④ 보안처분은 책임원칙을 그 한계원리로 한다.118)

---

114) 사회봉사수강명령은 집행유예시만 가능하다. (검찰직 9급)

115) 보호관찰처분시 16세 이상의 소년에 대하여는 사회봉사명령 또는 수강명령 同時(동시) 가능하다.

116) 치료감호법상 보호관찰기간은 3년이고 보호관찰을 조건으로 형선고유예를 받은 자는 1년이다. 집행유예는 유예기간이 보호관찰기간이다. 가석방은 제73조2(무기는 10년으로 하고 유기는 남은 형기로 하되 그 기간은 10년을 초과 못함)와 소년법 제66조에 규정된 기간이다. 가퇴원자는 퇴원일로부터 6월 이상 2년 이하에서 심사위원회가 정한 기간이다.

117) 보호관찰은 선고유예·집행유예·가석방 모두에서 가능하나, 사회봉사명령 및 수강명령은 집행유예를 선고할 때만 가능하다.

118) (책임원칙이 아닌) 비례성원칙에 따라 제한된다.

[저자 소개]

성 명 : 이 규 호
연구실 : 아산캠 041-536-5921 / 영동캠 043-740-1574
이메일 : doclkh@chol.com

1. 학 력

법학박사(형법 전공 · 행정법 부전공)/ 숭실대 법학박사, 숭실대 법학석사, 중앙대 경영학사
소방학박사(소방행정 전공)/ 동신대 소방학박사

2. 학회 및 사회봉사 활동

심원재단 감사, 한국해양범죄연구소 연구위원, 국가위기관리학회 재난법제위원장
교정상담학회 · 보호관찰학회 · 부패학회 이사, (사) 한국교수불자연합학회 부회장
(사) 한국법학회 제19대 회장 및 이사장, (사) 한국법무보호복지학회 제5대 회장
한국경제TV · 부동산TV 등 외래교수, 국제경찰신문 객원기자, (사) 유스투게더 이사
국제무술연맹 자문교수, 충북도교육청 예산심의위원, 쿵후 U1U지부장, 경찰서 징계위원
소방청 자체평가위원, 한국소방산업기술원 인사위원, 경찰서 경미범죄심의위원
경찰청 시험위원, 충북경찰청 고객만족도 평가위원, 충북도청 자문위원(자치경찰분과)
법무부 소년보호위원·검찰시민위원·형사조정위원·법무보호위원, 대전교정청 시험위원
現) 한국인권연구학회 회장, 충북도 소청심사위원, 대전고검 영장심의위원

3. 강의 등 경력

경원대 · 건국대 · 숭실법대 · 강원대 · 서울공무원교육원 · OCU·동국대· 경찰서 · 해양경찰서
중앙소방학교 · 중앙경찰학교 외래교수, 동우대 행정학과 교수, 로마린다대 객원교수 역임
유원대 기획처장 · 교학처장 · 입학처장 · 행정처장 · 인재개발처장 · 대학원장 etc 역임
現) 유원대학교 학생처장 · 대학원 행정과 주임교수 · 경찰학부 교수

4. 저서 및 논문

형법(청목, 2017), 형법총론(청목, 2019), 형법각론(청목, 2018), EASY 형사소송법(한올, 2014), EASY 행정법(한올, 2014), 경찰형법(박문각, 1996), 경찰형사소송법(박문각, 1996), Power 헌법조문 판례(정훈사, 2010), 행정형법의 특수성에 관한 연구(1995.8, 법학박사 학위논문), 소년사범 사회내처우(2016.5, 소년보호연구), 사형제도 고찰(2016.4, 교불련학회지), 전환기 재범방지 방향(2017.8, 교불련학회지), 묻지마범죄 형사정책 대응방안(2017.9, 법학연구), 사회안전망확보 장부개혁방안(2018.3, 법학연구), 물 인권 보장방안(2018.12, 법학연구), 4차 산업혁명과 형사정책 과제(2019.9, 법학연구), 소방사범 수사 문제와 개선방안(2019.8, Crisionomy), AI로봇의 형사법적 지위(2020.3, 법학연구), 생명과 의료 그리고 형사법적 쟁점(2020.12, 법학연구), 원효사상과 인권(2020.12, 교불련학회지), 수사단계 체포제도 개선방안(2021.6, 인권연구학회보), 코로나19 대응과 인권문제(2022.3, 법학연구), 보험범죄 대응문제와 개선방안(2021.12, 법학연구) etc 논문 162편

5. 자격증

심리상담사 1급, 진로코칭 2급, 성폭력상담사, 국가공인 한국어교원 2급 etc

형법총론(개정2판)

2022년 8월 25일 개정2초판 인쇄
2022년 8월 30일 개정2초판 발행

저 자 이 규 호
발행인 유 성 열
발행처 청목출판사
서울특별시 영등포구 신길로 40길 20
전화 (02) 849-6157(代) · 2820 / 833-6091
FAX (02) 849-0817
등록 제318-1994-000090호

파본은 바꾸어 드립니다. 값 22,000원

http : //www.chongmok.co.kr

ISBN 978-89-5565-810-1